Conoscere l'italiano

Basi grammaticali della lingua italiana

Redazione: Donatella Sartor
Progetto grafico e direzione artistica: Nadia Maestri
Grafica al computer: Tiziana Pesce

Prima edizione: aprile 1999

Saremo lieti di ricevere i vostri commenti, eventuali suggerimenti e di fornirvi ulteriori informazioni che riguardano le nostre pubblicazioni:
redazione@cideb.it
www.cideb.it

The Publisher is certified by
CISQCERT
in compliance with the UNI EN ISO 9001:2000 standards for the activities of 'Design, production, distribution and sale of publishing products.' (certificate no. 04.953)

ISBN 978-88-7754-491-9

Stampato in Italia da Litoprint, Genova

Conoscere l'italiano

Conoscere l'italiano è una grammatica rigorosamente graduata, che muove da strutture semplici e facilmente decodificabili, rivolta a studenti di livello principiante e ad adulti che desiderino approfondire e fissare le regole fondamentali della lingua italiana.

Il testo è composto da **60 unità**, ognuna delle quali ha come oggetto un particolare aspetto grammaticale. Le unità sono costituite da due o quattro pagine: la prima pagina di sinistra riporta sempre le regole grammaticali relative all'argomento trattato, mentre la pagina di destra e, qualora siano presenti, le pagine seguenti contengono gli esercizi.

Le regole esposte nella pagina dedicata alla grammatica, sufficientemente esaustive, sono illustrate in modo chiaro grazie all'utilizzo di schemi e di un numero consistente di esempi che consentono un primo intervento diretto dell'allievo sui fenomeni linguistici attraverso operazioni quali: **completare**, **riordinare**, **combinare**, **fare domande**, ecc.

Gli **esercizi**, motivanti e creativi, sono presenti in maniera considerevole e sono sempre incentrati sull'argomento proprio dell'unità corrispondente, così da consentire la memorizzazione delle regole grammaticali, offrendo al contempo esempi dell'uso corrente di tali regole nella lingua italiana.

Conoscere l'italiano è una grammatica progressiva: le unità e gli esercizi in essa contenuti si sviluppano secondo un grado crescente di difficoltà.

Uno degli scopi principali del testo è, comunque, quello di permettere all'utente di creare, fin dall'inizio, delle frasi di senso compiuto, dando così all'apprendimento della grammatica un significato pratico. Per questo motivo il linguaggio utilizzato risponde a criteri di correttezza, ma anche di semplicità: i singoli vocaboli rispecchiano quelli normalmente in uso nell'italiano corrente.

Conoscere l'italiano contiene, oltre al materiale sopra specificato, **cinque appendici** di cui una fornisce brevi spiegazioni sulle problematiche relative alla fonetica, alcuni cenni sulla metrica e l'accento e la posizione dell'aggettivo qualificativo rispetto al nome; le altre quattro riportano, in maniera schematica e riassuntiva, le diverse forme verbali presenti nelle unità.

Un'ultima sezione è dedicata agli **esercizi di riepilogo**, creati al fine di avviare un ripasso generale degli argomenti trattati.

L'indice analitico, poi, permette una più facile e veloce consultazione del testo.

La grammatica Conoscere l'italiano può essere utilizzata sia per lo studio individuale sia come supporto didattico nei corsi di lingua italiana. Proprio in considerazione di ciò un libro a parte conterrà le **soluzioni degli esercizi**.

Indice generale

UNITÀ 1

Indicativo: presente del verbo *essere*
Forma affermativa, negativa e interrogativa

Io	**sono**
tu	**sei**
lui/lei	**è**
noi	**siamo**
voi	**siete**
loro	**sono**

*Io **sono** italiana.*

*Io **sono** svizzero.*

*Io **non sono** Carla, sono Simona.*

*Tu **sei** uno studente.*

*Tu **sei** simpatica.*

***Sei** triste?*

***Non sei** gentile.*

*Il bambino **è** a letto.*

*La maestra **è** brava.*

*Il libro **non è** in cucina.*

*Tuo fratello **è** in casa?*

*Noi **siamo** cugini.*

*Noi **non siamo** contenti.*

***Siamo** d'accordo, o no?*

*Voi **siete** sorelle.*

*Voi **non siete** segretarie, vero?*

***Siete** americani?*

*I genitori di Roberto **sono** a casa.*

Loro **non sono** intelligenti.*

*I negozi **sono** aperti?*

La forma negativa del verbo essere, come degli altri verbi, si ottiene ponendo la negazione "non„ davanti al verbo:

Io non sono italiana.

Noi non siamo fratelli.

Sara non è a casa.

Loro non sono intelligenti.

La forma interrogativa del verbo essere, come degli altri verbi, si ottiene semplicemente ponendo un punto interrogativo alla fine della frase di forma affermativa.

Usi particolari del verbo *essere*

1. **Essere in buono, cattivo stato** = trovarsi in una buona, cattiva condizione (detto di cose).
   Il divano è in buono stato. = Il divano non è nuovo ma ancora utilizzabile.
2. **Essere di buon, cattivo umore** = indica una disposizione d'animo.
   Oggi sono di cattivo umore. = Oggi sono scontento, inquieto.
3. **Essere di ritorno** = ritornare.
   Esco un attimo, ma sono subito di ritorno. = Esco, ma torno subito.

* Si veda l'UNITÀ 2.

1 Inserire la forma verbale appropriata.

Es.: *Luigi .... un bravo ragazzo.*
*Luigi **è** un bravo ragazzo.*

1. Io .... uno studente. **2.** Noi .... furbi. **3.** Tu .... di Napoli. **4.** Voi .... a scuola. **5.** Egli .... un bambino vivace.

6. Loro .... due sorelle affettuose. **7.** Il castello .... antico, ma le torri .... moderne. **8.** Il compito .... difficile e io .... preoccupato. **9.** Loro .... in ritardo, invece tu .... puntuale. **10.** Eccola! .... lei. Ora (io) .... proprio felice.

2 Trasformare le seguenti frasi affermative in negative.

Es.: *Il telefono è guasto.*
Il telefono non è guasto.

1. Io sono al parco. ....
2. Luisa è una maestra. ....
3. Oggi il tempo è bello e noi siamo contenti. ....
4. Roma è la capitale della Francia. ....
5. Loro sono i miei genitori. ....
6. Siete bravi in matematica. ....
7. Sei di Firenze e sei molto simpatica. ....
8. È lui! È il ladro dei quadri! ....
9. Ora siamo a scuola e la maestra è alla lavagna. ....
10. I palazzi di Genova sono tutti puliti: ....
    Genova è una città ordinata. ....

3 Rispondere alle seguenti domande in maniera affermativa o negativa.

Es.: *(Tu) sei felice?*
Sì, (io) sono felice. oppure ***No, (io) non sono felice.***

1. Sei francese? ....
2. Il tempo è bello? ....
3. Londra è la capitale della Gran Bretagna? ....
4. I genitori di Alessia sono avvocati? ....
5. Siete al telefono? ....
6. Sei amico di Stefano? ....
7. La porta è aperta? ....
8. I maglioni sono di lana? ....
9. La mamma è dal panettiere? ....
10. Siete proprio voi? ....

4 Inserire le parti mancanti in questa telefonata tra Giacomo e Sofia.

Il telefono squilla e Giacomo va a rispondere:

G.: Pronto? **S.**: Pronto. Ciao, Giacomo. Sono Sofia. **G.**: Ciao, Sofia. Come stai? **S.**: Io sto bene. E tu? **G.**: Anche io sto bene. .... a casa? **S.**: No, non .... a casa. Sono all'università. **G.**: .... contenta? **S.**: Sì, ... abbastanza contenta. I professori .... molto preparati. **G.**: E la tua camera al campus? .... sola in camera? **S.**: No, non .... sola. .... con Jane. **G.**: Jane .... inglese? **S.**: No, Jane .... francese. E tu, ... sempre disoccupato? **G.**: Per fortuna no! Ora lavoro: .... impiegato alle Poste. **S.**: Complimenti! .... felice per te. .... libero domani sera? **G.**: Certo, ... libero. Festeggiamo? **S.**: Con piacere! A domani. **G.**: A domani, Sofia.

5 Inserire al giusto posto le parole qui di seguito elencate.

medico / educati / commercialista / è / bulldog /
Toscana / amica / affamato / volontario / Roma

Maria .... italiana ed è di .... ; Maria è una .... e per questo è molto pignola. Il padre di Maria è .... ed è .... della Croce Rossa Italiana. Il cane di Maria è un .... : è simpatico, ma è sempre .... e adesso è a dieta. Gli amici di Maria sono tutti .... e cortesi: alcuni di loro sono della .... Io sono .... di Maria e sono contenta per questo.

6 Combinare le parti delle seguenti frasi.

1. Il gatto di Anna	i libri di arte?
2. Noi siamo in Italia	contenta del mio lavoro.
3. Io non sono	sei veramente gentile.
4. Tu sei troppo	sono ricchi di opere d'arte.
5. I musei in Europa	è bianco e nero.
6. Siete voi	sono di colore rosso.
7. Scusi, Lei forse	affezionata alla tua casa.
8. Grazie Marisa,	per un corso di lingue.
9. Dove sono	è un avvocato?
10. Gli autobus a Londra	i famosi attori di teatro?

7 Combinare domanda e risposta.

1. Dove sono i bambini?	Sì, siamo d'accordo.
2. Sei stanco?	No, il posto è occupato.
3. Scusi, Lei è medico?	Sono tutti in salotto.
4. È in cucina la mamma?	È aperto dalle 8.00 alle 12.00.
5. Come sono le patate?	Sì, sono molto stanco.
6. È libero questo posto?	Sono un po' salate ma buone.
7. Sono aperti i negozi?	Certo, siamo svegli da un'ora.
8. Ragazzi, siete svegli?	No, sono un ingegnere spaziale.
9. Siamo tutti d'accordo?	No, la mamma è in bagno.
10. Quando è aperto l'ufficio?	Sì, tutto il giorno.

8 Rispondere liberamente alle seguenti domande.

1. È aperta la discoteca? **2.** Dove sono papà e mamma? **3.** Sei felice? **4.** È in casa il cane? **5.** Siete tutti stanchi? **6.** Come sono gli spaghetti? **7.** Cari colleghi, siamo d'accordo? **8.** È simpatico il gatto di Giovanni? **9.** Sono pericolosi i serpenti? **10.** Sei italiano/a?

9 Formulare delle domande per le seguenti risposte.

1. No, non sono americana. **2.** Sì, la mamma è in cucina. **3.** Sì, siamo molto felici.
4. No, l'ufficio è chiuso. **5.** Sì, le banane sono mature. **6.** Sì, i libri sono in salotto.
7. Sì, il collega di Franca è antipatico. **8.** Sì, siamo svegli. **9.** Sì, io sono Maria.
10. No, il gatto è in camera da letto.

10 Rimettere in ordine le seguenti frasi.

Es.: *A scuola Sara oggi è.*
Oggi Sara è a scuola.

1. in giardino sono con Mauro I cani. ....
2. svizzera Scusi, Lei è? ....
3. i quadri sono di Picasso Dove? ....
4. intelligente è Lo studente, i professori molto severi sono ma. ....
....
5. un paese è L'Italia ricco di opere d'arte. ....
6. i tuoi genitori sono Dove? in salotto Loro sono. ....
....
7. famoso è uno sport in Italia Il calcio. ....
8. sulla pista Il mio aereo è. ....
9. animali non I cavalli pericolosi sono. ....
10. del Canada siete Voi? noi del Canada non siamo No, ...

UNITÀ 2

I pronomi personali soggetto
La forma di cortesia

Io
tu
egli/ella – esso/essa – lui/lei – Lei
noi
voi – Voi
essi/esse – loro – Loro

Note:

Nella lingua italiana l'uso dei pronomi personali soggetto (io, tu, egli, ecc.) non è indispensabile, a meno che non si voglia porre in evidenza proprio il soggetto della frase:

Io sono italiana e tu sei svizzero.

Osserva, però, dove si può evitare l'utilizzo del pronome personale:

Oggi (io) sono contenta. *(Voi) siete a scuola?* *(Noi) non siamo studenti.*

I pronomi **essi, esse** si possono utilizzare anche per nomi di cose o di animali; i pronomi **esso, essa** esclusivamente per cose e animali:

Birba e Birillo sono due cani. ***Essi*** *sono molto vivaci.*

oppure

La busta della lettera è sul tavolo. ***Essa*** *è di colore rosa.*

I pronomi personali **egli, ella, essi, esse**, quando riferiti a persone, sono sostituiti, specialmente nella lingua parlata, da **lui, lei, loro**:

Egli è al lavoro. → ***Lui*** *è al lavoro.*
Ella è amica di Maria. → ***Lei*** *è amica di Maria.*
Essi sono bravi studenti. → ***Loro*** *sono bravi studenti.*
Esse sono segretarie. → ***Loro*** *sono segretarie.*

La forma di cortesia è **Lei** per il singolare, sia maschile che femminile, e **Voi** per il plurale:

Scusi, ***Lei*** *è la signora / il signor Rossi?*
Grazie, ***Lei*** *è davvero gentile.*

Siete proprio ***Voi*** *i famosi attori/le famose attrici?*
Scusate Signori, anche ***Voi*** *siete qui per lavoro?*

La forma di cortesia **Loro**, riservata al plurale, è ormai comunemente sostituita da **Voi**:

Loro, care Signore, sono veramente cortesi. → ***Voi****, care Signore, siete veramente cortesi.*
Scusino, Signori, Loro sono in ritardo. → *Scusate, Signori,* ***Voi*** *siete in ritardo.*

1 **Inserire il pronome personale appropriato.**

Es.: ***Io** sono Simona, e tu?*

1. Chi sei .... ? – .... sono Giuseppe. **2.** I miei veri amici siete solo .... **3.** .... siete alla stazione, invece .... sono già a casa. **4.** Ecco Giovanna! Sì, è proprio .... **5.** .... sono sicuro! Il colpevole è .... ! **6.** Ecco Enrico e Maria. .... sono attori. **7.** Tu e .... siamo due persone educate. **8.** Daniela è in cucina. E .... dove sei? **9.** Grazie, Signora. .... è una padrona di casa perfetta. **10.** Egregi Signori, ... siete veramente gentili.

2 **Trasformare le seguenti frasi da singolari a plurali.**

Es.: *Io sono a casa.*
***Noi siamo** a casa.*

1. Pronto, sei tu? ....
2. Egli/Lui è a Boston. ....
3. Io sono in treno. ....
4. Ella/Lei è alla stazione. ....
5. Anche tu sei di Savona? ....
6. Lei è in ritardo? ....
7. Lei, Signore, è senza bagaglio? ....
8. Purtroppo, (io) sono senza soldi! ....
9. Egli/Lui, per fortuna, è in buona salute. ....
10. Ella/Lei è senza scrupoli. ....

3 **Trasformare le seguenti frasi da plurali a singolari.**

Es.: *Voi siete al bar.*
***Tu sei** al bar.*

1. Noi siamo alla fine del viaggio. ....
2. Essi/Loro sono al cinema. ....
3. Voi, Signori, siete in prima classe! ....
4. Noi, a teatro, siamo sempre in terza fila. ....
5. Esse/Loro a scuola sono nella classe seconda B. ....
6. Grazie al cielo, voi siete qui. ....
7. Prego, Signori, Voi siete nello scompartimento riservato. ....
8. Noi non siamo nel vagone-letto. ....
9. Essi/Loro sono nella carrozza-ristorante. ....
10. Voi siete in anticipo, noi invece siamo in ritardo! ....

4 Sostituire il soggetto con il pronome personale appropriato.

Es.: *Giovanni è un ottimo studente.*
***Egli/lui** è un ottimo studente.*

1. Il cane è in cucina. ....
2. Mia madre e io siamo due cuoche perfette. ....
3. La lettera è sul tavolo. ....
4. Giacomo e Paolo sono al cinema insieme. ....
5. Mi dispiace, Monica non è in casa! ....
6. Gli alunni sono tutti in classe. ....
7. La maestra è ancora in classe. ....
8. La minestra è nel piatto. ....

5 Rispondere alle seguenti domande inserendo, nella risposta, il pronome personale appropriato.

Es.: *Luca è a Boston?*
*Sì, **egli/lui** è a Boston.*

1. Sei nato in aprile? No, ...
2. Ann e Peter sono stranieri? Sì, ...
3. Voi siete insegnanti? Sì, ...
4. Scusi, Signora, Lei è la famosa cantante Liza Minnelli? Sì, ...
5. Giulia è già a letto? Sì, ...
6. Marco è ancora in discoteca? Sì, ...
7. Le segretarie sono sempre puntuali? No, ...
8. Siete voi le nuove cameriere? No, ...

6 Inserire il pronome personale appropriato.

Es.: .... *è un bel ragazzo.*
***Egli** è un bel ragazzo.*

1. .... siamo tutti laureati.
2. .... non sono una segretaria, ... sono una commercialista.
3. .... siamo veramente felici: .... è un ottimo studente.
4. .... sei un laureato? – No, ... sono un diplomato.
5. .... non siete sempre puntuali: qualche volta siete in ritardo.
6. Signora, ... non è affatto educata.
7. No, ... non siamo dottori; e .... siete forse ingegneri?
8. Pronto, sei .... ? – Sì, sono .... !

7 Inserire, nel seguente brano, i pronomi personali mancanti.

Il mio nome è Giorgia. .... sono una cantante. Oggi .... sono a Napoli per un concerto. E .... chi sei? Forse anche .... sei un cantante? – Sì. Allora .... siamo due cantanti! E i tuoi amici? .... chi sono? – .... è una pittrice e .... è un violinista. Stupendo! .... siamo tutti artisti! .... due siamo cantanti e .... siete una pittrice e un musicista.

8 Inserire tra parentesi i pronomi personali non necessari.

*Es.: (**Tu**) sei libera questa sera? Io sono libera ma non mio fratello.*

1. Io sono una cantante, e tu?
2. Sei tu forse un tifoso del Milan?
3. Solo voi non siete contenti, perché?
4. Finalmente noi siamo a casa!
5. Loro sono appassionati di arte, mentre noi siamo interessati alla zoologia.
6. Ecco Massimo! Quando lui è a scuola, lui è sempre distratto!
7. Scusi Lei, è libero il posto?
8. Filippo e Licia sono grandi amici e lui e lei stanno sempre insieme.
9. Tu sei stanco? – Sì, ma io sono anche affamato.
10. Loro sono veramente noiosi, ma lei è troppo pignola.

9 Inserire i pronomi personali appropriati o nessun pronome al posto dei nomi.

Es.: Giacomo è un ottimo studente. Giacomo studia molto e Giacomo è diligente.
*Giacomo è un ottimo studente. **Egli** studia molto ed è diligente.*

Maria è un'infermiera. Maria è molto gentile con i pazienti e Maria è anche tanto simpatica. Il gatto di Maria è un certosino: il gatto mangia pesci e carne e il gatto non beve mai il latte. Edoardo è il cugino di Maria. Edoardo cura gli animali, ma Edoardo è allergico al pelo dei gatti. Gli zii di Maria sono dottori. Gli zii di Maria lavorano in ospedale: gli zii di Maria sono chirurghi.

....

....

....

....

....

....

UNITÀ 3

Indicativo: presente del verbo *avere*
Forma affermativa, negativa e interrogativa

Io	**ho**
tu	**hai**
lui/lei	**ha**
noi	**abbiamo**
voi	**avete**
loro	**hanno**

*Io **ho** un computer.*
*Io **ho** molti amici.*
*Io **non ho** la bicicletta.*
*Tu **hai** un bel cappello.*
*Tu **non hai** la macchina.*
***Hai** freddo o caldo?*
*Luca **ha** fame.*
*Giada **ha** il raffreddore.*
*Teresa **non ha** un cane.*
*Lei **ha** la patente, Signore?*
*Luigi **ha** il diploma di laurea?*
*Noi **abbiamo** un esame.*
*Noi **non abbiamo** pazienza.*
***Abbiamo** tutti il quaderno, ragazzi?*
*Voi **avete** ragione.*
*Voi **avete** paura?*
*Voi **non avete** il biglietto.*
*I cugini di Lucrezia **hanno** la piscina.*
*Loro **non hanno** un lavoro.*
*Lina e Riccardo **hanno** un bambino?*

Usi del verbo *avere*

1. Il verbo avere può essere utilizzato **nel senso di possedere cose materiali**:
   Io ho un quaderno. Hai un cane o un gatto?
   Sandro ha tre penne. Noi non abbiamo monete.
   Voi avete un ombrello? Loro non hanno il libro di matematica.
2. Il verbo avere può essere utilizzato **nel senso di possedere cose non materiali**:
   Io ho fiducia in Filippo. Marco ha molto coraggio. Noi non abbiamo speranze.
3. Il verbo avere è usato per **chiedere e dire l'età**:
   Quanti anni hai? Io ho dieci anni.
4. Il verbo avere può servire **per esprimere sensazioni ed emozioni**:
   Io ho freddo/caldo. Noi abbiamo paura. I bambini hanno sonno.
   Sara ha fame. Hai sete?
5. Il verbo avere si usa **con sostantivi che indicano una malattia**:
   Io ho la febbre. Lucia ha il raffreddore. Avete mal di stomaco? Il bimbo ha il morbillo.

1 Inserire la forma verbale appropriata.

Es.: *Paolo .... un cavallo.*
Paolo ***ha*** *un cavallo.*

1. Io .... un euro. **2.** Voi .... una bella casa. **3.** Noi .... un buon lavoro. **4.** Bianca .... tre anni. **5.** Il fratello di Giovanni .... la febbre. **6.** Tu .... pochi amici. **7.** La casa di Lucia .... tre finestre. **8.** Loro .... molti compiti. **9.** Il criceto di Stefano .... sempre paura. **10.** Io .... una Fiat Cinquecento.

2 Rispondere alle seguenti domande in maniera affermativa o negativa.

Es.: *Hai un euro?*
Sì, ho *un euro.* oppure ***No, non ho*** *un euro.*

1. Hai la villa al mare? ....
2. L'insegnante ha il telefonino? ....
3. Avete il giornale di oggi? ....
4. Signori, avete il biglietto? ....
5. Abbiamo ragione, amici? ....
6. Flavia ha la gonna? ....
7. Hai dieci anni? ....
8. Claudia ha un anello di brillanti? ....
9. Abbiamo i soldi? ....
10. Roberto ha la macchina? ....

3 Formulare una domanda appropriata alla risposta.

Es.: *No, ho sete.* *Sì, Silvia ha ragione.*
Hai fame? oppure ***Silvia ha ragione?***

1. Sì, ho quattro anni. ....
2. No, abbiamo un gatto. ....
3. Sì, Savona ha un centro commerciale. ....
4. No, ho freddo! ....
5. Sì, ho il passaporto. ....
6. No, Silvia ha il motorino. ....
7. Sì, gli atleti hanno fame. ....
8. No, Gianni non ha il quaderno. ....
9. Sì, l'ufficio ha il fax. ....
10. No, non abbiamo paura. ....

4 Completare le frasi con gli elementi qui di seguito elencati.

ha un marito / ha un esame / ha una melodia famosa / hai un giardino meraviglioso
avete fame / ho un freddo tremendo / abbiamo già sonno / ho la carta d'identità
ho già paura / ha un viso così espressivo

1. Oggi la temperatura è veramente bassa: .... **2.** Laura è molto stanca: .... e dieci figli. **3.** Il film è 'Dracula 3': sono curiosa, ma .... ! **4.** Mi dispiace, non ho il passaporto, ma .... **5.** Silvia ora studia: .... **6.** Brad Pitt è stupendo: .... ! **7.** La canzone 'Volare' è conosciuta dappertutto: .... **8.** Mangiate oppure no? Non .... ? **9.** La scuola è troppo noiosa: e noi .... ! **10.** Complimenti per le rose! Tu ....

5 Inserire, nel seguente dialogo, le forme del verbo *avere*.

Siamo in un supermercato. La signora Rosa parla alla commessa Elda e chiede informazioni sui prodotti:

R.: Buongiorno, Elda. **E.**: Buongiorno, Signora Rosa. **R.**: Avete le mele golden?

E.: Certo! .... le mele del Tirolo. **R.**: Bene! Le mele del Tirolo .... un colore stupendo! **E.**: E sono anche molto buone! Io, a casa, ... un cesto pieno di mele rosse del Tirolo! **R.**: Davvero? **E.**: Sì, e (io) .... anche tante banane. **R.**: La banana del Venezuela .... un sapore troppo dolce. **E.**: Io non sono d'accordo. Le banane .... tutte lo stesso sapore. **R.**: Forse tu .... ragione e io .... torto. **E.**: (Elda starnutisce.) Oggi .... il raffreddore! **R.**: Tu .... il raffreddore! Tonino, il macellaio, invece, ... la febbre alta! **E.**: Poverino! **R.**: Già!... Grazie per le mele. **E.**: Prego! Arrivederci! **R.**: Arrivederci!

6 Combinare le parti delle seguenti frasi.

1. Quanti anni ha Fabrizio?	hanno un bel bambino.
2. Oggi ho un appuntamento.	ha una grande torta in vetrina.
3. Sara e Giacomo	No, io ho tre cani.
4. Il dottore è malato:	ho la febbre.
5. Il fidanzato di Laura è bruno:	Ha 35 anni.
6. Signori, avete	Vado al cinema con Massimo.
7. Scusi, Lei ha un gatto?	No, però ho le poesie di Foscolo.
8. Ho freddo, forse	ha la tosse.
9. La pasticceria di via Manzoni	ha la barba nera e folta.
10. Hai il libro di Leopardi?	il biglietto per il museo?

7 Inserire, nella seguente storia, il verbo *essere* o il verbo *avere*.

Io .... Alessandro. .... 35 anni e .... un pasticciere. Io .... una moglie e due bambini. I bambini .... sette e tre anni: ora .... a casa. Mia moglie e io .... un negozio di dolci e .... in negozio tutto il giorno! Io .... molto contento di avere una pasticceria: i dolci......................... buoni. Io .... ragione, vero?

8 Rileggere il brano precedente e rispondere alle seguenti domande.

1. Quanti anni ha Alessandro?
2. Chi è Alessandro?
3. Alessandro è sposato?
4. Quanti bambini ha Alessandro?
5. Quanti anni hanno i bambini?
6. Dove sono i bambini?
7. Alessandro e la moglie hanno un negozio di calzature?
8. Alessandro è contento di avere una pasticceria?
9. I dolci sono buoni oppure no?
10. Alessandro ha ragione oppure torto?

9 Inserire, nella seguente storia, il verbo *essere* o il verbo *avere*.

Laura .... un'insegnante di italiano: .... una laurea in Lettere. Lei .... 34 anni ed .... di Milano. Laura .... sposata e .... un bambino di otto anni. Al mattino Laura .... sempre a scuola, ma di pomeriggio .... a casa. Laura .... un cavallo: il cavallo .... sette anni ed .... marrone. Laura .... felice di avere un cavallo e anche il bambino .... molto contento. Laura .... una bella famiglia.

10 Rileggere il brano precedente e rispondere alle seguenti domande.

1. Chi è Laura?
2. Laura ha una laurea oppure no?
3. Quanti anni ha Laura?
4. Laura è di Roma?
5. Laura è sposata?
6. Quanti anni ha il bambino di Laura?
7. Di pomeriggio Laura è a scuola?
8. Laura ha un cane o un cavallo?
9. Il cavallo è nero?
10. Laura ha una bella famiglia?

UNITÀ 4

Gli articoli determinativi (1)

Maschile		Femminile	
Singolare	**il**	Singolare	**la**
Plurale	**i**	Plurale	**le**

	Maschile	
Singolare **Plurale**	*Il gelato è buono.* *I gelati sono buoni.*	*Il maestro è severo.* *I maestri sono severi.*
	Femminile	
Singolare **Plurale**	*La ragazza è carina.* *Le ragazze sono carine.*	*La penna è nera.* *Le penne sono nere.*

Uso degli articoli determinativi

Gli articoli determinativi **il** e **i** si usano davanti a sostantivi di genere maschile che cominciano per consonante (tranne **x, y, z, gn, pn, ps** e **s** + consonante*) ma non per vocale:*

il bambino, i bambini; il coro, i cori; il pollo, i polli; il treno, i treni; il vaso, i vasi.

Gli articoli determinativi **la** e **le** si usano davanti a tutti i sostantivi di genere femminile:**

la figlia, le figlie; la mamma, le mamme; la pentola, le pentole; la rosa, le rose.

Gli articoli determinativi **non si usano con i nomi propri:**

Non *Sei la Paola?*, **ma** *Sei Paola?* / **Non** *Ecco il Gigi!*, **ma** *Ecco Gigi!*

Gli articoli determinativi **si usano con i cognomi** quando:

1. il cognome indica una famiglia o una coppia:

   I Rossi (= la famiglia Rossi oppure i coniugi Rossi) sono persone simpatiche.

2. il cognome si riferisce a una donna: *La professoressa di storia è la Giacometti.*

Gli articoli determinativi **si usano con i nomi geografici**, quando sono:

1. nomi di monti: *le Alpi, i Pirenei.*
2. nomi di fiumi: *il Tevere, la Senna.*
3. nomi di laghi, mari, oceani: *il Garda, il Mediterraneo, il Pacifico.*
4. nomi di regioni, stati, continenti e isole maggiori: *la Liguria, il Trentino, la Svizzera, il Camerun, la Sicilia.*

Gli articoli determinativi **non si usano con i nomi geografici**, quando sono:

1. nomi di isole minori: *Lipari, Lampedusa.*
2. nomi di città: *Genova, Firenze, Palermo.*

* Si veda l'UNITÀ 6. ** Per la forma di **la** davanti a sostantivi che iniziano per vocale (la erba = l'erba) si veda l'UNITÀ 6.

1 Aggiungere a ciascun termine l'articolo determinativo singolare.

.... tazza	.... pizza	.... figlio	.... pietra
.... foglia	.... margherita	.... barca	.... dado
.... cognato	.... forchetta	.... genero	.... cipolla
.... suocera	.... ladro	.... prugna	.... quadro
.... tassa	.... ruota	.... cugino	.... naso
.... nuora	.... cugina	.... suocero	.... penna
.... cognata	.... pino	.... coltello	.... tulipano

2 Aggiungere a ciascun termine l'articolo determinativo plurale.

.... soldi	.... carciofi	.... foglie	.... libri
.... treni	.... fotografie	.... mele	.... biglietti
.... cugine	.... pomodori	.... gambe	.... capelli
.... carote	.... fiamme	.... cappelli	.... vasi
.... piselli	.... borse	.... fragole	.... datteri
.... trote	.... sogliole	.... fagioli	.... fiumi
.... ravioli	.... cavoli	.... sacchetti	.... fiori

3 Inserire l'articolo determinativo appropriato.

1. .... gatta ha dieci anni. **2.** .... giardino è grande. **3.** .... bambini sono a casa. **4.** .... favole sono piacevoli. **5.** Hai ....penna o .... pennarello? **6.** .... Signora Ferri ha .... frigorifero. **7.** Avete .... tromba oppure .... violino? **8.** Ora .... sorelle Fontana sono in Italia. **9.** Signori, siete voi .... nuovi medici? **10.** Io sono .... cugina di Giacomo e lui è .... fratello di Silvana.

4 Trasformare le parole sottolineate da singolari a plurali.

Es.: *Hai la matita colorata?*
***Avete le** matite colorate?*

1. Il cavallo è nero.	..... cavalli .... neri.
2. Il barattolo di marmellata è aperto.	..... barattoli di marmellata .... aperti.
3. Io non ho la gomma.	..... non .... gomme.
4. La torta è salata.	..... torte .... salate.
5. La porta è chiusa.	..... porte .... chiuse.
6. Il libro di storia è noioso.	..... libri di storia .... noiosi.
7. La nonna è anziana.	..... nonne .... anziane.
8. Il bambino di Maria è goloso.	..... bambini di Maria .... golosi.
9. La camera è troppo piccola.	..... camere .... troppo piccole.
10. Hai il quaderno oppure no?	.... quaderni oppure no?

5 Trasformare le parole sottolineate da plurali a singolari.

Es.: *Siamo le sorelle di Lucia.*
***Sono la sorella** di Lucia.*

1. Le poesie di Leopardi sono stupende.	..... poesia di Leopardi ....stupenda.
2. Avete i documenti?	.... documento?
3. Sì, abbiamo i panini e le bibite.	Sì, ... panino e .... bibita.
4. I dipinti di Giotto sono antichi.	..... dipinto di Giotto .... antico.
5. I cugini di Teresa hanno i cavalli.	..... cugino di Teresa .... cavallo.
6. I nonni sono ancora in forma.	..... nonno .... ancora in forma.
7. Certo, noi siamo le farmaciste di via Roma.	Certo, ... farmacista di via Roma.
8. Avete le penne? No, abbiamo le matite.	.... penna? No, ... matita.
9. Siete i cognati di Antonella?	.... cognato di Antonella?
10. Le nuvole sono bianche e nere.	..... nuvola .... bianca e nera.

6 Inserire, quando è necessario, l'articolo determinativo.

1. .... Luca ha .... febbre.
2. .... Sardegna è grande, mentre .... Alicudi è piccola.
3. .... Benetti è la maestra di Andrea.
4. .... Po è un fiume molto lungo.
5. .... Beatrice ha .... capelli rossi.
6. .... Savona ha .... porto e .... centro commerciale.
7. .... Fornetti sono marito e moglie.
8. .... Garda è un lago romantico.
9. .... Mediterraneo e .... Tirreno sono mari.
10. .... Federica ha .... fame; .... cugina, invece, ha .... sete.

7 Inserire, nel seguente dialogo, gli articoli determinativi appropriati.

Alberto ha una nuova casa e telefona a Tonino. Tonino aiuta Alberto a portare i mobili dalla casa vecchia nella casa nuova.

A.: Pronto, Tonino? Sono Alberto.

T.: Ciao, Alberto. Allora, finalmente hai .... casa nuova!

A.: Sì, ma .... mobili sono ancora nella vecchia casa.

T.: Ti aiuto io. Hai tanti mobili?

A.: Abbastanza. In salotto ho: .... divano, ... poltrone e .... tavolino.

T.: E in cucina?

A.: In cucina ho: .... tavolo, ... credenza e .... lavastoviglie.

T.: E in camera da letto?

A.: In camera da letto ho: .... letto, ... comò, ... lampade e ....libreria e poi .... libri.

T.: Basta così?

A.: Purtroppo no! In cantina ho .... collezione di bottiglie di vino. .... bottiglie sono antiche e molto delicate!

T.: Va bene, ti aiuto. A stasera.

A.: Grazie! Ora ti saluto: .... telefonino è quasi scarico. Ciao!

T.: Ciao!

8 Inserire, nel seguente brano, gli elementi qui di seguito elencati.

patente / le / borsa / fazzoletto / i / disordinata / il / libri / ha / è

Arianna è all'università. La .... di Arianna è molto pesante. Nella borsa Arianna .... : i .... , ... quaderni, ... penne, la matita, ... temperino, la gomma, il .... , le caramelle, il diario, il rossetto, il borsellino, la .... Arianna .... una ragazza studiosa ma ....

9 Riordinare i sostantivi qui di seguito elencati e aggiungere l'articolo determinativo.

Quali cose vanno nel frigorifero e quali nell'armadio?

burro / gonne / cappotto / peperoni / cappelli / prezzemolo / maglia / coca-cola / marmellata / camicette / sciarpa / banane / guanti / gelato / formaggio / vestiti

Frigorifero		Armadio	
Articolo	Sostantivo	Articolo	Sostantivo

UNITÀ 5

Gli articoli indeterminativi (1)
Forme usate per il plurale dell'articolo indeterminativo

Maschile		Femminile	
Singolare	**un**	Singolare	**una**
Plurale	**dei**	Plurale	**delle**

	Maschile	
Singolare	*Maria ha un libro.*	*Io sono un medico.*
Plurale	*Maria ha dei libri.*	*Noi siamo dei medici.*
	Femminile	
Singolare	*Giacomo ha una gatta.*	*Tu sei una ballerina.*
Plurale	*Giacomo ha delle gatte.*	*Voi siete delle ballerine.*

Uso degli articoli indeterminativi

L'articolo indeterminativo **un** si usa davanti a sostantivi maschili singolari che cominciano per consonante (tranne **x, y, z, gn, pn, ps** e **s** + consonante*) o per vocale (tranne **i** + vocale*):

un orso, un arco, un elmo, un biscotto, un disegno, un cavallo, un nodo, un ramo.

L'articolo indeterminativo **una** si usa davanti a tutti i sostantivi femminili singolari:**

una famiglia, una gara, una stoffa, una tromba.

L'articolo indeterminativo **non ha il plurale.**

Il plurale si può formare con:

1. gli articoli partitivi **dei** per i sostantivi maschili (tranne con sostantivi che iniziano per vocale oppure per **x, y, z, gn, pn, ps** e **s** + consonante*) e **delle** per i sostantivi femminili:
   *Filippo ha **dei** maglioni.* *Giuseppina ha **delle** collane.*
2. gli aggettivi indefiniti*** **alcuni, alcune**:
   *Ho **alcuni** cugini simpatici.* *Abbiamo **alcune** banane.*
3. omettendo l'articolo davanti al sostantivo in frasi come:
   In casa hanno poltrone e divani. *In negozio abbiamo pentole e piatti.*

* Si veda l'UNITÀ 6.

** Per la forma di **una** davanti a sostantivi che cominciano per vocale (una ape = un'ape) si veda l'UNITÀ 6.

*** Si veda l'UNITÀ 55.

1 Aggiungere a ciascun termine l'articolo indeterminativo singolare.

.... giorno	.... sogliola	.... divano	.... danza
.... lampada	.... ballo	.... vaso	.... frittella
.... scrivania	.... torta	.... righello	.... ghiacciolo
.... cestino	.... semifreddo	.... federa	.... cioccolatino
.... coperta	.... crostata	.... cravatta	.... calza
.... materasso	.... calzino	.... teatro	.... stanza
.... telefonata	.... salotto	.... telefono	.... cucina

2 Aggiungere a ciascun termine gli articoli partitivi *dei* o *delle*.

.... musei	.... sale	.... palazzi	.... chiese
.... mostre	.... statue	.... rovine	.... case
.... visite	.... navi	.... guide	.... foreste
.... prezzi	.... giardini	.... capolavori	.... grotte
.... cartine	.... montagne	.... strade	.... nidi
.... bassorilievi	.... prati	.... dipinti	.... restauri
.... miniature	.... piante	.... quadri	.... pinete

3 Inserire l'articolo indeterminativo *un, una – dei, delle*.

1. Hai .... cetriolo o .... melanzana in casa? **2.** No, non sono .... postino ma .... poliziotto. **3.** Ho .... fame! **4.** Sono .... pasticcini o .... tortine?

5. Angela e Matteo hanno .... quadri stupendi. **6.** La chiesa ha .... bella navata.

7. Signori, siete .... maleducati! **8.** .... momento! Sono pronta in .... minuto.

9. Le signore sono .... ottime parrucchiere. **10.** Claudia ha .... sorriso stupendo!

4 Trasformare le parole sottolineate da singolari a plurali.

Es.: *Gianni ha un gatto persiano.*
Gianni e Luca ***hanno dei*** *gatti persiani.*

1. Un fratello di Roberta è medico.	..... fratelli di Roberta .... medici.
2. In casa ho solo una mela e un cavolo.	In casa ..... solo ..... mele e ...... cavoli.
3. Rosaria ha una gonna troppo lunga.	Rosaria .... gonne troppo lunghe.
4. Io ho un quaderno nuovo.	.... quaderni nuovi.
5. Una coperta è vecchia.	.... coperte .... vecchie.
6. In negozio ho un divano piccolo.	In negozio .... divani piccoli.
7. Un cugino è avvocato.	.... cugini .... avvocati.
8. Per favore, una bibita ghiacciata!	Per favore, ... bibite ghiacciate!
9. Hai un biglietto per il cinema?	.... biglietti per il cinema?
10. Lucia ha un cane.	Lucia e Carla .... cani.

5 Trasformare le parole sottolineate da plurali a singolari.

Es.: *Abbiamo delle pere.*
***Ho una** pera.*

1. Avete delle macchine sportive?	.... macchina sportiva?
2. Le sorelle di Lucia sono delle pazze.	.... sorella di Lucia .... pazza.
3. Abbiamo alcuni dipinti e alcune stampe.	.... dipinto e .... stampa.
4. Sono delle grotte suggestive.	.... grotta suggestiva.
5. I cugini di Paola hanno dei vestiti costosi!	.... cugino di Paola .... vestito costoso!
6. Noi abbiamo dei dubbi.	.... dubbio.
7. Antonella e Silvia hanno alcune gonne e alcuni cappelli.	Antonella .... gonna e .... cappello.
8. Abbiamo delle penne rosse e dei quaderni gialli.	.... penna rossa e .... quaderno giallo.
9. Avete delle caramelle, per favore?	.... caramella, per favore?
10. Oggi alcuni musei sono aperti.	Oggi .... museo .... aperto.

6 Inserire l'articolo determinativo o indeterminativo.

1. .... Polonia è splendida.
2. Federico ha .... moto nera e .... moto rossa.
3. .... cocomero è .... frutto succoso.
4. Lucrezia ha .... solo vaso. .... vaso di Lucrezia è rotto.
5. .... banca 'Passadore' è .... banca molto antica?
6. .... moglie e .... figli di Giovanni hanno .... febbre.
7. Ho .... fame!
8. .... Mar Caspio è .... lago.
9. Abbiamo in casa .... opere di Picasso: due quadri e .... stampa.
10. Hai .... minuto di tempo?

7 Inserire, nel seguente dialogo, gli articoli determinativi o indeterminativi.

Genova. Elisa è in città con Stefano. Stefano ha un elenco di tutte le cose da vedere: chiese, monumenti, ecc.

E.: Stefano, hai .... guida aggiornata?

S.: Certo! Ho .... Guida di Genova del Touring Club Italiano!

E.: Bene!

S.: Ecco .... Palazzo Reale! È ancora chiuso.

E.: È .... palazzo molto antico?

S.: Abbastanza. E ha molte stanze: delle belle camere per il re, ... graziose camere per la regina, ... meraviglioso salotto, ... magnifico salottino, ... piccolo bagno e .... Sala del Trono.

E.: Io, però, ho .... fame! Hai .... panino?

S.: Ho dei panini, ... banana e .... bibite.

E.: (Elisa mangia.) .... panino è proprio buono, ma .... banana è acerba!

S.: .... momento! Ho anche .... cioccolata.

E.: Buona! È .... marca svizzera?

S.: No. .... marca è americana.

E.: Peccato!...Ecco! .... palazzo è aperto!

S.: Andiamo!

8 **Inserire, nel seguente brano, gli elementi qui di seguito elencati.**

detersivi / i / una / un / le / tonno / banane / bottiglia

Siamo in un supermercato. Ecco la lista della spesa: .... pacco di fagiolini, delle ...., un cetriolo, una .... d'acqua, dei ...., ... biscotti 'Nonna Teresa', ... merendine 'Golosino' e .... scatola di ....

9 **Riordinare i sostantivi qui di seguito elencati e aggiungere l'articolo indeterminativo.**

Quali cose vanno in salotto e quali in cucina?

pentole / divano / coltelli / piatto / poltrone / lampade / quadro / credenza / forchette / libri / tovaglioli / fotografie / stampe / scultura / tazze / tovaglia

Salotto		Cucina	
Articolo	**Sostantivo**	**Articolo**	**Sostantivo**

UNITÀ 6

Gli articoli determinativi (2)
Gli articoli indeterminativi (2)

	Articoli determinativi		Articoli indeterminativi	
	Maschile	**Femminile**	**Maschile**	**Femminile**
Singolare	**lo, l'**	**l'**	**uno**	**un'**
Plurale	**gli**	**le**	**(degli)**	**(delle)**

Maschile			
Singolare **Plurale**	*Lo zaino è pieno.* *Gli zaini sono pieni.*	*L'albero è alto.* *Gli alberi sono alti.*	*Sara ha uno zio.* *Sara ha degli zii.*
Femminile			
Singolare **Plurale**	*L'ape è laboriosa.* *Le api sono laboriose.*	*Rinaldo ha un'arpa.* *Rinaldo ha delle arpe.*	

Uso degli articoli determinativi *lo, l', gli e l'*

Gli articoli determinativi **lo** e **gli** si usano davanti a sostantivi maschili che cominciano per:

1. **vocale:** *l'orso, gli orsi; l'amico, gli amici; l'elmo, gli elmi; l'istmo, gli istmi; l'urlo, gli urli.*
   Lo, in questo caso, si apostrofa e diventa **l'**; **gli**, invece, non si apostrofa.
2. **i + vocale:** *lo iettatore, gli iettatori; lo iugoslavo, gli iugoslavi.*
3. **gn:** *lo gnomo, gli gnomi.*
4. **pn, ps:** *lo pneumatico, gli pneumatici; lo psicologo, gli psicologi.*
5. **s + cons.**: *lo scivolo, gli scivoli; lo spruzzo, gli spruzzi.*
6. **x e y:** *lo xilofono, gli xilofoni; lo yogurt, gli yogurt.*
7. **z:** *lo zoccolo, gli zoccoli.*

L'articolo determinativo **la** si apostrofa davanti a sostantivi femminili che cominciano per vocale (non **i** + vocale: la *ionosfera*) e diventa **l'**:

l'ape, le api; l'erba, le erbe; l'isola, le isole; l'orma, le orme; l'uva, le uve.

Uso degli articoli indeterminativi *uno, (degli), un'*

L'articolo indeterminativo **uno** e l'articolo partitivo **degli** (utilizzato per il plurale dell'articolo indeterminativo) si usano davanti a sostantivi maschili che cominciano per: **i + vocale, gn, pn, ps, s + consonante, x, y, e z**: *uno scontro, degli scontri; uno zero, degli zeri.*

L'articolo indeterminativo **una** si apostrofa davanti a sostantivi femminili che cominciano per vocale (non **i** + vocale) e diventa **un'**: *un'ape, delle api; un'urna, delle urne.*

1 Aggiungere a ciascun termine gli articoli determinativi il, lo oppure l'.

.... dentifricio	.... tonico	.... lavandino	.... specchio
.... spazzolino	.... rossetto	.... accappatoio	.... smalto
.... talco	.... idromassaggio	.... sapone	.... trucco
.... shampoo	.... alcol	.... rasoio	.... antibiotico
.... rubinetto	.... sonnifero	.... asciugamano	.... sciroppo
.... profumo	.... termometro	.... ombretto	.... collirio
.... tappo	.... occhio	.... bagno	.... cotone

2 Aggiungere a ciascun termine gli articoli indeterminativi un, uno, una, un'.

.... antipasto	.... anguria	.... aranciata	.... gelato
.... uovo	.... arancia	.... oliva	.... strudel
.... tartina	.... panino	.... tonno	.... fetta
.... stoccafisso	.... spicchio	.... trota	.... pompelmo
.... scorfano	.... banana	.... focaccia	.... anguilla
.... formaggio	.... polpo	.... albicocca	.... storione
.... amaro	.... insalata	.... sconto	.... patata

3 Inserire l'articolo determinativo appropriato.

1. ....lavandino è sporco e .... specchio è rovinato. **2.** Dove sono .... occhiali? E .... rivista di moda? **3.** Abbiamo .... arance e .... panini! **4.** .... numero di telefono di Rita è 558928. **5.** .... aereo è guasto! **6.** .... arancia è un frutto molto aspro. Anche .... limone. **7.** Hai .... shampoo e .... spazzola di Marisa? **8.** Siete .... Signori Rinaldi? **9.** .... contratto è pronto e .... fatture sono in cassaforte. **10.** .... scogli sono scoscesi, ma .... sabbia è pulita.

4 Inserire l'articolo indeterminativo appropriato.

1. Sono .... giornalista, e Lei? – Io sono .... attrice. **2.** 'Love Story' è .... film d'amore! **3.** Hai .... straccio? No, però ho .... spugna! **4.** Questo è .... anno veramente difficile! **5.** A casa ho .... animali strani: .... ape e .... orso. **6.** Il violino è .... strumento affascinante. **7.** Avete .... pettini, ... spazzole e .... asciugamani? **8.** La Sicilia è .... isola italiana. **9.** Luisa ha .... spolverino e .... impermeabile. **10.** Per pranzo abbiamo .... gnocchi oppure .... ravioli.

5 Trasformare le parole sottolineate da singolari a plurali.

1. La pizzeria è aperta, ma il ristorante è chiuso.
   .... pizzerie .... aperte, ma .... ristoranti .... chiusi.
2. Lo strumento favorito della banda è la tromba.
   .... strumenti favoriti .... bande .... trombe.
3. L'artigiano di via Fieschi è un sarto.
   .... artigiani di via Fieschi .... sarti.
4. La sinfonia di Mahler ha una melodia dolce.
   .... sinfonie di Mahler .... melodie dolci.
5. Scusi, ha un accendino? – No, però ho un fiammifero.
   Scusate, ... accendini? – No, però .... fiammiferi.
6. Sei uno scolaro studioso.
   .... scolari studiosi.
7. Il libro di geografia ha una fotografia di Giove.
   .... libri di geografia .... fotografie di Giove.
8. La bidella ha una scopa, uno straccio, un grembiule e un'arancia.
   .... bidelle .... scope, ... stracci, ... grembiuli e .... arance.
9. Il negozio ha una vetrina rotta.
   .... negozi .... vetrine rotte.

6 Trasformare le parole sottolineate da plurali a singolari.

1. In frigo abbiamo delle mele e delle pere.
   In frigo .... mela e .... pera.
2. Avete dei rossetti o degli smalti?
   .... rossetto o .... smalto?
3. Le strade sono pulite e i palazzi sono nuovi.
   .... strada .... pulita e .... palazzo .... nuovo.
4. Valentina e Giorgio hanno degli alberi in giardino.
   Valentina .... albero in giardino.
5. Le api sono degli insetti laboriosi.
   .... ape .... insetto laborioso.
6. Gli alberghi hanno delle camere libere.
   .... albergo .... camera libera.
7. Noi non siamo dei fabbri ma degli idraulici.
   .... non .... fabbro ma .... idraulico.
8. Roberta e Cristina hanno degli abiti stupendi e dei gioielli preziosi.
   Roberta .... abito stupendo e .... gioiello prezioso.
9. Abbiamo dei calzini, delle calze e degli zoccoli.
   .... calzino, ... calza e .... zoccolo.

7 Inserire, nel seguente dialogo, gli articoli determinativi o indeterminativi.

Davide telefona a un albergo di Roma per prenotare una camera e parla con il portiere.

D.: Pronto, è .... albergo 'Antartide'? **P.**: Sì, chi è al telefono, prego? **D.**: Sono Davide Soleri e ho bisogno di .... camera. **P.**: Bene. Qui abbiamo ancora .... camere libere. **D.**: Perfetto! Avete una camera con .... bagno? **P.**: Certo, con il bagno e con .... doccia. **D.**: Molto bene. .... pranzo e .... cena sono in albergo? **P.**: Sì. .... albergo ha .... cucina molto buona. **D.**: OK! Prenoto .... camera singola per il 28 maggio. **P.**: Bene, signor Soleri. A presto. **D.**: Arrivederci.

8 Combinare le parti delle seguenti frasi.

1. Avete la macchina?	e Lei è un avvocato.
2. Una nave è in porto!	è costoso.
3. Oggi è il	Ora è davvero affascinante!
4. Io sono un medico	gli ingredienti per la torta.
5. Hai un dentifricio e	No, però abbiamo una moto.
6. Federico ha la barba!	molto profumato e romantico.
7. Fragole e lamponi sono	e non hai la patente.
8. La violetta è un fiore	È la nave per la Sardegna o per la Sicilia?
9. Il libro di Franco Maria Ricci	28 di giugno.
10. Tu hai quindici anni e	uno spazzolino da denti?

9 Passare dall'articolo indeterminativo all'articolo determinativo.

Es.: *una mela*
***la** mela*

Indeterminativo	Determinativo	Indeterminativo	Determinativo
una padella		delle spie	
uno sciopero		degli astronomi	
degli iugoslavi		un'insalata	
un uovo		uno gnomo	
un'ape		dei piatti	
delle biciclette		una lampada	
dei soldati		un orso	
uno straniero		delle torte	
un'osteria		uno psicologo	

Indicativo: presente dei verbi in *-are*
Verbi irregolari della coniugazione in *-are*

Verbo amare → am-are

(***am*** = radice del verbo; ***are*** = desinenza)*

Io	am - **o**
tu	am - **i**
lui/lei	am - **a**
noi	am - **iamo**
voi	am - **ate**
loro	am - **ano**

I verbi nella lingua italiana sono divisi in tre gruppi, definiti coniugazioni, in base alla desinenza dell'infinito:

1° gruppo = 1ª coniugazione → l'infinito termina in **-are** *(amare)*

2° gruppo = 2ª coniugazione → l'infinito termina in **-ere** *(temere)*

3° gruppo = 3ª coniugazione → l'infinito termina in **-ire** *(sentire)*

Tutti i verbi che terminano in **-are** si coniugano come il verbo **amare**.

I principali verbi irregolari che, nelle varie persone, modificano oltre alla desinenza anche la radice, sono elencati qui di seguito:

Verbo andare		Verbo dare	
Io	**vado**	Io	**do**
tu	**vai**	tu	**dai**
lui/lei	**va**	lui/lei	**dà**
noi	**andiamo**	noi	**diamo**
voi	**andate**	voi	**date**
loro	**vanno**	loro	**danno**

Verbo fare		Verbo stare	
Io	**faccio**	Io	**sto**
tu	**fai**	tu	**stai**
lui/lei	**fa**	lui/lei	**sta**
noi	**facciamo**	noi	**stiamo**
voi	**fate**	voi	**state**
loro	**fanno**	loro	**stanno**

* (radice = parte invariabile del verbo / desinenza = parte variabile del verbo)

1 Rispondere alle seguenti domande in maniera affermativa o negativa.

Es.: *Vai a casa?*
***Sì, vado** a casa.* oppure ***No, non vado** a casa.*

1. Lavi le camicie? Sì, ...
2. Aspetti la nonna? No, ...
3. Andate a scuola? Sì, ...
4. Studi la geografia? No, ...
5. Avete fame? No, ...
6. Sei il fratello di Lucia? Sì, ...
7. Guardate la televisione? No, ...
8. Restate a casa? Sì, ...
9. Saluti il maestro? Sì, ...
10. Viaggiate molto? No, ...

2 Trasformare le parole sottolineate da singolari a plurali.

1. L'ape lavora sempre. .... api .... sempre.
2. La macchina è rotta. .... macchine . ... rotte.
3. Io aspetto il professore. .... il professore.
4. La signora ha la gonna a righe. .... signore .... gonne a righe.
5. L'amica di Susanna frequenta l'università. ..... amiche di Susanna .... l'università.
6. Il cugino di Flavio studia legge. .... cugini di Flavio .... legge.
7. Vai a teatro ora? .... a teatro ora?
8. Fai l'abbonamento oppure no? .... l'abbonamento oppure no?
9. Oggi sto a casa. Oggi .... a casa.
10. L'alunno entra in classe. .... alunni .... in classe.

3 Trasformare le parole sottolineate da plurali a singolari.

1. Abbiamo dei gatti in giardino. .... gatto in giardino.
2. Non ricordate mai niente! Non .... mai niente!
3. Passiamo le vacanze a Taormina. .... le vacanze a Taormina.
4. Loro sono dei medici e voi? .... medico e .... ?
5. Facciamo una zuppa di verdure? .... una zuppa di verdure?
6. Le maestre insegnano a Palermo. .... maestra .... a Palermo.
7. Gli idraulici arrivano alle 8.00. .... idraulico .... alle 8.00.
8. Gli scolari restano a scuola. .... scolaro .... a scuola.
9. Diamo un esame di italiano. .... un esame di italiano.
10. Lavorate anche oggi? .... anche oggi?

4 **Coniugare il verbo tra parentesi.**

Es.: *Franca (preparare) una torta.*
Franca ***prepara*** *una torta.*

1. Il cuoco *(cucinare)* .... un uovo. **2.** È tardi: noi *(andare)* .... a casa. **3.** Le macchine *(imboccare)* .... la strada sbagliata! **4.** Tu *(posare)* .... la cartella qui? **5.** Io *(andare)* .... a scuola volentieri. **6.** Anche voi *(guardare)* .... la partita di calcio? **7.** Elisa *(fare)* .... ginnastica in palestra. **8.** In albergo le cameriere *(lavare)* .... le tazzine. **9.** Noi *(ascoltare)* .... sempre la musica classica. **10.** Il cucciolo di Marisa *(giocare)* .... in cucina.

5 **Coniugare il verbo tra parentesi.**

1. I vigili *(fermare)* .... i motocicli. **2.** Anche tu *(amare)* .... lo sport? **3.** Andrea *(telefonare)* .... a Federica tutti i giorni. **4.** *(fare – noi)* .... un picnic in campagna? **5.** Voi *(stare)* .... a casa anche oggi? **6.** Io *(comperare)* .... una maglia e una giacca. **7.** Armando *(prestare)* .... i libri a Giulia. **8.** Il facchino *(portare)* .... i bagagli. **9.** *(bastare)* .... i soldi per due pizze? **10.** Voi *(lavorare)* .... in ufficio?

6 **Inserire, nel seguente dialogo, i verbi tra parentesi.**

Siamo alla stazione. Francesco acquista un biglietto per Roma e parla con Aldo, l'addetto alla biglietteria:

F.: Buongiorno. **A.**: Buongiorno. **F.**: Un biglietto per Roma, grazie. **A.**: Lei *(andare)* .... a Roma? **F.**: Sì, e *(desiderare – io)* .... viaggiare con il 'Pendolino'! **A.**: Il 'Pendolino' *(costare)* .... molto! **F.**: Il costo non *(importare)* .... **A.**: Bene! Roma *(essere)* ....una città stupenda. A Roma *(abitare)* .... anche molti attori. **F.**: Io *(andare)* .... per lavoro. **A.**: Davvero? E cosa *(fare)* .... Lei? **F.**: Io *(fare)* .... il geologo e *(avere)* .... una conferenza in Vaticano. **A.**: Interessante! Anche io *(avere)* .... l'hobby della geologia! **F.**: Lei *(visitare)* .... spesso il Museo della Geologia? **A.**: Certo! Io e un gruppo di amici *(andare)* .... sempre lì! **F.**: Anche i soci del club 'Geologia in Liguria' *(andare)* .... là molto spesso. **A.**: Io *(essere)* .... socio del club! **F.**: Perfetto! I soci *(progettare)* .... un picnic per domenica. **A.**: Allora ... Arrivederci a domenica! Ecco il biglietto per Roma. **F.**: Grazie e ... a presto!

7 Scegliere la forma verbale corretta fra le tre indicate tra parentesi.

1. Oggi io non *(andare)* .... a scuola. *(ando – vado – vai)*
2. Sara *(cucinare)* .... un dolce. *(cuciana – cucino – cucina)*
3. I nonni *(aspettare)* .... i nipoti. *(aspettiamo – aspettono – aspettano)*
4. Voi non *(andare)* .... al cinema? *(andiate – andate – andete)*
5. Tu *(passare)* .... la domenica al mare? *(passi – passa – passo)*
6. Noi *(regalare)* .... una pianta a Cristina. *(regalamo – regagliamo – regaliamo)*
7. Attenzione! Il ladro *(entrare)* .... in casa! *(entri – entra – entria)*
8. Io non *(dimenticare)* .... mai gli appuntamenti. *(dimentico – dimenticio – dimentica)*
9. Elio di solito *(stare)* .... zitto: parla poco. *(stà – stia – sta)*
10. Ida *(sembrare)* .... giovane, ma ha 75 anni! *(sembri – sembra – sembro)*

8 Completare le frasi con i verbi qui di seguito elencati.

parlate / invitate / stanno / cammini / giocano / studia / curiamo / andiamo / torna / faccio

1. Lo studente .... la lezione. **2.** In estate noi .... al mare. **3.** Silenzio! Voi .... troppo! **4.** Io .... ginnastica in palestra. **5.** I cuccioli .... nella cuccia. **6.** Voi .... anche Viola? **7.** Tu .... troppo poco: sei pigro! **8.** Noi medici .... molte malattie. **9.** I bambini .... con la palla. **10.** Mirco .... a casa.

9 Formare delle frasi, utilizzando gli elementi a disposizione.

Es.: *Cuoca – cucinare – spaghetti.*
La cuoca cucina gli spaghetti.

1. Maria e Giovanna – preparare – torta. ....
2. Postino – consegnare – lettere. ....
3. Sindaco – stimare – impiegati. ....
4. Noi – evitare – pericoli. ....
5. Voi – salutare – scolari. ....
6. Io – fare – quattro passi. ....
7. Tu – andare – scuola – oggi? ....
8. Bambine – giocare – a palla. ....
9. Rumore – disturbare – bambina. ....
10. Madre – guardare – figlio. ....

Indicativo: presente dei verbi in *-ere*
Verbi irregolari della coniugazione in *-ere*

Verbo temere → tem-ere

(*tem* = radice del verbo; *ere* = desinenza)

Io	tem - **o**
tu	tem - **i**
lui/lei	tem - **e**
noi	tem - **iamo**
voi	tem - **ete**
loro	tem - **ono**

Tutti i verbi che terminano in -**ere** si coniugano come il verbo **temere**.
I principali verbi irregolari che, nelle varie persone, modificano oltre alla desinenza anche la radice, sono elencati qui di seguito:

Verbo bere		Verbo rimanere		Verbo scegliere	
Io	**bevo**	Io	**rimango**	Io	**scelgo**
tu	**bevi**	tu	**rimani**	tu	**scegli**
lui/lei	**beve**	lui/lei	**rimane**	lui/lei	**sceglie**
noi	**beviamo**	noi	**rimaniamo**	noi	**scegliamo**
voi	**bevete**	voi	**rimanete**	voi	**scegliete**
loro	**bevono**	loro	**rimangono**	loro	**scelgono**

Verbo sciogliere		Verbo tenere		Verbo togliere	
Io	**sciolgo**	Io	**tengo**	Io	**tolgo**
tu	**sciogli**	tu	**tieni**	tu	**togli**
lui/lei	**scioglie**	lui/lei	**tiene**	lui/lei	**toglie**
noi	**sciogliamo**	noi	**teniamo**	noi	**togliamo**
voi	**sciogliete**	voi	**tenete**	voi	**togliete**
loro	**sciolgono**	loro	**tengono**	loro	**tolgono**

1 **Rispondere alle seguenti domande in maniera affermativa o negativa.**

Es.: *Leggi un libro?*
Sì, leggo *un libro.* oppure ***No, non leggo*** *un libro.*

1. Bevi un caffè?	Sì, ...
2. Rimani a casa?	No, ...
3. Conoscete Anna?	No, ...
4. Leggete una rivista?	Sì, ...
5. Vedi bene?	Sì, ...
6. Scrivi una lettera?	No, ...
7. Vivete a Roma?	Sì, ...
8. Dipingete un quadro?	No, ...
9. Accendi il fuoco?	Sì, ...
10. Vendete i gelati?	No, ...

2 **Trasformare le parole sottolineate da singolari a plurali.**

Es.: *Io bevo un caffè.*
Noi beviamo *un caffè.*

1. Io leggo il giornale.	.... il giornale.
2. Tu dirigi una fabbrica.	.... una fabbrica.
3. Il bambino cresce in fretta.	.... bambini .... in fretta.
4. Io chiudo la porta.	....la porta.
5. Tu vinci sempre.	.... sempre.
6. Il gatto beve il latte.	.... gatti .... il latte.
7. Oggi prendo il diploma.	Oggi .... il diploma.
8. Tu togli la polvere.	.... la polvere.
9. Il neonato piange.	.... neonati ....
10. La ragazza ride.	.... ragazze ....

3 **Trasformare le parole sottolineate da plurali a singolari.**

1. Noi rispondiamo al telefono.	.... al telefono.
2. Le nonne rimangono a casa.	.... nonna .... a casa.
3. Bevete un tè o una spremuta?	.... un tè o una spremuta?
4. Le bambine ridono.	.... bambina ....
5. Conoscete la musica di Verdi?	.... la musica di Verdi?
6. Noi prendiamo una pizza.	.... una pizza.
7. I ragazzi leggono i fumetti.	.... ragazzo .... i fumetti.
8. Scriviamo un tema?	.... un tema?
9. Vivete in Italia o in Olanda?	.... in Italia o in Olanda?
10. Gli scolari conoscono la lezione.	.... scolaro .... la lezione.

4 Coniugare il verbo tra parentesi.

Es.: *Io (accendere) un fiammifero.*
*Io **accendo** un fiammifero.*

1. Io *(sciogliere)* .... un nodo. **2.** Loro *(tenere)* .... il cane in giardino. **3.** La mamma *(sorridere)* .... sempre. **4.** Voi *(togliere)* .... le erbacce? **5.** Ora Luca *(prendere)* .... una pastiglia. **6.** Tu *(ricevere)* .... molta posta? **7.** Noi non *(temere)* .... il buio. **8.** I bambini *(commettere)* .... molti errori. **9.** Io *(scegliere)* .... la maglia rossa. **10.** Federica *(bere)* .... sempre acqua minerale.

5 Completare le frasi con i verbi qui di seguito elencati.

nascono / prendiamo / scorre / frigge / nascondono /
trasmette / splende / munge / bevo / leggete

1. Il cuoco .... un uovo.
2. La televisione .... un film.
3. Il contadino .... la mucca.
4. Noi .... un caffè.
5. Io .... volentieri un tè.
6. Scusate, ... Kafka o Joyce?
7. I leoni .... le prede.
8. In Italia .... pochi bambini.
9. Oggi il sole ....
10. Il fiume .... lento.

6 Inserire, nel seguente dialogo, i verbi tra parentesi.

Licia e Rinaldo vanno a teatro per vedere 'La Bohème'.

L.: (io – essere) .... così felice! **R.**: Io no! Le poltrone (costare) .... troppo! **L.**: I biglietti per 'La Bohème' (avere) .... un grande valore. **R.**: Tra 'La Bohème' e una partita di calcio io (scegliere) .... la partita! **L.**: Silenzio! L'opera (iniziare) .... **R.**: Accidenti! Questa sera la televisione (trasmettere) .... un film giallo! **L.**: Cosa (borbottare – tu) .... ? **R.**: Niente, niente ... quasi quasi io (bere) .... una coca-cola! **L.**: Ma cosa (fare – tu) .... ? (Essere – tu) .... pazzo? **R.**: "OK! (Io – nascondere) .... la lattina. **L.**: La soprano (cantare) .... in maniera divina! **R.**: Io non (vedere) .... niente! E poi non (distinguere) .... le parole! **L.**: Perché non (leggere – tu) .... il libretto? **R.**: Adesso? Proprio no! Piuttosto (io – mangiare) .... i pop-corn! **L.**: Maleducato! Io (piangere) .... per la vergogna! **R.**: Scusa, io (essere) .... davvero un ignorante! (Andare – noi) .... al ristorante dopo l'opera? **L.**: D'accordo! Io (scegliere) .... 'Philippe'. **R.**: Ma no! (Essere) .... meglio la pizzeria 'Da Beppe'! **L.**: Cosa? Sei proprio insopportabile! Addio!

7 Scegliere la forma verbale corretta fra le tre indicate tra parentesi.

1. I turisti *(chiedere)* .... informazioni. *(chiedono – chiedano – chiedino)*
2. Io non *(chiudere)* .... mai la porta. *(chiuso – chiudo – chiedo)*
3. Il sole *(sciogliere)* .... il ghiaccio. *(sciolghe – sciolge – scioglie)*
4. Il maestro *(correggere)* .... i compiti. *(correggie – corregge – correggi)*
5. Noi *(prendere)* .... un piatto di spaghetti. *(prendiamo – prendamo – prendono)*
6. Voi *(scendere)* .... le scale? *(scendate – scendiete – scendete)*
7. Io *(bere)* .... un cappuccino *(bero – bevo – bevvo)*; tu cosa *(scegliere)* .... ? *(scelghi – sceglie – scegli)*
8. Laura *(dare)* .... un bacio a Gianni. *(dà – da – dia)*
9. Abbado *(dirigere)* .... una famosa orchestra. *(dirigie – dirighe – dirige)*
10. Noi *(stare)* .... spesso a casa. *(stamo – stemo – stiamo)*

8 Completare le frasi con i verbi qui di seguito elencati.

invade / nuota / tolgono / pagate / vado / siamo / preparo / abbiamo / nascondono / friggo / beve

1. .... (noi) tutti d'accordo? **2.** Maria .... in piscina. **3.** Il marinaio .... un bicchiere di latte. **4.** Aldo e Cinzia .... la polvere. **5.** Noi .... un tappeto persiano. **6.** Io .... via, e tu? **7.** Io .... le patate e .... la torta. **8.** I ladri .... i gioielli. **9.** L'esercito .... il territorio nemico. **10.** Voi .... in contanti?

9 Formare delle frasi, utilizzando gli elementi a disposizione.

Es.: *Adriano – bere – tè.*
Adriano beve un tè.

1. Silvana – chiedere – informazioni. ....
2. Gnomi – non – esistere. ....
3. Vigile – dirigere – traffico. ....
4. Nonni – discutere – con Carla. ....
5. Io – frequentare – liceo classico. ....
6. Voi – essere – sorelle Fabbri? ....
7. Oggi – noi – avere – giorno di vacanza. ....
8. Medico – visitare – malata. ....
9. Io – sciogliere – nodi. ....
10. Noi – non – guidare – macchina. ....

Indicativo: presente dei verbi in *-ire*
Verbi irregolari della coniugazione in *-ire*

Verbo sentire → sent-ire	
(***sent*** = radice del verbo; ***ire*** = desinenza)	
Io	sent - **o**
tu	sent - **i**
lui/lei	sent - **e**
noi	sent - **iamo**
voi	sent - **ite**
loro	sent - **ono**

Tutti i verbi che terminano in **-ire** si coniugano come il verbo **sentire**.

I principali verbi irregolari che, nelle varie persone, modificano oltre alla desinenza anche la radice, sono elencati qui di seguito:

Verbo dire		Verbo salire	
Io	**dico**	Io	**salgo**
tu	**dici**	tu	**sali**
lui/lei	**dice**	lui/lei	**sale**
noi	**diciamo**	noi	**saliamo**
voi	**dite**	voi	**salite**
loro	**dicono**	loro	**salgono**

Verbo uscire		Verbo venire	
Io	**esco**	Io	**vengo**
tu	**esci**	tu	**vieni**
lui/lei	**esce**	lui/lei	**viene**
noi	**usciamo**	noi	**veniamo**
voi	**uscite**	voi	**venite**
loro	**escono**	loro	**vengono**

1 Rispondere alle seguenti domande in maniera affermativa o negativa.

Es.: *Apri la porta?*
***Sì, apro** la porta.* oppure ***No, non apro** la porta.*

1. Parti oggi? Sì, ...
2. Aprite i regali? No, ...
3. Vieni con noi a Torino? Sì, ...
4. Uscite con Claudia? No, ...
5. Salite le scale? Sì, ...
6. Venite al ristorante? No, ...
7. Applaudi gli attori? Sì, ...
8. Dormi a casa di Lucia? No, ...
9. Partite con il treno? Sì, ...
10. Apri la finestra? No, ...

2 Trasformare le parole sottolineate da singolari a plurali.

Es.: *Dormi (tu) senza cuscino?*
***Dormite (voi)** senza cuscino?*

1. Io dico la verità. ....
2. Il ragazzo mente troppo spesso. ..... ragazzi ....
3. Vieni a teatro? ....
4. La nonna diverte il nipotino. ..... nonne .... nipotini.
5. Attenzione! Il ladro fugge! .... ladri ....
6. Senti il profumo di violetta? ....
7. Il bambino dorme poco. ..... bambini ....
8. Avverti tu la polizia? ....
9. Scusi, Lei sale con l'ascensore? ....
10. Io parto con l'aereo. ....

3 Trasformare le parole sottolineate da plurali a singolari.

1. Offrite un tè a Mario? ....
2. I bambini salgono le scale. ..... bambino ....
3. Veniamo a casa subito. ....
4. Ora escono le maestre. .... maestra.
5. Gli accusati dicono la verità. ..... accusato ....
6. Dormiamo ancora un po'? ....
7. Perché fuggite? ....
8. Noi avvertiamo Susanna. ....
9. Apriamo il pacchetto oppure no? ....
10. Gli avvocati seguono il Codice. ..... avvocato..............................

4 Coniugare il verbo tra parentesi.

Es.: *Io (dire) due parole.*
Io ***dico*** *due parole.*

1. Io *(uscire)* .... al mattino. **2.** Noi *(dormire)* .... fino a tardi. **3.** Voi *(avvertire)* .... i Vigili del Fuoco? **4.** Il poliziotto *(inseguire)* .... il ladro. **5.** Noi *(sentire)* .... un buon profumo. **6.** Non *(sentire – tu)* .... un rumore strano? **7.** Enrico *(venire)* .... sempre a scuola. **8.** Le ragazze (offrire) .... i cioccolatini. **9.** Noi *(salire)* .... con la funivia. **10.** Io *(applaudire)* .... i pagliacci.

5 Completare le frasi con i verbi qui di seguito elencati.

rimango / senti / scotta / sgrida / accendete / guarda / prendete / dormiamo / ascoltano / scorre

1. La mamma .... il figlio.
2. Noi .... tutta la notte.
3. Io .... qui ancora un po'.
4. Gli alunni .... la maestra.
5. Il fiume .... veloce.
6. Tu .... freddo o caldo?
7. .... un fiammifero, per favore?
8. Qui il sole ....
9. .... un gelato o una bibita?
10. Il bambino .... la televisione.

6 Inserire, nel seguente dialogo, i verbi tra parentesi.

Riccardo organizza una festa per il suo compleanno e invita Federico ed Elisabetta.

R.: Benvenuti, amici! Ora *(iniziare)* .... la festa. **F.:** Bene! Io *(bere)* .... subito un bicchiere di coca-cola! **E.:** Tu *(essere)* .... il solito maleducato! **F.:** Perché *(dire – tu)* ....così? **E.:** Perché prima Riccardo *(aprire)* .... i regali e poi noi *(festeggiare)* ....! **F.:** Tu *(avere)* .... ragione! Riccardo, *(aprire – tu)* .... i regali? **R.:** Certo, con piacere! Ecco il regalo di Elisabetta ... *(essere)* .... un CD di musica New Age! **E.:** La musica New Age *(nutrire)* .... lo spirito! **F.:** Caro Riccardo, con il CD di Elisabetta *(dormire – tu)* .... di sicuro. **E.:** Ah sì? E tu, Federico, *(avere)* .... il regalo per Riccardo? **F.:** Certo! Una camicia di Armani: il negozio 'Firme' *(fare)* .... gli sconti! **R.:** Bella! Grazie di tutto! Ora *(preparare – io)* .... dolci e bibite. **E.:** Io *(dare)* .... una mano a Riccardo. **F.:** E io *(prendere)* .... una fetta di torta! **R.:** Dopo la festa *(uscire – noi)* .... ? **F.:** Certo! *(Andare – noi)* .... in discoteca! **E.:** *(Venire – voi)* .... al 'Trocadero'? **R.:** Sì! Allora *(uscire – noi)* .... subito? Riccardo, Elisabetta e Federico escono felici.

7 Scegliere la forma verbale corretta fra le tre indicate tra parentesi.

1. Voi *(dire)* .... la poesia a memoria? *(dicete – dicite – dite)*
2. Le trote *(risalire)* .... la corrente. *(risalono – risaliscono – risalgono)*
3. Io *(venire)* .... subito. *(vengo – venio – veno)*
4. Roberto *(uscire)* .... di sera. *(usce – escie – esce)*
5. Noi *(avvertire)* .... la polizia. *(avvertamo – avvertiamo – avvertimo)*
6. I gatti *(dormire)* .... di giorno. *(dormono – dormano – dormino)*
7. Voi *(applaudire)* .... il violinista o il pianista? *(applaudite – applaudiate – applaudete)*
8. Io *(stare)* .... sempre in ufficio. *(stò – sta – sto)*
9. Anna e Giorgia *(scegliere)* .... la torta di fragole. *(scegliono – scelgono – scelgano)*
10. Noi *(tenere)* .... i panini in frigo. *(teniamo – tegniamo – tenemo)*

8 Combinare le parti delle seguenti frasi.

1. La bambina dice	dorme come un ghiro.
2. Vieni in macchina o	Infatti è già autunno!
3. La nonna sale	i bambini e gli adulti.
4. Ora noi apriamo	la poesia.
5. Il tempo fugge.	dieci giorni a Treviso.
6. Giacomo dà sempre	esce di strada!
7. I pagliacci divertono	le scale con fatica.
8. Attenzione! La macchina	in treno?
9. Rimango ancora	una caramella a Patrizia.
10. Renzo è pigro:	la finestra.

9 Formare delle frasi, utilizzando gli elementi a disposizione.

Es.: *Stefania – dire – preghiere.*
Stefania dice le preghiere.

1. Giorgio – avvertire – cugino. ....
2. Noi – non – uscire – mai. ....
3. Io – aprire – regalo. ....
4. Tu – non – andare – a scuola? ....
5. Contadini – coltivare – patate. ....
6. Voi – avere – libro di storia? ....
7. Ora – bambini – uscire. ....
8. Studenti – leggere – poesie. ....
9. Anna – lavare – fazzoletti. ....
10. Io – non – rimanere – a casa. ....

UNITÀ 10

Particolarità delle coniugazioni in *-are* e *-ire*

Particolarità della coniugazione in *-are*

1. I verbi che terminano in **-care** (come *faticare, indicare*, ecc.) e in **-gare** (come *navigare, indagare*, ecc.) prendono una **h** davanti alle desinenze che iniziano per **e** o per **i**:

dimenticare = *io dimentic-o, tu dimentic-h-i, lui dimentic-a; noi dimentic-h-iamo, voi dimentic-ate, loro dimentic-ano*

pregare = *io preg-o, tu preg-h-i, lui preg-a; noi preg-h-iamo, voi preg-ate, loro preg-ano*

2. I verbi che terminano in **-ciare** (come *cominciare, baciare*, ecc.) e in **-giare** (come *indugiare, mangiare*, ecc.) perdono la **i** finale della radice davanti alle desinenze che iniziano per **e** o per **i**:

cominciare = *io cominci-o, tu cominc-i, lui cominci-a; noi cominc-iamo, voi cominci-ate, loro cominci-ano*

mangiare = *io mangi-o, tu mang-i, lui mangi-a; noi mang-iamo, voi mangi-ate, loro mangi-ano*

3. I verbi che terminano in **-gliare** (come *sbagliare, consigliare*, ecc.) perdono la **i** finale della radice davanti alle desinenze che iniziano per **i**:

sbagliare = *io sbagli-o, tu sbagl-i, lui sbagli-a; noi sbagl-iamo, voi sbagli-ate, loro sbagli-ano*

4. I verbi che terminano in **-iare** (come *inviare, spiare, sciare*, ecc.) conservano la **i** della radice, anche davanti a desinenze che iniziano per **i**, quando la **i** della radice è accentata:

spiare = tu spì-i; ***sciare*** = tu scì-i; ***inviare*** = tu invì-i

Particolarità della coniugazione in *-ire*

Importante!

Molti verbi appartenenti alla coniugazione in **-ire** (come *finire, capire, colpire, guarire, preferire*, ecc.) aggiungono il suffisso **-isc** fra la radice e la desinenza alla 1ª, 2ª e 3ª persona singolare e alla 3ª persona plurale:

finire = *io fin-isc-o, tu fin-isc-i, lui fin-isc-e; noi fin-iamo, voi fin-ite, loro fin-isc-ono*

capire = *io cap-isc-o, tu cap-isc-i, lui cap-isc-e; noi cap-iamo, voi cap-ite, loro cap-isc-ono*

Si comportano allo stesso modo i verbi : *agire, ammonire, chiarire, costruire, favorire, ferire, fiorire, fornire, impedire, percepire, preferire, punire, rapire, scolpire, subire, tradire, unire,* per citare quelli più comunemente usati.

1 Coniugare il verbo tra parentesi.

Es.: *Io (finire) i compiti.*
Io ***finisco*** *i compiti.*

1. Lo studente non *(capire)* .... la lezione. **2.** Io *(imbiancare)* .... la camera. **3.** I medici *(guarire)* .... le malattie. **4.** Noi *(cominciare)* .... subito. **5.** Tu *(sciare)* .... molto bene. **6.** Noi *(sbagliare)* .... sempre i conti. **7.** Lo scultore *(scolpire)* .... una statua. **8.** Il ponte *(unire)* .... due paesi. **9.** Le piante *(fiorire)* .... in primavera. **10.** Voi *(preferire)* .... il teatro o il cinema?

2 Trasformare le parole sottolineate da singolari a plurali.

Es.: *Il poliziotto sorveglia la città.*
I *poliziotti* ***sorvegliano*** *la città.*

1. La bambina finisce la banana.	.... bambine .... banane.
2. Io mangio una mela.	.... mele.
3. Tu preferisci il tè o il caffè?	.... il tè o il caffè?
4. Il maestro ammonisce gli scolari.	.... maestri .... gli scolari.
5. L'avvocato consiglia l'accusato.	.... avvocati .... accusati.
6. Io pulisco la cucina.	.... la cucina.

3 Trasformare le parole sottolineate da plurali a singolari.

1. Lasciate i libri a casa?	.... libro a casa?
2. Cosa fate? Inviate delle lettere?	Cosa .... lettera?
3. Ora carichiamo i bagagli a bordo.	Ora .... bagaglio a bordo.
4. Finiamo la pizza e poi veniamo.	.... la pizza e poi ....
5. Le bambine inteneriscono le maestre.	.... bambina .... maestra.
6. Le alunne dimenticano i libri.	.... alunna .... libro.

4 Coniugare il verbo tra parentesi.

1. Tu *(mancare)* .... molto a Gemma.
2. Il film *(finire)* .... troppo tardi.
3. Noi *(capire)* .... soltanto l'italiano.
4. Io *(costruire)* .... il modellino di una nave.
5. Anna e Teresa *(sciare)* .... in Trentino.
6. Voi non *(sbagliare)* .... mai?
7. Io *(studiare)* .... la matematica, ma *(preferire)* .... la geometria.
8. La segretaria *(agire)* .... con rapidità.
9. Voi *(bollire)* .... le uova?
10. Il vigile *(ammonire)* .... l'automobilista.

Gli aggettivi qualificativi

Gli aggettivi qualificativi sono utilizzati per indicare una o più qualità del nome a cui sono uniti: *una ragazza carina* *un gatto nero* *un quaderno nuovo*

Carina, *nero* e *nuovo* sono aggettivi che contribuiscono a fornire informazioni sulle caratteristiche individuali della persona, animale e cosa a cui si riferiscono. Gli aggettivi, così come i nomi, possiedono in italiano due generi: **maschile** e **femminile**; il genere **neutro** non esiste nella lingua italiana. La desinenza degli aggettivi che, come nei nomi*, è costituita dalla vocale finale, varia in base al genere, maschile o femminile, e in base al numero, singolare e plurale dei nomi stessi.

1. Aggettivi che al maschile singolare hanno la desinenza **-o**:

	Maschile	Femminile
Singolare	ner-**o**	ner-**a**
Plurale	ner-**i**	ner-**e**

*Il gatt-o è ner-**o**.* *Ada ha un gatt-o ner-**o**.* *I gatt-i sono ner-**i**.* *Ada ha due gatt-i ner-**i**.*
*La gatt-a è ner-**a**.* *Ada ha una gatt-a ner-**a**.* *Le gatt-e sono ner-**e**.* *Ada ha due gatt-e ner-**e**.*

2. Aggettivi che al maschile singolare finiscono in **-ista**:

	Maschile	Femminile
Singolare	egoist-**a**	egoist-**a**
Plurale	egoist-**i**	egoist-**e**

*Giorgio è egoist-**a**.* *Giorgio ha un fratello egoist-**a**.*
*Giorgio e Carlo sono egoist-**i**.* *Paola ha due sorelle egoist-**e**.*

3. Aggettivi che al maschile singolare hanno la desinenza **-e**:

	Maschile	Femminile
Singolare	intelligent-**e**	intelligent-**e**
Plurale	intelligent-**i**	intelligent-**i**

*Roberto e Pino sono intelligent-**i**.* *Sara è intelligent-**e**.*

Attenzione!

In italiano l'aggettivo in **funzione predicativa** (aggettivo unito al verbo = *Il gatto è nero.*) ha la stessa desinenza dell'aggettivo in **funzione attributiva.** (aggettivo unito al nome = *Il gatto nero mangia il pesce.*) Allo stesso modo gli aggettivi preceduti dall'articolo determinativo hanno le stesse desinenze degli aggettivi preceduti dall'articolo indeterminativo o da nessun articolo:

*il gatto ner**o*** *un gatto ner**o*** *gatto ner**o***

* Si veda l'UNITÀ 12.

1 Aggettivi in -o. Inserire la forma corretta dell'aggettivo, seguendo il modello.

Es.: *Dario è biondo.* oppure *Enrica è bionda.*
Dario e Alberto sono biondi. ***Enrica e Claudia sono bionde.***

1. Riccardo è alto.
   Maria è ....
   Riccardo e Stefano sono ....
2. Renzo è basso.
   Lara è ....
   Lara e Federica sono ....
3. Giacomo è grasso.
   Adele è ....
   Giacomo e Rinaldo sono ....
4. Paolo è magro.
   Doriana è ....
   Doriana e Gioia sono ....
5. Ugo è bruno.
   Ornella è..
   Ugo e Filippo sono ....
6. Il maestro è severo.
   La maestra è ....
   Le maestre sono ....
7. Il nonno è anziano.
   La nonna è ....
   I nonni sono ....
8. Mario è buono.
   Maria è ....
   Maria e Barbara sono ....
9. Renzo è cattivo.
   Giovanna è ....
   Renzo e Mario sono ....
10. Paolo è allegro.
   Antonella è ....
   Ornella e Antonella sono ....

2 Aggettivi in -ista e in -e. Inserire la forma corretta dell'aggettivo.

1. Pietro è altruista.
   Elvira è ....
   Elvira e Gina sono ....
2. Luca è egoista. ....
   Monica è ....
   Monica e Lidia sono ....
3. Umberto è felice.
   Franca è ....
   Umberto e Renato sono ....
4. Gustavo è elegante.
   Rosalba è ....
   Gustavo e Alessio sono ....
5. Il gatto è agile.
   La gatta è ....
   Le gatte sono ....
6. Lo scolaro è diligente.
   La scolara è ....
   Gli scolari sono ....
7. Gianfranco è un ragazzo opportunista.
   Alessandra è una ragazza ....
   Alessandra e Gisella sono due ragazze ....
8. Il bambino è vivace.
   La bambina è ....
   I bambini sono ....
9. Giorgio è paziente.
   Elisa è ....
   Elisa e Flavia sono ....
10. Giorgia è disponibile.
   Rosalba e Giorgia sono ....
   Gianfranco e Carlo sono due ragazzi ....

3 Trasformare gli aggettivi da maschili a femminili.

Es.: *Il bambino è piccolo.*
La bambina è ***piccola.***

1. Massimo ha un figlio intelligente. — Massimo ha una figlia ....
2. Il nonno sembra stanco. — La nonna sembra ....
3. Il vestito di Marco è giallo. — La gonna di Silvana è ....
4. Adriano ha un cavallo arabo. — Viviana ha una cavalla ....
5. Il giornale è interessante. — La rivista è ....
6. Tu hai uno zio egoista. — Tu hai una zia ....
7. Il caffè è bollente. — La minestra è ....
8. Sandra ha un cugino americano. — Sandra ha una cugina ....
9. Fabiana mangia un pomodoro maturo. — Fabiana mangia una banana ....
10. Marco indossa un abito costoso ma sobrio. — Irma indossa una camicetta .... ma ....

4 Trasformare gli aggettivi da singolari a plurali.

1. Il maestro è allegro. — I maestri sono ....
2. La ballerina è snella. — Le ballerine sono ....
3. Davide ha un pesce tropicale. — Davide ha dei pesci ....
4. Luisa cucina una torta salata. — Luisa cucina delle torte ....
5. Il nonno di Alberto è altruista. — I nonni di Alberto sono ....
6. Il problema di matematica sembra semplice. — I problemi di matematica sembrano ....
7. Il biscotto con le nocciole è croccante. — I biscotti con le nocciole sono ....
8. Il libro di matematica è troppo difficile. — I libri di matematica sono troppo ....
9. Cosimo guida una macchina sportiva. — Cosimo guida delle macchine ....
10. Carla ha una coperta verde e azzurra. — Carla ha delle coperte .... e ....

5 Trasformare le seguenti frasi, seguendo le indicazioni tra parentesi.

Es.: *Il cane è fedele. (pl.)*
I cani sono fedeli.

1. La maestra è severa. *(pl.)* — Le maestre ....
2. Sara e Giuseppe hanno due case grandi. *(sing.)* — Sara .... una casa ....
3. La nonna legge una rivista interessante. *(masc.)* — Il nonno legge un giornale ....

4. Marcello ha uno zio buono e gentile. *(femm.)* — Marcello ha una zia .... e ....
5. Hai una banana matura? *(pl.)* — .... banane ....
6. Noi indossiamo degli abiti eleganti. *(sing.)* — Io .... un abito ....
7. La figlia di Stefano è molto vivace. *(masc.)* — Il figlio di Stefano è molto ....
8. Il racconto di Antonio è breve ma noioso. *(femm.)* — La storia di Antonio è .... ma ....
9. Alberto mangia una mela rossa. *(pl.)* — Alberto e Gina .... due mele ....
10. Roberto e Carlo hanno due biciclette nuove e veloci. *(sing.)* — Roberto .... una bicicletta .... e ....

6 Trasformare le seguenti frasi, seguendo le indicazioni tra parentesi.

1. Il gatto di Simona è giovane e agile. *(femm.)* — La gatta di Simona è .... e ....
2. Riccardo e Lucia mangiano due torte salate. *(sing.)* — Lucia .... una torta ....
3. Il professore rimprovera lo studente svogliato. *(pl.)* — I professori .... gli studenti ....
4. La nonna di Roberto è anziana ma vivace. *(masc.)* — Il nonno di Roberto è .... ma ....
5. Hai una mela matura? *(pl.)* — .... mele ....
6. Io sono la segretaria personale del direttore. *(masc.)* — Io sono il segretario .... del direttore.
7. I grattacieli di New York sono grandi e moderni. *(femm.)* — Le strade di New York sono .... e ....
8. Piero ha un amico alto e magro. *(pl.)* — Piero ha due amici .... e ....
9. Il fidanzato di Lisa è un maestro elementare. *(femm.)* — La fidanzata di Gino è una maestra ....
10. Le figlie di Renata sono egoiste e maleducate. *(masc.)* — I figli di Renata sono .... e ....

7 Inserire l'aggettivo corretto, scegliendolo tra quelli qui di seguito elencati.

piovoso / alti / falsi / croccanti / accese / neri / lunga / grave / chiuse / simpatica

1. Le sequoie sono alberi molto ....
2. Filippo ha i baffi ....
3. La fidanzata di Luigi è proprio ....
4. L'incidente aereo non sembra ....
5. Il clima a Londra è freddo e ....
6. I quadri di Giulia sono tutti ....
7. La casa di Enrico ha le persiane ....
8. Il cuoco prepara dei biscotti ....
9. Le luci della villa sono tutte ....
10. Federica indossa una gonna ....

8 Inserire, nel seguente dialogo, le desinenze appropriate degli aggettivi.

Alessandra, Gianna e Luciano sono al cinema e guardano un film d'amore.

A.: Il film è proprio bell..... ! La storia è così romantic..... !

G.: Sì, è vero! E poi Leonardo di Caprio è un attore brav..... e affascinant..... !

L.: Secondo me, Leonardo di Caprio ha le spalle troppo strett..... e le gambe cort..... .

A.: Tu sei invidios..... !

L.: Non sono invidios..... ! Gli attori american..... sembrano tutti ugual..... : tutti hanno gli occhi azzurr..... e i capelli biond..... !

G.: Sei gelos..... ? Oppure preferisci Sharon Stone, la donna bell..... e cattiv..... ?

L.: Sharon Stone è una donna ver..... ! Ha un carattere fort..... e decis..... !

G.: Silenzio! La prossima è una scena stupend..... ! Lui dà a lei un bacio appassionat..... !

A.: Ecco... ora si sposano! La cerimonia è davvero commovent..... !

G.: I matrimoni sono sempre commovent..... !

L.: Basta! Sono proprio stanc..... ! Io vado a casa! Addio!

A.: Ah! Ah! Gli uomini a volte sono così infantil..... !

UNITÀ 12

Nomi in *-a* e *-o* Concordanza degli aggettivi

In italiano i nomi sono sempre di genere maschile o femminile.

Per gli esseri animati, il genere corrisponde generalmente al sesso: sono quindi maschili i nomi di persone e animali di sesso maschile (*il maestro, il gatto*), mentre sono femminili i nomi di persone e animali di sesso femminile (*la nonna, la gatta*). Per i nomi di cosa, invece, il genere maschile o femminile è stabilito per convenzione e non ha alcun rapporto con l'oggetto stesso.

Nomi con desinenza in *-a*

	Maschile	Femminile
Singolare	Il poet-**a**	La penn-**a**
Plurale	I poet-**i**	Le penn-**e**

Esempi di nomi con desinenza in **-a** + aggettivi con desinenza in **-o** e in **-e**:

(colorat-**o**)	*La penn-**a** è colorat-**a**.*	*Le penn-**e** sono colorat-**e**.*
(svizzer-**o**)	*Il poet-**a** è svizzer-**o**.*	*I poet-**i** sono svizzer-**i**.*
(grand-**e**)	*La cas-**a** è grand-**e**.*	*Le cas-**e** sono grand-**i**.*
(difficil-**e**)	*Il problem-**a** è difficil-**e**.*	*I problem-**i** sono difficil-**i**.*

Nomi con desinenza in *-o*

	Maschile	Femminile
Singolare	Il tren-**o**	La man-**o**
Plurale	I tren-**i**	Le man-**i**

Esempi di nomi con desinenza in **-o** + aggettivi con desinenza in **-o** e in **-e**:

(rumoros-**o**)	*Il tren-**o** è rumoros-**o**.*	*I tren-**i** sono rumoros-**i**.*
(pulit-**o**)	*La man-**o** è pulit-**a**.*	*Le man-**i** sono pulit-**e**.*
(veloc-**e**)	*Il tren-**o** è veloc-**e**.*	*I tren-**i** sono veloc-**i**.*
(debol-**e**)	*La man-**o** è debol-**e**.*	*Le man-**i** sono debol-**i**.*

I nomi con la desinenza in -a sono quasi sempre femminili e formano il plurale in **-e**:

la gonna, le gonne; la bambola, le bambole.

Esistono, però, anche nomi maschili con la desinenza in **-a** che, al plurale, terminano in **-i**:

il poeta, i poeti; il fantasma, i fantasmi.

Sono maschili anche molti nomi propri terminanti in -a: *Andrea, Elia, Luca,* ecc.

I nomi con la desinenza in -o sono per la maggior parte maschili e formano il plurale in **-i**:

il treno, i treni; il cavallo, i cavalli.

Molti nomi appartenenti a questo gruppo sono femminili, ma formano ugualmente il plurale in **-i**:

la mano, le mani.

1 Trasformare i nomi e gli agg. delle seguenti frasi da masc. a femm., seguendo il modello.

Es.: *Il figlio di Roberto è piccolo.*
__La figlia__ di Roberto è __piccola__.

1. Il gatto è pigro. ....
2. Il cugino di Giacomo è allegro. ....
3. Il figlio di Luisa è bello. ....
4. Il salotto è ampio. La cucina ....
5. Il cancello è aperto. La porta ....
6. Il cognato di Alessandro è fortunato. ....
7. Il nonno di Riccardo è avaro. ....
8. Il lampadario è acceso. La lampada ....
9. Il treno è fermo. La carrozza ....
10. Il tavolo è rotto. La sedia ....

2 Trasformare i nomi e gli agg. delle seguenti frasi da femm. a masc., seguendo il modello.

Es.: *La zia di Luisa è una donna allegra.*
__Lo zio__ di Luisa è __un uomo allegro__.

1. La cameriera di Renata è una ragazza timida. Il maggiordomo ....
2. Maria ha una figlia dispettosa. Mario ....
3. Teresa ha una cavalla bianca. Filippo ....
4. Alessia è una bambina calma. Tommaso ....
5. Lidia è una ragazza spiritosa. Orazio ....
6. Federica ha una gatta persiana. Federica ....
7. La Signora Rossi è una sarta famosa. Il Signor Rossi ....
8. Carla è una cuoca conosciuta. Carlo ....
9. La penna di Antonio è nuova. Il libro ....
10. La macchina per scrivere di Rodolfo è guasta. Il computer ....

3 Scrivere le frasi, trasformando da singolari a plurali le parole sottolineate.

Es.: *La porta del castello è aperta.*
__Le porte__ del castello __sono aperte__.

1. La penna di Luisa è nera. ....
2. L'albero del giardino è maestoso. ....
3. La finestra della cucina è aperta. ....
4. Il museo è chiuso. ....
5. L'ultima pagina del libro è strappata. ....
6. L'avvocato ha uno stipendio elevato. ....
7. Il programma di lavoro è intenso. ....
8. La montagna è alta. ....
9. Il letto è duro e scomodo. ....
10. Il problema è complicato. ....

4 Scrivere le frasi, trasformando da plurali a singolari le parole sottolineate.

1. I giardini indiani sono meravigliosi. ....
2. Gli artisti del varietà sono poveri. ....
3. Hai dei vestiti colorati e delle gonne strette? ....
4. Le commesse bionde indossano delle divise azzurre. ....
5. Le candele della cappella sono spente. ....
6. I ragazzi mangiano delle mele gialle. ....
7. Le collane d'oro sono preziose. ....
8. Gli alti pioppi del parco hanno più di cento anni. ....
9. Vedo delle nuvole nere in cielo. ....
10. Compriamo delle penne rosse e dei quaderni gialli? ....

5 Trasformare le seguenti frasi, seguendo le indicazioni tra parentesi.

Es.: La frittata è saporita. (pl.)
Le frittate sono saporite.

1. Il gatto di Paola è sano. *(pl.)* .... di Paola ....
2. Noi mangiamo dei sedani e dei carciofi. *(sing.)* ....
3. Stefania è una segretaria ordinata. *(masc.)* Fabio è ....
4. Il bambino è curioso e dispettoso. *(femm.)* ....
5. Leggi un libro noioso? *(pl.)* ....
6. I medici visitano i malati. *(sing.)* ....
7. Carmela è una ragazza siciliana. *(masc.)* Antonio è ....
8. Il cuoco del signor Rossi è disordinato e goloso. *(femm.)* ....della signora Rossi ....
9. La figlia di Luisa mangia una mela rossa. *(pl.)* .... di Luisa ....
10. Gli asciugamani di Luca sono rossi e neri. *(sing.)* .... di Luca ....

6 Inserire l'aggettivo corretto, scegliendolo tra quelli qui di seguito elencati.

grasse / fresca / storico / stretti / simpatico / crude / ordinata / piccola / azzurri / antico

1. Il medico di Lucia è assai ....
2. Ho una borsa grande e una ....
3. Ora bevo un bicchiere d'acqua ....
4. I nonni di Caterina mangiano le verdure ....
5. Il castello di Fenis è ....
6. Il padre di Monica lavora nel centro .... di Genova.
7. La segretaria dell'avvocato è molto ....
8. Le figlie di Massimo sono troppo ....

9. Marisa indossa dei pantaloni troppo ....
10. La nonna di Luigi ha gli occhi ....

7 Completare gli aggettivi con le desinenze appropriate.

Doriana è una ragazza molto alt..... . È brun....., ha gli occhi azzurr..... e la pelle scur..... . Doriana gioca a tennis e usa una vecchi..... racchetta e delle palle colorat..... . Doriana indossa spesso una gonna lung..... e un golfino cort....., ma preferisce gli abiti elasticizzat..... : sono più elegant..... !

8 Inserire, nel seguente dialogo, le desinenze appropriate degli aggettivi.

Marco e Filippo sono a scuola e parlano dei professori.

M.: Filippo, cosa pensi del prof. di matematica? **F.**: Secondo me non conosce la materia: è sempre così impacciat..... ! **M.**: Però è brav..... con le equazioni. **F.**: Ma se sbaglia tutt..... i calcoli! La lavagna è sempre pien..... di errori! **M.**: Sì, hai ragione. E la prof. di scienze, allora? È proprio pazz..... ! **F.**: Ha i capelli ross..... come il fuoco e gli occhi azzurr..... come due laghi alpin..... ! **M.**: Sì, sì... l'amore non perdona! **F.**: Non scherzare! E tu, fai la corte a Tiziana, la ragazza biond..... della terza C? Attento! Ha dei bicipiti così muscolos..... ! E poi è troppo grass..... ! **M.**: Ha un fisico perfett..... , invece! E tu sei soltanto invidios..... . **F.**: D'accordo! Basta con le donne ... per oggi! Facciamo una bell..... partita a calcio dopo la scuola? **M.**: Va bene. E poi beviamo una bevanda gassat..... o un tè gelat..... ! **F.**: Preferisco un cappuccino cald..... . **M.**: OK! Ancora dieci brev..... minuti e poi la lezione è finita! **F.**: Finalmente!

9 Trasformare le seguenti frasi, seguendo le indicazioni tra parentesi.

Es.: *La mela è gustosa. (pl.)*
Le mele sono gustose.

1. La scarpa è bucata. *(pl.)*	....
2. A maggio i meli sono fioriti. *(sing.)*	A maggio ....
3. Barbara è una ragazza molto magra. *(masc.)*	Renato è ....
4. Il cognato di Silvana è un operaio specializzato. *(femm.)*	La cognata di Silvana è ....
5. Il contadino taglia il pero. *(pl.)*	....
6. Gli scolari hanno dei quaderni gialli. *(sing.)*	....
7. Carla è allegra e spiritosa. *(masc.)*	Carlo è ....
8. Aldo è un sarto preciso ma fantasioso. *(femm.)*	Cecilia è ....
9. La figlia dell'avvocato è bella e generosa. *(pl.)*	.... dell'avvocato ....
10. I delfini preferiscono le acque pulite. *(sing.)*	....

UNITÀ 13

Nomi in *-e* Concordanza degli aggettivi I nomi e gli aggettivi alterati

Nomi con desinenza in *-e*

	Maschile	Femminile
Singolare	Il can-**e**	La nav-**e**
Plurale	I can-**i**	Le nav-**i**

Esempi di nomi con desinenza in **-e** + aggettivi con desinenza in **-o** e in **-e**:

(nuov-**o**)	*La nav-**e** è nuov-**a**.*	*Le nav-**i** sono nuov-**e**.*
(ner-**o**)	*Il can-**e** è ner-**o**.*	*I can-**i** sono ner-**i**.*
(soffic-**e**)	*La nev-**e** è soffic-**e**.*	*Le nev-**i** sono soffic-**i**.*
(dolorant-**e**)	*Il dent-**e** è dolorant-**e**.*	*I dent-**i** sono dolorant-**i**.*

Hanno la desinenza in **-e** nomi sia maschili che femminili e ambedue i generi formano il plurale in **-i**: *la mente, le menti; la neve, le nevi; il mare, i mari; il dente, i denti.*

I nomi e gli aggettivi alterati

I nomi e gli aggettivi alterati sono nomi e aggettivi che, grazie all'aggiunta di un particolare suffisso, assumono una differente sfumatura di significato:

*ragazz-**o*** *ragazz-**ino*** *ragazz-**one*** *ragazz-**accio***

Il termine *ragazzino* indica un ragazzo minuto e/o molto giovane. *Ragazzone* è, al contrario, un ragazzo grande e robusto. Con *ragazzaccio*, invece, si intende un ragazzo scapestrato e maleducato.

Lo stesso avviene con certi aggettivi: *furb-**o*** *furb-**etto*** *furb-**one*** *furb-**astro***

I nomi e gli aggettivi alterati si distinguono, a seconda del suffisso, in **diminutivi** (indicano piccolezza); **vezzeggiativi** (indicano piccolezza con una sfumatura di simpatia e affetto); **accrescitivi** (indicano grandezza); **peggiorativi** (indicano disprezzo).

I nomi e gli aggettivi alterati, a seconda che terminino in **-a**, **-o** oppure **-e**, seguono la stessa declinazione dei nomi e degli aggettivi in **-a**, **-o** ed **-e**.

Diminutivi: suffissi in **-ino** *(bicchiere - bicchierino)*; **-etto** *(libro - libretto)*; **-ello** *(bambino - bambinello)*; **-icello** *(vento - venticello)*; **-icciolo** *(porto - porticciolo)*.

Vezzeggiativi: suffissi in **-uccio** *(regalo - regaluccio)*; **-acchiotto** *(orso - orsacchiotto)*; **-olo** *(figlio - figliolo)*.

Accrescitivi: suffissi in **-one** *(naso - nasone)*.

Peggiorativi: suffissi in **-accio** *(libro - libraccio)*; **-astro** *(medico - medicastro)*; **-ucolo** *(poeta - poetucolo)*; **-iciattolo** *(fiume - fiumiciattolo)*; **-aglia** *(gente - gentaglia)*.

Attenzione ai falsi alterati, cioè ai nomi che sembrano alterati, ma in realtà non lo sono: *mattone* non è l'accrescitivo di *matto* e *mulino* non è il diminutivo di *mulo*!

1 Trasformare i nomi e gli agg. delle seguenti frasi da singolari a plurali, seguendo il modello.

Es.: *Il cane è fedele.*
I cani sono fedeli.

1. La Liguria è una regione affascinante.
La Liguria e il Veneto sono due ....
2. Sharon Stone è un'attrice americana.
Sharon Stone e Mia Farrow sono due ....
3. Claudio Baglioni è un cantante italiano.
Claudio Baglioni e Antonello Venditti sono due ....
4. Il Po è un fiume molto grande.
Il Po e il Tevere sono due ....
5. L'Europa è un continente assai vasto.
L'Europa e l'Africa sono due ....
6. L'Italia è un paese interessante.
L'Italia e la Francia sono due ....
7. Il Monte Bianco è un monte alto.
Il Monte Bianco e il Monte Rosa sono due ....
8. Gaetano sposa una traduttrice francese.
Gaetano e Antonio sposano due ....
9. Guglielmo ha un'insegnante inglese.
Guglielmo e Sofia hanno due ....
10. Il televisore nuovo non funziona.
I due .... non funzionano.

2 Trasformare i nomi e gli agg. delle seguenti frasi da plurali a singolari, seguendo il modello.

Es.: *Gina e Maria sono due attrici dilettanti.*
Gina è un'attrice dilettante.

1. Ronaldo e Vieri sono due calciatori molto bravi.	Ronaldo è un ....
2. I cani sono animali fedeli.	Il cane è un ....
3. Giacomo mangia due pesci fritti.	Giacomo mangia un ....
4. Stefano e Piero sono due infermieri professionali.	Stefano è un ....
5. Il Mare Ligure e il Mare Tirreno sono mari puliti.	Il Mare Ligure è un ....
6. Rossana saluta le insegnanti francesi.	Rossana saluta l'................................
7. Il pubblico applaude due attori cinesi.	Il pubblico applaude un ....
8. Ada possiede due preziose collezioni di quadri.	Ada possiede una .... di quadri..
9. Oggi partono due navi veloci per la Sardegna.	Oggi parte una .... per la Sardegna.................................
10. Ersilia e Armida sono due nomi molto rari.	Ersilia è un ....

3 Inserire il sostantivo corretto, scegliendolo tra quelli qui di seguito elencati.

coltello / vincitore / bicchieri / infermiere / studenti / bottoni / api / neve / menti / esame

1. Fabrizio è un .... professionale. **2.** Il .... nuovo è troppo tagliente. **3.** Le .... laboriose producono il miele. **4.** Oggi Monica ha un .... difficile. **5.** Iris compera tre .... rossi per la camicia. **6.** Il .... della gara è italiano. **7.** Gli scienziati possiedono delle .... eccezionali. **8.** I .... di cristallo sono molto fragili. **9.** È inverno: la .... cade fitta. **10.** Tutti gli .... italiani studiano 'I Promessi Sposi'.

4 Combinare le parti delle seguenti frasi.

1. L'ape operaia	sono tutti sani.
2. Heinrich conosce	produce il miele.
3. Il fiume Arno	rimprovera lo studente.
4. I denti del bambino	No, abbiamo soltanto un peperone!
5. Il Preside della scuola	ha un carattere docile.
6. Io non sono un panettiere	il giornale di economia.
7. Avete due peperoni?	scorre a Firenze.
8. Maria legge	ma un pasticcere!
9. La lezione di storia	un dottore italiano.
10. Il cane di Tommaso	è veramente interessante.

5 Inserire, nel seguente dialogo, le desinenze appropriate degli aggettivi.

Patrizia accompagna Hans a Savona in treno e gli mostra la città.

P.: Allora, Hans, Savona è una città bell..... oppure brutt..... ? **H.:** La stazione non è molto interessant..... ! Preferisco il centro storic..... ! **P.:** Ora andiamo! Il centro storico è abbastanza vicin..... . **H.:** Va bene, ma non prendiamo la macchina nuov..... ? **P.:** No! Andiamo a piedi, così vediamo il Palazzo del Tribunale: un edificio molto modern..... ! **H.:** Io preferisco gli edifici antichi: i castelli medioeval..... , i palazzi rinascimental..... ! Odio l'architettura modern..... ! **P.:** OK! Ecco il Duomo: l'altare è splendid..... , vero? **H.:** Sì, hai ragione! E la statua di marmo dietro l'altare ha un fascino particolar..... ! Le candele sono tutte acces..... ! **P.:** Usciamo? Il centro storico inizia qui! Vedi? Le strade antich..... di Savona sono molto strett..... e le piazze medioeval..... sono minuscol..... ! **H.:** È vero! I negozi, però, sono numeros..... e colorat..... anche qui! **P.:** Certo! Ora visitiamo la Fortezza? È un edificio enorm..... , una costruzione molto antic..... e famos..... . **H.:** È una fortezza magnific..... e imponent..... ! **P.:** Entriamo? Le sale intern..... sono quasi tutte visitabil..... . **H.:** Saliamo sulla torre? ... Ecco, ora vedo Savona e il porto turistic..... ! **P.:** Savona è una città piccol..... ma affascinant..... ! Non sei d'accordo? **H.:** Sì, hai proprio ragione!

6 Scrivere le frasi, trasformando le parole sottolineate da singolari a plurali.

Es.: *Il dente è malato.*
I denti sono malati.

1. Il mare in Italia non è inquinato. ....
2. La nave ha un motore veloce. ....
3. Il cantante della discoteca 'Victor' ha una voce gradevole. ....
4. Il fiore nel vaso è profumato. ....
5. Il pasticcere prepara un dolce saporito. ....
6. L'ospedale assume un infermiere professionale. ....
7. Anna scrive un romanzo avvincente. Anna e Patrizia ....
8. Paolo legge un libro francese. Paolo e Gianni ....
9. La nipote di Domenico è vivace ma gentile. ....
10. L'ape operaia produce il miele. ....

7 Scrivere le frasi, trasformando le parole sottolineate da plurali a singolari.

1. Le indossatrici mangiano dei biscotti inglesi. ....
2. Le nevi soffici sono piacevoli. ....
3. Avete delle maglie pesanti? ....
4. I bicchieri di cristallo sono trasparenti. ....
5. I divani verdi di Piera sono pesanti. ....
6. Gli scorpioni sono degli animali pericolosi. ....
7. I cani sono fedeli e affettuosi. ....
8. Le attrici studiano i copioni. ....
9. Le pere sono dolci o acerbe? ....
10. I pescatori usano delle grandi reti. ....

8 Individuare, fra i seguenti sostantivi, i diminutivi, gli accrescitivi, i peggiorativi e i falsi alterati.

Es.: *tavolino* ***diminutivo*** *bottone* ***falso alterato***

Nome	Definizione	Nome	Definizione
limone	....	casetta	....
poetastro	....	torrone	....
figliola	....	mammina	....
borsetta	....	postino	....
cavalluccio	....	romanzaccio	....
tempaccio	....	pecorella	....
librone	....	tacchino	....
furbetto	....	gattino	....

La formazione del femminile (1)

I nomi di cosa hanno un genere grammaticale fisso, che è sempre o maschile o femminile (*il quaderno, la penna*). I nomi che indicano esseri animati (persone o animali) possono avere invece una forma per il maschile e una per il femminile (*il gatto, la gatta*). La base di tali nomi è costituita solitamente dalla forma maschile: si parte dunque dal nome maschile per arrivare al nome femminile.

Sono elencate qui di seguito categorie di nomi maschili e i mezzi (desinenze e suffissi) utilizzati per formare il femminile.

I nomi mobili

I nomi mobili costituiscono la maggior parte dei nomi di esseri animati. **I nomi mobili sono quelli che formano il femminile, variando la desinenza oppure aggiungendo un suffisso alla radice del nome**:

- I nomi che al maschile hanno la desinenza **-o** formano solitamente il femminile con la desinenza **-a**:

  *il maestr-**o*** → *la maestr-**a***   *il bambin-**o*** → *la bambin-**a***   *il gatt-**o*** → *la gatt-**a***

- I nomi che al maschile hanno la desinenza **-a** formano di norma il femminile, unendo alla radice il suffisso **-essa**:

  *il poet-**a*** → *la poet-**essa***   *il duc-**a*** → *la duch-**essa****

- I nomi che al maschile hanno la desinenza **-e** formano il femminile in due modi.
  Alcuni trasformano la desinenza **-e** in **-a**:

  *l'infermier-**e*** → *l'infermier-**a***   *il cassier-**e*** → *la cassier-**a***

Altri, soprattutto nomi di professioni, cariche e titoli nobiliari o nomi di animali, uniscono alla radice il suffisso **-essa**:

*il dottor-**e*** → *la dottor-**essa***   *l'ost-**e*** → *l'ost-**essa***

*il cont-**e*** → *la cont-**essa***   *il leon-**e*** → *la leon-**essa***

- I nomi che al maschile finiscono in **-tore** formano di solito il femminile sostituendo **-tore** con **-trice**:

  *il vinci-**tore*** → *la vinci-**trice***   *il pit-**tore*** → *la pit-**trice***

- Altri nomi formano il femminile con il suffisso **-ina**:

  l'ero-e → *l'ero-**ina***   *lo zar* → *la zar-**ina***   *il gallo* → *la gall-**ina***

- Nomi particolari:

  il re → *la regina*   *il dio* → *la dea*

* Viene aggiunta una **h** alla radice del nome **duc** per mantenere il suono duro della **c** di **duca**. Senza la lettera **h**, infatti, la **c**, davanti alla **e** del suffisso **essa**, avrebbe un suono dolce: la **ducessa**.

Per **le nozioni di fonetica**, comunque, si veda l'Appendice 1.

1 Completa, come da esempio, il seguente modello.

Nome	Femminile	Nome	Femminile
il re	la regina	il barone	....
lo studente	....	il poliziotto	....
lo scrittore	....	il truffatore	....
il panettiere	....	il presentatore	....
il gallo	....	l'eroe	....
l'oste	....	il bidello	....

2 Scrivere le frasi, trasformando le parole sottolineate da maschili a femminili.

Es.: *Il maestro è severo.*
La maestra è severa.

1. Il duca francese saluta il conte italiano. ....
2. Il direttore della scuola ringrazia il bidello. ....
3. Lo zio di Martina è un amico di Luciano. ....
4. L'infermiere conosce tutti i professori del corso. ....
5. Lo scrittore Umberto Eco è molto famoso. .... Oriana Fallaci ....
6. Il cognato di Romina ha due galli neri. ....
7. Il dottore medica il bambino. ....
8. Il presentatore televisivo Fiorello ha molti ammiratori. .... Milly Carlucci ....
9. Il principe olandese visita il re norvegese. ....
10. Il fidanzato di Graziella è amico di Edoardo. .... di Massimo ....

3 Scrivere le frasi, trasformando le parole sottolineate da femminili a maschili.

1. La poliziotta arresta la truffatrice. ....
2. La cassiera del supermercato è una ragazza seria. ....
3. La panettiera di via Roma è una signora gentile. ....
4. La figlia di Teresa ha una cavalla bianca. ....
5. La ballerina ascolta l'istruttrice. ....
6. Le galline beccano le gatte. ....
7. Le attrici del cinema indossano gonne vistose. .... pantaloni ....
8. La professoressa di storia è una signora distinta. ....
9. La nonna di Alberto è una pittrice famosa. ....
10. La cassiera del supermercato saluta la figlia di Laura. ....

UNITÀ 15

La formazione del femminile (2)

Nella presente unità continuiamo a trattare la formazione del femminile dei nomi, partendo dalla corrispondente forma maschile. Vediamo qui come i nomi femminili possano avere una forma completamente diversa da quella dei nomi maschili o come, al contrario, il nome femminile sia identico a quello maschile, da cui lo distingue perciò soltanto l'uso dell'articolo, determinativo o indeterminativo, e la desinenza in **a** di aggettivi eventualmente presenti:

__un__ brav__o__ cantante *__una__ brav__a__ cantante*

I nomi indipendenti

I nomi indipendenti sono nomi in cui la forma del maschile è del tutto diversa dalla forma del femminile:

l'uomo	→	*la donna*	*il maschio*	→	*la femmina*	*il padre*	→	*la madre*
il papà	→	*la mamma*	*il fratello*	→	*la sorella*	*il marito*	→	*la moglie*
il toro	→	*la mucca*						

I nomi di genere comune

I nomi di genere comune sono nomi che hanno una sola forma per il maschile e il femminile:

- Alcuni nomi con la desinenza **-e**:
  il nipot-__e__ → *la nipot-__e__*
- I participi presenti sostantivati*:
  (da lavorare) *il lavorant-__e__* → *la lavorant-__e__*
- Alcuni nomi con la desinenza **-a** (soprattutto di origine greca):
  il pediatr-__a__ → *la pediatr-__a__*
- I nomi che finiscono in **-ista** e **-cida**:
  il pian-__ista__ → *la pian-__ista__* *il sui-__cida__* → *la sui-__cida__*

I nomi di genere promiscuo

I nomi di genere promiscuo sono nomi che possiedono un'unica forma, con un unico articolo, per il maschile e il femminile. Si tratta per lo più di nomi di animali:

la balena (maschio e femmina); *il canguro* (maschio e femmina).

Volendo distinguere il maschio dalla femmina si può dire: *il falco maschio e il falco femmina.*

* Il participio presente si forma dalla radice del verbo con l'aggiunta del suffisso **-ant** + desinenza **e** (per i verbi in **-are**) o **-ent** + desinenza **e** (per i verbi in **-ere** e **-ire**) e può essere utilizzato, in molti casi, come aggettivo o come nome. Il participio presente sostantivato è appunto un participio che ha valore di sostantivo, cioè di nome: *da cantare = il/la cantante (plurale = i/le cantanti)*

1 Scrivere le frasi, trasformando le parole sottolineate da maschili a femminili.

Es.: *Il cantante è italiano.*
***La cantante** è **italiana**.*

1. Il violinista è molto bravo. ....
2. I turisti svizzeri sono sempre educati. ....
3. Il padre di Rosanna è un bravo cantante. ....
4. Lo studente saluta tutti gli insegnanti. ....
5. Il fratello del maestro ha una tartaruga maschio in casa. ....
6. Il pediatra cura il figlio del giornalista. ....
7. Il barista è un signore simpatico. ....
8. Il nipote affettuoso abbraccia lo zio. ....
9. Il marito di Luisa è un uomo intelligente. .... di Renzo ....
10. Il pediatra ha un figlio studioso. ....

2 Scrivere le frasi, trasformando le parole sottolineate da femminili a maschili.

1. La mucca nera bruca l'erba. ....
2. La leonessa cattura una gazzella femmina. ....
3. Laura è proprio una donna intelligente e ambiziosa. Sandro ....
4. Madre e figlia sono due eroine. ....
5. La fidanzata di Giovanni è una cantante francese. .... di Giovanna ....
6. La sorella di Piera è un'artista. ....
7. La nipote di Gino è una barista. ....
8. La ladra rapina una giornalista svizzera. ....
9. La regina della Danimarca ha due cameriere italiane. ....
10. La baronessa è sorda. ....

3 Trasformare i nomi delle seguenti frasi da maschili a femminili.

1. L'oste serve i clienti. ....
2. Il pediatra cura il bambino. ....
3. Il falco maschio vola nel cielo. ....
4. Conosci il figlio del dottore? ....
5. Il professore di latino parla con l'insegnante di greco. ....
6. Il cameriere porta due tazze di tè. ....
7. Il conte abita a Parigi. ....
8. Il vincitore della gara è inglese. ....
9. Il nipote di Gianni è un cantante molto bravo. ....
10. Il fratello di Lucia conosce un pianista americano. ....

UNITÀ 16

Particolarità nella formazione del plurale (1) I nomi in *-ca* e *-ga*, *-cia* e *-gia*, *-co* e *-go*, *-logo*

Le regole evidenziate nelle unità 12 e 13, riguardo alla formazione del plurale, non sono valide per tutti i nomi: esistono infatti nomi che formano il plurale in maniera diversa.

Sono elencate qui di seguito le varie particolarità:

1. I nomi che finiscono in **-ca** e **-ga** formano il plurale in:

- **-chi** e **-ghi** se sono maschili:
  *il du**ca*** → *i du**chi***
- **-che** e **-ghe** se sono femminili:
  *la pan**ca*** → *le pan**che***   *la di**ga*** → *le di**ghe***

2. I nomi femminili in **-cìa** e **-gìa** (i accentata)* formano il plurale in modo regolare:
*la farma**cìa*** → *le farma**cìe***   *la ma**gìa*** → *le ma**gìe***

3. I nomi femminili in **-cia** e **-gia** (i non accentata) formano il plurale in:

- **-ce** e **-ge**, perdendo la **i**, quando la **i** è preceduta da due consonanti:
  *la buc**cia*** → *le buc**ce***   *la piog**gia*** → *le piog**ge***
- **-cie** e **-gie**, conservando la **i**, quando la **i** è preceduta da una sola consonante:
  *la cami**cia*** → *le cami**cie***

Tuttavia, i sostantivi *valigia* e *ciliegia* formano ormai comunemente il plurale in **-ge**: *valige, ciliege*. La **i** si conserva per evitare di confondere due nomi simili:

*cami**cia*** → *cami**cie*** *e* *cami**ce*** → *cami**ci***

4. I nomi che finiscono in **-co** e **-go** formano il plurale in:

- **-chi** e **-ghi**, quando l'accento cade sulla penultima sillaba:
  *il cuo**co*** → *i cuo**chi***   *l'intri**go*** → *gli intri**ghi***

  Sono eccezioni alla suddetta regola i nomi (utilizzabili anche come aggettivi):
  *amì**co*** → *amì**ci***   *nemì**co*** → *nemì**ci***   *grè**co*** → *grè**ci***   *pòr**co*** → *pòr**ci***
- **-ci** e **-gi**, quando l'accento cade sulla terzultima sillaba:
  *il mèdi**co*** → *i mèdi**ci***   *l'aspara**go*** → *gli aspara**gi***

  Sono eccezioni alla suddetta regola i nomi:
  càrico → *càrichi*   *òbbligo* → *òbblighi*   *pìzzico* → *pìzzichi*
  pròfugo → *pròfughi*   *vàlico* → *vàlichi*

5. I nomi che finiscono in **-logo** formano il plurale in:

- **-logi**, quando il nome si riferisce a una persona:
  *il teo**logo*** → *i teo**logi***   *il radio**logo*** → *i radio**logi***
- **-loghi**, quando il nome si riferisce a una cosa:
  *il cata**logo*** → *i cata**loghi***   *il dia**logo*** → *i dia**loghi***

* L'argomento riguardante l'**accento** è trattato nell'Appendice 1.

1 **Scrivere le frasi, trasformando le parole sottolineate da singolari a plurali.**

Es.: *Il radiologo lavora in ospedale.*
***I radiologi lavorano** in ospedale.*

1. La giacca di Alberto ha una macchia. .... di Alberto e Dario ....
2. La farmacia ora è aperta. ....
3. Sandro conosce un gioco divertente. Sandro e Gianni ....
4. Il bambino mangia una ciliegia. ....
5. Il monologo dell'attore è sempre noioso! ....
6. Savona è una provincia ligure. Savona e Genova .... due ....
7. Francesca non dice mai una bugia. Francesca e Paola non .... mai le ....
8. Lo speleologo esplora la grotta. ....
9. L'astrologa scrive l'oroscopo. ....

2 **Scrivere le frasi, trasformando le parole sottolineate da plurali a singolari.**

1. Le camicie di seta sono costose. ....
2. I nonni hanno dei dischi di musica classica. ....
3. Attenzione! I vasi di vetro sono molto fragili. ....
4. Le ragazze mangiano due arance. ....
5. Gli studenti disegnano delle righe sul foglio. ....
6. I geologi esaminano le rocce e i terreni. ....
7. I maghi conoscono dei trucchi sorprendenti. ....
8. Le maniche delle camicie sono troppo corte. ....
9. I negozianti espongono dei cataloghi. ....

3 **Completare, come da esempio, il seguente schema.**

Nome	Plurale	Femminile singolare	Femminile plurale
il geologo	*i geologi*	*la geologa*	*le geologhe*
lo psicologo	....	....	....
il farmacista	....	....	....
il duca	....	....	....
l'amico	....	....	....
lo scrittore	....	....	....

UNITÀ 17

Particolarità nella formazione del plurale (2)
I nomi in *-io*, *-o* e i plurali irregolari

Vediamo qui di seguito altre particolarità:

1. I nomi che finiscono in **-io** formano il plurale in:
   - **-ii**, quando la **i** di **io** è accentata:
     *lo zì**o** → gli zì**i***   *il brontolì**o** → i brontolì**i***
   - **-i**, quando la **i** di **io** non è accentata:
     *il prem**io** → i prem**i***   *lo stud**io** → gli stud**i***
2. Alcuni nomi con la desinenza in **-o** prendono al plurale la desinenza **-a**, diventando di genere femminile:
   *l'uov**o** → le uov**a***   *il ris**o** (= le risate) → le ris**a***
   *il centinai**o** → le centinai**a***   *il pai**o** → le pai**a***
3. Plurali irregolari:
   l'uomo → gli uomini   *il dio → gli dei*   *il tempio → i templi*
   l'ala → le ali   *l'arma → le armi*   *il bue → i buoi*

Gli aggettivi in *-co* e *-ca*, *-go* e *-ga*, *-io*, *-cia* e *-gia*

Anche alcuni aggettivi formano il plurale in maniera particolare, ricalcando, però, come vedremo qui di seguito, le forme dei nomi che terminano con le lettere corrispondenti, e cioè - **co**, **-go**, **-cia**, **-gia** e **-io**:

1. Gli aggettivi che finiscono in **-co** (femminile **-ca**) formano il plurale in:
   - **-chi** (femm. **-che**), quando l'accento cade sulla penultima sillaba:*
     *biàn**co** → bian**chi***   *biàn**ca** → bian**che***
   - **-ci** (femm. **-che**), quando l'accento cade sulla terzultima sillaba:
     *pacìfi**co** → pacifi**ci***   *pacìfi**ca** → pacifi**che***
     Eccezione: *carico → carichi*
2. Gli aggettivi che finiscono in **-go** (femminile **-ga**) formano il plurale in:
   -ghi (femm. **-ghe**): *lar**go** → lar**ghi***   *lar**ga** → lar**ghe***
3. Gli aggettivi che finiscono in **-io** formano il plurale maschile in:
   - **-ii**, quando la **i** di **io** è accentata: *natìo → natì**i*** *(femminile = natìa → natìe)*
   - **-i**, quando la **i** di **io** non è accentata: *vario → var**i*** *(femminile = varia → varie)*
4. Gli aggettivi femminili in **-cia** e **-gia** formano il plurale femminile in:
   - **-ce** e **-ge**, perdendo la **i**, quando la **i** è preceduta da due consonanti: *saggia → sagge*
   - **-cie** e **-gie**, conservando la **i**, quando la **i** è preceduta da una sola consonante:
     sudicia → sudicie

* L'argomento riguardante l'**accento** è trattato nell'Appendice 1.

1 **Scrivere le frasi, trasformando le parole sottolineate da singolari a plurali.**

Es.: *Lo zio ascolta un disco.*
Gli zii ascoltano dei dischi.

1. Il cugino di Marisa ha un gatto bianco. ....
2. Il negoziante usa una bilancia elettronica. ....
3. Lo zio di Claudio prepara la valigia. ....
4. Il cibo greco è molto particolare. ....
5. Oggi lo psicologo non lavora: ....
   è troppo stanco. ....
6. La gallina fa l'uovo. ....
7. La ballerina compera un paio ....
   di scarpe nuove. due ....
8. L'amico di Filippo è simpatico e intelligente. ....

2 **Scrivere le frasi, trasformando le parole sottolineate da plurali a singolari.**

1. Francesca e Cinzia sono due ragazze Francesca ....
   molto sagge. ....
2. Avete delle uova per la torta? ....
3. Lucia e Patrizia possiedono Lucia ....
   degli abiti magnifici. ....
4. Gli zii di Marta possiedono dei libri antichi. ....
5. Le studentesse visitano i templi greci. ....
6. Le gonne di Irma e Valeria sono troppo .... di Irma ....
   larghe e lunghe. ....
7. Venezia e Pisa sono due città pittoresche. Venezia ..... una ....
8. Gli scolari studiano gli dei greci Zeus e Atena. .... Zeus.

3 **Completare, come da esempio, il seguente schema.**

Nome	Plurale	Femminile singolare	Femminile plurale
magnifico	*magnifici*	*magnifica*	*magnifiche*
pacifico	....	....	....
natio	....	....	....
vecchio	....	....	....

UNITÀ 18

Nomi invariabili al plurale

Si definiscono nomi invariabili i nomi che hanno una sola forma per il singolare e il plurale.

I nomi invariabili sono:

- I nomi composti da un'unica sillaba, cioè i nomi monosillabi: *il re* → *i re; lo sci* → *gli sci*
- I nomi che finiscono con una vocale accentata:
  la città → *le città; la virtù* → *le virtù; l'età* → *le età; il caffè* → *i caffè*
- I nomi che finiscono in consonante e i nomi stranieri ormai comunemente utilizzati nella lingua italiana: *il gas* → *i gas; lo sport* → *gli sport; il film* → *i film*
- I nomi che finiscono in **-i**: *il brindisi* → *i brindisi; l'analisi* → *le analisi*
- Alcuni nomi maschili che finiscono in **-a**:
  il cinema → *i cinema; il vaglia* → *i vaglia; il gorilla* → *i gorilla*
- La maggior parte dei nomi femminili che finiscono in **-o**: *la radio* → *le radio;*
  la biro → *le biro; la moto (da motocicletta)* → *le moto; la foto (da fotografia)* → *le foto*
- Molti dei nomi che finiscono in **-ie** e sono tutti femminili:
  la specie → *le specie; la serie* → *le serie*
  Sono **eccezioni** i nomi:
  la moglie → *le mogli; la superficie* → *le superfici; l'effigie* → *le effigi*

Aggettivi invariabili

Si definiscono aggettivi invariabili gli aggettivi che hanno una sola forma per il maschile, il femminile e il plurale:

Il cielo è blu. *La gonna è blu.* *I piatti sono blu.* *Le lampade sono blu.*

Gli **aggettivi invariabili** sono:

- Gli aggettivi *pari, dispari* e *impari*: *Due è un numero pari.*
  Il due e il quattro sono numeri pari.
- Alcuni degli aggettivi che indicano colore come *rosa, viola*:
  Un fiore rosa *Dei fiori rosa* *Una borsetta rosa* *Delle borsette rosa*
- Gli aggettivi che indicano colore e sono utilizzati in coppia per esprimere una sfumatura particolare:
  Un vestito giallo scuro *Una cravatta verde chiaro*
  Dei divani rosa pastello *Delle poltrone rosso acceso*
- Gli aggettivi che finiscono in consonante, vocale accentata o sono di origine straniera come *blu, rococò*: *Un tavolo rococò* *Delle sedie rococò*
- Le locuzioni avverbiali utilizzate in funzione di aggettivi, come *perbene, dabbene, dappoco*:
  Degli uomini perbene *Una donna perbene**
- Aggettivi di origine recente formati dal prefisso anti + un sostantivo come *antinebbia, antiruggine, antiurto*: *Un faro antinebbia* *Una sostanza antiruggine*

* Per il concetto di **locuzione avverbiale** si veda l'UNITÀ 50.

1 **Scrivere le frasi, trasformando le parole sottolineate da singolari a plurali.**

Es.: *Oggi vedo un film romantico.*
Oggi ***vediamo dei film romantici****.*

1. Il negozio ha uno sci in vetrina. ....
2. Il cinema è aperto oppure chiuso? ....
3. L'auto nuova è rossa oppure rosa pallido? ....
4. Il fotografo scatta una foto. ....
5. L'amica di Lucia ritira l'analisi del sangue. ....
6. L'infanzia è un'età spensierata. L'infanzia e l'adolescenza ....
due ....
7. Il professore sembra un uomo intelligente ....
e perbene. ....
8. Il fratello di Piero progetta un sistema antifurto. ....

2 **Trasformare le parole sottolineate, nel seguente brano, da plurali a singolari.**

Anna e Maria sono maestre: lavorano in una scuola. Anna e Maria abitano in campagna e hanno due figli maschi e due nipoti femmine. I figli frequentano la prima elementare e le nipoti sono studentesse di scuola media. Anna e Maria amano molto gli animali e hanno due cavalli neri, due oche bianche e due gatti rossi. Anna e Maria sono due donne felici e serene.

Anna ....
....
....
....
....

3 **Completare, come da esempio, il seguente schema.**

Nome	Plurale	Nome	Plurale
la fotografia	*le fotografie*	la neve	....
la foto	*le foto*	il nipote	....
il gas	....	la radio	....
lo scolaro	....	la città	....
la piazza	....	la regina	....
il cinema	....	il re	....
il film	....	lo sport	....
la penna	....	la mano	....

UNITÀ 19

Gli aggettivi numerali cardinali

Gli aggettivi numerali cardinali indicano una quantità numerica precisa. Nella tabella sottostante si trovano elencati diversi esempi di aggettivi numerali cardinali, espressi sia in cifre che in lettere:

0 zero	18 diciotto	90 novanta
1 uno	19 diciannove	100 cento
2 due	20 venti	101 centouno
3 tre	21 ventuno	145 centoquarantacinque
4 quattro	22 ventidue	199 centonovantanove
5 cinque	23 ventitrè	200 duecento
6 sei	24 ventiquattro	300 trecento
7 sette	25 venticinque	500 cinquecento
8 otto	26 ventisei	1 000 mille
9 nove	27 ventisette	1 998 millenovecentonovantotto
10 dieci	28 ventotto	10 000 diecimila
11 undici	29 ventinove	10 568 diecimilacinquecentosessantotto
12 dodici	30 trenta	50 000 cinquantamila
13 tredici	40 quaranta	500 000 cinquecentomila
14 quattordici	50 cinquanta	730 827 settecentotrentamilaottocentoventisette
15 quindici	60 sessanta	1 000 000 un milione
16 sedici	70 settanta	4 000 000 quattro milioni
17 diciassette	80 ottanta	1 000 000 000 un miliardo

- L'aggettivo numerale **uno** (un, una) presenta le stesse forme dell'articolo indeterminativo:
  uno scienziato; un cane; un'ape.
  I numeri composti con **uno** (trentuno, novantuno) sono invece invariabili:
  ventuno uomini; cinquantuno donne.
- I numeri composti con l'aggettivo numerale **tre** devono essere accentati:
  quarantatrè, ottantatrè, ecc.
- **Milione** e **miliardo** non sono aggettivi ma nomi e hanno il plurale **milioni** e **miliardi**. Se precedono un nome, *milione* e *miliardo* devono essere seguiti dalla preposizione **di**:
  un milione di turisti; due miliardi di marchi tedeschi.
- Le migliaia (1 000) sono separate dalle centinaia (100) e i milioni (1 000 000) dalle migliaia da uno **spazio**: *1 245; 3 876 920*
  I numeri decimali sono separati da una **virgola**: *2,6; 10,89*

1 Scrivere in cifre i seguenti numeri.

Es.: *milleduecentosessantacinque*
1 265

dodici	....
novantanove	....
quarantatrè	....
settecentoquarantaquattro	....
cinquecentotrè	....
novecentotrentasette	....
quattromiladuecentocinquantasei	....
seimilaseicentoquarantotto	....
diecimiladuecentocinque	....
un milione trecentotrentatrè	....
tre milioni cinquecentocinquantaduemila	....
ottocentosessantuno	....
dodici milioni duecentoquarantamila	....

2 Scrivere in lettere i seguenti numeri.

14	....
36	....
105	....
297	....
569	....
1 122	....
4 580	....
9 991	....
23 991	....
87 813	....
2 678 907	....
3 148 123	....

UNITÀ 20

Gli aggettivi numerali ordinali

Gli aggettivi numerali ordinali indicano l'ordine, il posto occupato da un essere umano o da una cosa in una serie:

Paolo è il primo della classe. *La seconda fermata dell'autobus è in via Torino.*

Si trovano, qui di seguito, elencati diversi esempi di aggettivi numerali ordinali, espressi sia in cifre che in lettere:

1° primo	6° sesto	10° decimo	21° ventunesimo
2° secondo	7° settimo	12° dodicesimo	100° centesimo
4° quarto	9° nono	20° ventesimo	1 000° millesimo

- Gli aggettivi numerali ordinali, al contrario degli aggettivi cardinali, hanno forme diverse per il maschile e il femminile singolare e plurale, presentano le stesse desinenze degli aggettivi che al maschile singolare hanno la desinenza in **-o** e concordano in genere e numero con i nomi a cui sono legati: *il prim**o** anno di scuola; la prim**a** classe delle elementari; i prim**i** abitanti del pianeta; le prim**e** parole del bambino.*
- A ognuno dei numerali cardinali corrisponde un numerale ordinale:
  uno = primo; 15 = quindicesimo; 43 = quarantatreesimo, ecc.
- I primi dieci numerali ordinali hanno una forma particolare, di origine latina: *primo, secondo, terzo, quarto, quinto, sesto, settimo, ottavo, nono e decimo.* I numerali ordinali dall'11 in avanti, invece, si formano tutti dal rispettivo numerale cardinale, con l'aggiunta del suffisso **-esimo**; l'ultima vocale del numerale cardinale solitamente cade:
  11 = undici = undic-esimo; 28 = ventotto = ventott-esimo

  L'ultima vocale del numerale cardinale non cade nei numerali ordinali composti con **tre**:
  23 = ventitrè = ventitre-esimo; 33 = trentatrè = trentatre-esimo
- I numerali ordinali possono essere utilizzati anche come nomi, quando il termine a cui si riferiscono è sottinteso: *Anna frequenta la* ***terza*** *(classe); Metto la* ***prima*** *(marcia = dell'auto) e parto; Oggi è il* ***primo*** *(giorno) di maggio.*
- I numerali ordinali si possono scrivere in lettere (primo, secondo, ecc.) ma anche in numeri, con accanto il segno **o** per il maschile singolare e il segno **a** per il femminile singolare:
  primo = 1°; prima = 1ª; quarto = 4°; quarta = 4ª, ecc.

Gli aggettivi numerali moltiplicativi

Gli aggettivi numerali moltiplicativi indicano una quantità, specificando di quante volte essa è superiore rispetto a un'altra. A ogni numerale cardinale corrisponde un numerale moltiplicativo, ma in realtà i numerali moltiplicativi utilizzati sono: *semplice = 1; doppio = 2; triplo = 3; quadruplo = 4.* Per gli altri numeri si utilizzano espressioni come: *cinque volte maggiore, mille volte maggiore*, ecc.

I numerali moltiplicativi concordano per genere e numero con il sostantivo cui sono legati:

Mario ha una polmonite doppia. *Il mio stipendio è dieci volte maggiore.*

1 **Scrivere in lettere i seguenti numeri, ponendo attenzione alla desinenza maschile o femminile.**

Es.: *1°* ***primo***
13ª ***tredicesima***

3ª ....
6ª ....
8° ....
9ª ....
10° ....
15ª ....
17ª ....
22° ....
53° ....
98° ....
100ª ....
101° ....

2 **Inserire, al posto del numero, il numerale ordinale corretto.**

Es.: *Io sono il (1) .... della classe.*
Io sono il ***primo*** *della classe.*

1. Oggi è il (2) .... giorno di scuola. **2.** Lucia è la (3) .... figlia di Giacomo. **3.** La casa dei nonni è la (5) .... a destra. **4.** Il campione russo arriva sempre (2) .... **5.** Rosa compie gli anni il (1) .... febbraio. **6.** I cantanti Gino e Michele sono (4) .... in classifica. **7.** Le (5) .... classi delle elementari studiano il corpo umano. **8.** Il (6) .... piano del palazzo è disabitato. **9.** Mara ascolta la (5) '.............................. sinfonia' di Beethoven. **10.** Il (10) .... capitolo del libro è molto divertente.

3 **Inserire, al posto del numero, l'aggettivo moltiplicativo corretto.**

Es.: *Ora bevo un caffè (2) ....*
Ora bevo un caffè ***doppio****.*

1. Andrea guadagna il (3) .... di Stefano. **2.** Beatrice ha una (2) .... personalità. **3.** Il profumo francese costa il (2) .... **4.** Il peso del divano è (3) .... rispetto a quello* della poltrona. **5.** Desidero una camera (2) .... ! **6.** Le dimensioni del salotto sono (4) .... rispetto a quelle* della cucina. **7.** Il valore della sterlina è (2) .... rispetto al mese scorso. **8.** Pietro ha un (2) .... lavoro. **9.** Io guadagno tanto, ma lo stipendio di Cecilia è (10) .... **10.** Il numero delle donne è (7) .... rispetto a quello* degli uomini.

* Per il concetto di **aggettivo dimostrativo** si veda l'UNITÀ 54.

UNITÀ 21

I numerali frazionari

I numerali frazionari sono nomi, indicano la parte o le parti di un intero e sono formati da un aggettivo numerale cardinale + un aggettivo numerale ordinale; il numerale cardinale indica la parte o le parti, mentre il numerale ordinale indica l'intero: *1/3 = un terzo = una parte su tre* (dove *un* è il numerale cardinale uno che corrisponde a una parte dell'intero e *terzo* è il numerale ordinale che corrisponde a un intero formato da tre parti); *1/5 = un quinto = una parte su cinque.* Il numerale frazionario, sempre di genere maschile, ha la forma singolare e plurale: *1/5 = un quinto; 2/5 = due quinti.* Qui di seguito sono elencati diversi esempi di numerali frazionari espressi sia in cifre che in lettere: *1/2 = un mezzo; 1/3 = un terzo; 1/5 = un quinto; 2/3 = due terzi.*

Un terzo degli scolari ha la febbre. *Due quinti delle famiglie italiane hanno un figlio.*

I numerali collettivi

I numerali collettivi sono soprattutto nomi e indicano una quantità costituita da un insieme di unità considerate globalmente e non una alla volta.

I numerali collettivi più utilizzati sono:

1. **(il) Paio** (Al plurale diventa femminile: **le paia**). Il nome paio è utilizzato per indicare due persone, due animali o due cose appartenenti alla stessa specie ma non uniti in coppia (non composti cioè da un maschio e da una femmina):

   Un paio di scarpe = due scarpe (scarpa destra e sinistra)

   Un paio di pantaloni = gamba destra e gamba sinistra dei pantaloni

   Un paio di amici/amiche = due amici maschi/ due amiche femmine

2. **(la) Coppia** (Plurale = **le coppie**). Il nome coppia è utilizzato per indicare due persone o animali dove siano presenti un maschio e una femmina: *Anna e Giorgio sono una bella coppia. Ho una coppia di canarini. = Ho un canarino maschio e un canarino femmina.*

3. **(la) Decina** (le decine) = **dieci**:

   Ho ancora una decina di bicchieri. = Ho ancora dieci bicchieri, più o meno.

4. **(la) Dozzina** (le dozzine) = **dodici**:

   Barbara compra una dozzina di uova. = Barbara compra dodici uova.

5. **(la) Ventina** (le ventine) = **venti**; **(il) centinaio** (le centinaia) = **cento**; **(il) migliaio** (le migliaia) = **mille**:

   Gina ha una trentina d'anni. = Gina ha circa trent'anni.

Decina, dozzina, ventina, ecc. possono indicare un valore approssimativo:

Una decina di gatti = circa (più o meno) dieci gatti.

Sono numerali collettivi anche **ambedue** (invariabile) ed **entrambi** (femm. **entrambe**), che valgono sia come pronomi che come aggettivi e significano *tutti e due*:

Ambedue i ragazzi sono a scuola: entrambi studiano musica.

In questa frase **ambedue** è aggettivo, in quanto unito al nome *ragazzi*, mentre **entrambi** è pronome in quanto sostituisce il nome *ragazzi*: *Entrambi (i ragazzi) studiano musica.*

1 Scrivere in lettere i seguenti numeri.

Es.: *1/2*
un mezzo

2/4 ....
1/4 ....
2/3 ....
3/6 ....
4/5 ....
7/8 ....
10/12 ....

2 Inserire il numerale collettivo corretto, scegliendolo tra quelli qui di seguito elencati.

centinaia / paia / entrambe/ coppia / dozzina / quarantina /
paio / ventina / migliaia / decine / ambedue

1. Il Duomo di Milano ha .... di anni. **2.** Sara e Lisa sono a letto: .... hanno la febbre. **3.** Ora friggiamo un .... di uova. **4.** Le mele mature sono più di venti: sono alcune .... **5.** Aldo e Doriana sono una splendida .... : .... hanno 35 anni. **6.** Il palazzo ha una .... di appartamenti, forse ventuno o ventidue. **7.** La signora compra dodici fazzoletti, cioè una .... **8.** Luisa stira due .... di pantaloni e una camicia. **9.** Ai concerti di Elton John partecipano sempre .... di persone. **10.** Roberto ha trentacinque anni? – Di più, forse una ....

3 Inserire, nel seguente dialogo, il numerale corretto, scegliendolo tra quelli qui di seguito elencati.

doppio / dozzina / paio / coppia / seconda / un / ventina / mezzo / decina / una

Gianni e Rosa sono in un piccolo ristorante per il pranzo.

G.: Che fame! Io mangio un piatto di spaghetti aglio e olio, e tu? **R.**: Abbiamo poco tempo! Io prendo (1) .... panino e (1/2) .... litro di acqua minerale. **G.**: Io, invece, preferisco due caffè, o meglio un caffè (2) .... **R.**: E il dolce? Il cuoco prepara sempre una (10) .... di torte! **G.**: La prima torta a destra ha il ripieno di cioccolata? **R.**: No, la (2) .... torta a sinistra ha il ripieno di cioccolata. **G.**: Bene! Allora prendo (1) .... fetta di torta e un (2) .... di cappuccini! **R.**: Bevi il cappuccino a pranzo? Hai dei gusti strani! **G.**: Davvero? E tu, allora? A cena mangi sempre una (12) .... di uova! **R.**: Sì, con una (20) .... di pomodori! È una dieta personalizzata! **G.**: Incredibile! Secondo me, siamo una (2) .... di pazzi! Ah! Ah!

UNITÀ 22

L'ora

Sono elencati, qui di seguito, alcuni esempi dei modi con cui l'ora è espressa in italiano. Notate due forme per la stessa ora; la prima rappresenta l'espressione più formale, mentre la seconda è quella più colloquiale.

Ore	1.00	=	È l'una (del mattino).
Ore	13.00	=	Sono le tredici. È l'una (del pomeriggio).
Ore	2.00	=	Sono le due (del mattino).
Ore	14.00	=	Sono le quattordici. Sono le due (del pomeriggio).
Ore	1.05	=	È l'una e cinque (minuti).
Ore	13.10	=	Sono le tredici e dieci. È l'una e dieci (del pomeriggio).
Ore	6.15	=	Sono le sei e quindici (del mattino). Sono le sei e un quarto.
Ore	18.30	=	Sono le diciotto e trenta. Sono le sei e mezzo (del pomeriggio).
Ore	9.40	=	Sono le nove e quaranta. Sono le dieci meno venti.
Ore	20.45	=	Sono le venti e quarantacinque. Sono le nove meno un quarto (della sera).
Ore	12.00	=	Sono le dodici. È mezzogiorno.
Ore	24.00	=	Sono le ventiquattro. È mezzanotte.

L'ora si chiede con la domanda: *Che ore sono?* → *È l'una. / Sono le tredici.*

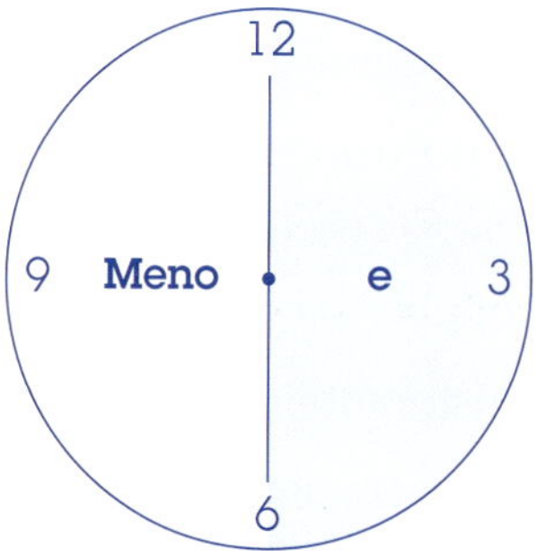

I giorni della settimana, i mesi, le stagioni

I **giorni della settimana** sono:

lunedì; martedì; mercoledì; giovedì; venerdì; sabato; domenica.

I **mesi** sono:

gennaio; febbraio; marzo; aprile; maggio; giugno; luglio; agosto; settembre; ottobre; novembre; dicembre.

Le **stagioni** sono:

autunno; inverno; primavera; estate.

1 **Scrivere in lettere le seguenti ore, secondo il modello.**

Es.: *1.35* ***È l'una e trentacinque - Sono le due meno venticinque.***

18.15 ***Sono le diciotto e quindici - Sono le sei e un quarto del pomeriggio.***

12.20 ***È mezzogiorno e venti.***

1.40 ....

14.15 ....

3.45 ....

19.30 ....

12.15 ....

13.05 ....

2 **Completare le frasi con le parole qui di seguito elencate.**

otto e venti / Agosto / Dicembre / diciassette e quarantacinque / ventitré e trenta / estate / lunedì / una e un quarto / primavera / domenica

1. La .... è un giorno festivo.
2. .... è un mese molto caldo.
3. È tardi! Sono le .... : vado a letto.
4. Sono le tredici e quindici, cioè l'....................................... del pomeriggio.
5. Il 25 .... è Natale.
6. Il .... inizia la settimana lavorativa.
7. Che ore sono? Sono le venti e venti, cioè le .... della sera.
8. Il 21 giugno inizia l'....................................... .
9. La .... è una stagione dolce e temperata.
10. Che ore sono? Sono le sei meno un quarto del pomeriggio, cioè le ....

3 **Rispondere liberamente alle seguenti domande.**

1. A che ora ti svegli?
2. A che ora inizi a lavorare?
3. A che ora vai a scuola?
4. A che ora vai al cinema?

UNITÀ 23

Le preposizioni semplici *di, a, da, in*
Usi principali

Le preposizioni sono particelle invariabili che servono a unire due elementi (parole o gruppi di parole) **di una frase, mettendoli in relazione tra loro:**

Il gatto ***di*** *Giovanni ha due anni.* *Io torno* ***a*** *casa.*

Stefano lavora ***da*** *tre mesi.* *Il bambino gioca* ***in*** *cortile.*

Le preposizioni semplici sono preposizioni formate da un'unica parola.

Le preposizioni semplici sono nove: **di, a, da, in, con, su, per, tra, fra.**

Vediamo ora di seguito gli usi principali delle preposizioni **di, a, da, in.**

La preposizione *di*

La preposizione semplice **di** specifica le caratteristiche di persone, animali e oggetti.

La preposizione **di** esprime principalmente:

1. **Specificazione:**
   Il libro è di Paola.
2. **Materia:**
   La camicia è di cotone.
3. **Argomento:**
   Luca legge un libro di storia.

La preposizione *a*

La preposizione **a** esprime principalmente:

1. **Il destinatario di un'azione:**
   Anna dà la penna a Maria.
2. **Tempo:**
   Il negozio chiude a mezzogiorno.
3. **Luogo di permanenza:**
   Marco è a scuola e Luisa è a casa.
4. **Luogo di destinazione:**
   Io ritorno a Napoli.

La preposizione *da*

La preposizione **da** esprime principalmente:

1. **Tempo** (durata di un'azione):
   Io aspetto da un'ora.
   Riccardo vive a Londra da due anni.
2. **Luogo di provenienza:**
   Noi veniamo da Roma.
   Teresa ritorna da scuola.

La preposizione *in*

La preposizione **in** esprime principalmente:

1. **Luogo di permanenza:**
   Ho una casa in Francia.
2. **Luogo di destinazione:**
   Andate in America?
3. **Modo o maniera:**
   I ragazzi studiano in silenzio.

Attenzione!

1. Quando il luogo di permanenza o di destinazione è un nome di città, è necessario usare la preposizione **a**; quando, invece, il luogo di permanenza o di destinazione è un nome di regione, nazione o continente, è necessario usare la preposizione **in**.
2. La preposizione **di** perde la **i** e aggiunge l'apostrofo davanti a parole che iniziano con vocale:
   un anello d'oro (di oro); *una poesia d'amore*

1 Trovare e sottolineare le preposizioni presenti nelle seguenti frasi.

Es.: *Adriana è a casa.*
*Adriana è **a** casa.*

1. La cameriera porta il caffè a Carla e a Sergio.
2. Il figlio di Lorena è ancora a letto.
3. Il viaggio da Palermo a Torino è faticoso.
4. La famiglia Parodi vive a Genova da molti anni.
5. Il ristorante 'Margherita' si trova in centro, non in periferia.
6. Il nipote di Stella ha cinque anni e scrive in stampatello.
7. I genitori di Pietro vanno spesso in Sardegna.
8. Gli affreschi di Giotto sono in pericolo.
9. Io vengo da Parigi e vado a Londra.
10. A Pasqua Cinzia indossa sempre un vestito di seta.

2 Trovare e sottolineare le preposizioni presenti nelle seguenti frasi.

1. Ora bevo una tazza di tè e mangio una fetta di torta.
2. I cugini di Sabrina vanno in Australia, a Sidney.
3. Scusi, l'ufficio di Ornella Bianchi è a destra o a sinistra?
4. Io lavoro spesso a casa con il computer.
5. Voi lavorate soltanto da Natale a Pasqua?
6. L'avvocato di Ugo aspetta in piazza da tre ore.
7. I parenti di Valeria partono da Siracusa e vanno a Firenze.
8. I vasi di ceramica e di porcellana sono molto delicati.
9. Il professore parla sempre di argomenti noiosi.
10. Il barista dà un gelato a Francesca.

3 Inserire nelle seguenti frasi la preposizione *a* oppure *da*, secondo le indicazioni.
(Le preposizioni **a** e **da** sono qui relative a espressioni di luogo.)

Es.: *Io vengo (provenienza) .... Savona.*
*Io vengo **da** Savona.*

1. Oggi Rosanna resta *(permanenza)* .... casa. **2.** Lo scolaro torna sempre presto *(provenienza)* .... scuola. **3.** Noi andiamo *(destinazione)* .... Vienna. **4.** Il treno arriva *(provenienza)* .... Milano. **5.** I bambini educati mangiano *(permanenza)* .... tavola. **6.** I fratelli di Lucia vanno tutte le sere *(destinazione)* .... teatro. **7.** *(permanenza)* .... Venezia il clima è umido. **8.** Il traghetto va *(provenienza)* .... Dover *(destinazione)* .... Calais. **9.** Il viaggio in nave *(provenienza)* .... Genova *(destinazione)* .... Porto Torres dura dodici ore. **10.** Luca resta *(permanenza)* .... scuola cinque ore al giorno.

4 **Inserire nelle seguenti frasi la preposizione *a* oppure *in*.**

(Le preposizioni **a** e **in** sono qui relative a espressioni di luogo.)

Es.: *Fabrizio abita .... Genova.*
*Fabrizio abita **a** Genova.*

1. I parenti di Luciano vivono .... Trieste. **2.** I genitori di Arianna vivono .... Ungheria. **3.** Giacomo e Lina sono .... scuola? **4.** Gli atleti fanno allenamento .... palestra. **5.** L'aereo va .... Berlino e poi .... Svezia. **6.** Io parto subito: vado .... Toscana e poi .... Sardegna. **7.** .... Africa il clima è secco. **8.** .... Savona vivono circa 60 000 persone. **9.** Il cane gioca .... giardino. **10.** Io .... tavola mangio poco.

5 **Inserire nelle seguenti frasi la preposizione *di* oppure *a*.**

(La preposizione **di** indica qui il possessore di un oggetto e la preposizione **a** il destinatario di un'azione.)

Es.: *Il libro .... Giacomo è vecchio.*
*Il libro **di** Giacomo è vecchio.*

1. La cucina .... Maria Rosa è sempre pulita. **2.** Nicola presta la moto .... Carlo. **3.** La maestra dà .... Luisa molti compiti. **4.** Le sculture .... Michelangelo sono famose. **5.** Il padre .... Luigi è un panettiere. **6.** Antonio fa un regalo .... Patrizia. **7.** Io uso l'auto .... Giancarlo. **8.** Il naso .... Leonardo è lungo e sottile. **9.** Il postino consegna la posta .... Ferdinando. **10.** I sonniferi fanno male .... Marcello.

6 **Inserire nelle seguenti frasi la preposizione *a* oppure *da*.**

(Le preposizioni **a** e **da** sono qui relative a espressioni di tempo.)

Es.: *.......... Natale facciamo sempre festa.*
A Natale facciamo sempre festa.

1. Lavoro in Francia .... un anno e mezzo. **2.** Gloria ritorna sempre .... notte fonda. **3.** Noi mangiamo tutti i giorni .... mezzogiorno. **4.** I signori Filippi non abitano più qui .... molti anni. **5.** Basta dolci! .... oggi faccio la dieta! **6.** .... Ferragosto i negozi sono chiusi. **7.** Conosco Maria soltanto .... due giorni. **8.** Le figlie di Piero vanno a letto .... mezzanotte. **9.** .... Capodanno i ragazzi vanno in discoteca. **10.** Laura frequenta la scuola .... una settimana.

7 **Inserire nelle seguenti frasi la preposizione *di* oppure *in*.**

(La preposizione **di** indica qui la materia o l'argomento e la preposizione **in** il modo o la maniera.)

Es.: *Ho una gonna .... seta.*
*Ho una gonna **di** seta.*

1. Paola dimentica sempre il quaderno .... italiano. **2.** La principessa è vestita .... abito da sera. **3.** Il marito della dottoressa ha dieci maglioni .... lana. **4.** I giornalisti televisivi parlano solo .... politica. **5.** Gli spettatori applaudono e stanno tutti ....

piedi. **6.** A Murano gli artigiani fabbricano oggetti .... vetro. **7.** Un momento! Sono ancora .... vestaglia. **8.** La professoressa .... geografia è molto severa. **9.** Scrivete .... stampatello o .... corsivo? **10.** La statua di Manzoni è .... marmo.

8 **Inserire le preposizioni *di*, *a*, *da* oppure *in*.**

Es.: *Io resto .... casa.*
*Io resto **a** casa.*

1. Lo zio .... Roberto è molto giovane. **2.** Sandra parla sempre .... politica. **3.** Io abito .... Venezia, ... Veneto. **4.** I genitori .... Carlo parlano .... dialetto. **5.** Passi la matita .... Clara, per favore? **6.** Noi andiamo .... Africa, ... Nairobi. **7.** Vivo .... Roma .... quattro mesi. **8.** Il pallone .... Teo è .... gomma. **9.** Giorgio regala .... Iris un anello .... argento. **10.** La sorella .... Angelo presta la bicicletta .... Miriam.

9 **Inserire, nel seguente dialogo, le preposizioni *di*, *a*, *da* oppure *in*.**

Patrizia e Alfredo discutono dove andare in vacanza.

A.: Allora, andiamo .... Francia oppure .... Scozia?

P.: Io preferisco la Scozia. .... settembre il tempo è ancora bello!

A.: Io, invece, scelgo la Francia: Parigi è ricca di musei!

P.: Che noia! E poi anche la Scozia è ricca .... storia!

A.: Pensi al mostro di Loch Ness? Secondo me, è soltanto un pupazzo .... plastica! La Scozia è un paese strano!

P.: Che discorsi stupidi! Enrico, il fratello .... Anita, abita .... Glasgow, lavora .... ufficio, ha tanti amici e adora la Scozia.

A.: Ah sì? E Manuela, la figlia .... Tiziana, studia .... Lione .... due anni, ha un fidanzato francese e non ritorna mai ....casa!

P.: Cosa significa? Migliaia .... persone vanno .... vacanza .... Scozia e tornano felici!

A.: E milioni .... persone passano le ferie .... Francia. Parigi è così romantica!

P.: Hai ragione: Parigi è romantica, ma ormai tutti gli innamorati vanno .... Parigi. La Scozia, invece, è originale!

A.: D'accordo! D'accordo! Anche io scelgo la Scozia.

P.: Bravo! Allora compero i biglietti di andata e ritorno.

A.: Bene! Io aspetto .... casa. Ciao!

P.: Torno subito! Ciao!

UNITÀ 24

Le preposizioni semplici *con, su, per, tra, fra*
Usi principali

La preposizione *con*

La preposizione **con** esprime principalmente:

1. **Compagnia**:
   Maria esce con gli amici.
2. **Unione**:
   Mangio una bistecca con le patate.
3. **Mezzo**:
   Marisa arriva con il treno.
4. **Modo o maniera**:
   Salgo le scale con fatica.

La preposizione *per*

La preposizione **per** esprime principalmente:

1. **Moto attraverso luogo**:
   Prendo la medicina per bocca.
2. **Luogo di destinazione**:
   Ecco l'autobus per l'aeroporto.
3. **Mezzo**:
   Mando il curriculum per lettera.

   Attenzione! Qui non occorrono articoli tra **per** e il nome.
4. **Causa**:
   La segretaria è assente per motivi di salute.
5. **Scopo o fine**:
   Stefano prepara le valigie per il viaggio.

La preposizione *su*

La preposizione **su** esprime principalmente:

1. **Luogo** (con lo stesso significato di *sopra* quando è presente, però, un contatto):
   La neve cade su tutta la campagna.
2. **Argomento**:
   È un libro su Manzoni.

Le preposizioni *tra* e *fra*

Le preposizioni **tra** e **fra** hanno lo stesso significato, ma è preferibile non utilizzare **fra** davanti a parole che iniziano con **fr** e, allo stesso modo, non utilizzare **tra** davanti a parole che iniziano con **tr**.

È meglio dire *tra fratelli* e non *fra fratelli* come pure *fra Trapani e Agrigento* e non *tra Trapani e Agrigento*. L'incontro tra due parole che iniziano con le stesse consonanti produce infatti un suono sgradevole.

Le preposizioni **tra** e **fra** esprimono principalmente:

1. **Luogo di permanenza** (con lo stesso significato di *in mezzo a*):
   Il castello sorge tra due colline.
2. **Moto attraverso luogo** (con lo stesso significato di *in mezzo a*):
   Il treno passa tra il fiume e la città.
3. **Tempo** (limite di tempo o intervallo di tempo entro cui si svolge un'azione):
   Torno tra poco.*
   Veniamo tra le sette e le otto.*

* I verbi *Torno* e *Veniamo*, tempo presente, sono qui usati in espressioni familiari. La forma corretta, come vedremo in seguito, prevede l'uso del tempo futuro: *Tornerò* e *Verremo*.

1 Trovare e sottolineare le preposizioni presenti nelle seguenti frasi.

Es.: *Noi usciamo con Carla.*
Noi usciamo ***con*** *Carla.*

1. Il direttore invia un telegramma per posta.
2. La casa poggia su solide fondamenta.
3. Patrizia esce con il cane.
4. La scrittore scrive un libro su Leopardi.
5. Gli spaghetti con aglio e olio sono indigesti.
6. Andrea passa per i campi con la bicicletta.
7. Torniamo tra due minuti!
8. Giacomo dipinge con gli acquerelli.
9. Lorena soffre molto per il caldo.
10. La cattedrale sorge tra il municipio e l'ospedale.
11. Brava, Renata! Con il cappello sei molto elegante!
12. Hai un vestito per il mare?

2 Trovare e sottolineare le preposizioni presenti nelle seguenti frasi.

1. Fabrizio è in ufficio con la segretaria.
2. La pianta cresce su un terreno arido.
3. Giriamo per la campagna o andiamo in città?
4. Scrivete con la penna o con la matita?
5. Ecco! Parte l'aereo per la Norvegia!
6. La festa inizia tra le venti e le venti e trenta.
7. Gli studenti scrivono un tema su un argomento a scelta.
8. Il figlio di Teresa preferisce i panini con il burro.
9. La cucina è tra lo studio e il salotto.
10. La macchina per cucire è rotta.
11. Il professore ascolta lo studente con interesse.
12. Silvia cancella gli errori con la gomma.

3 Inserire nelle seguenti frasi la preposizione *con* oppure *per*.

(Le preposizioni **con** e **per** esprimono qui mezzo.)

1. Il contadino scava la terra .... la zappa. **2.** Le domande di lavoro arrivano .... lettera. **3.** L'avvocato procede .... vie legali. **4.** La parrucchiera pettina le clienti .... la spazzola. **5.** Noi inviamo i documenti .... posta. **6.** Apro la scatola .... l'apriscatole? **7.** Franca e Battista arrivano .... la nave. **8.** La segretaria chiama il direttore .... telefono. **9.** Il giardiniere annaffia le piante .... l'acqua.
10. Mangiamo la minestra .... il cucchiaio o .... il cucchiaino?

4 Inserire nelle seguenti frasi la preposizione *su* oppure *tra*.

1. Lucia legge un articolo .... Dante. **2.** Il paese è costruito .... un altopiano. **3.** Il fiume scorre .... due città. **4.** Il dottore ritorna .... poco. **5.** La torre sorge .... una piccola isola. **6.** La strada passa .... la montagna e la pianura. **7.** La conferenza è .... Verdi e Puccini. **8.** Il film inizia .... mezz'ora. **9.** Metto il tavolo .... la poltrona e il divano. **10.** La grandine cade .... tutta la città.

5 Inserire nelle seguenti frasi le preposizioni *con*, *su*, *per* oppure *tra*.

1. La chiesa sorge .... un antico monastero. **2.** Il treno è fermo .... Savona e Albissola. **3.** Oggi parto .... gli Stati Uniti. **4.** Sergio va a teatro .... Giovanna. **5.** La maestra saluta gli scolari .... un sorriso. **6.** Avete gli scarponi .... la montagna? **7.** Il saggio .... Michelangelo è interessante! **8.** Comunico la notizia .... lettera o .... telefono? **9.** Mangi la pasta .... le olive o .... il formaggio? **10.** Esco, ma torno .... un momento!

6 Formare delle frasi, coniugando i verbi e aggiungendo le preposizioni *con*, *su*, *per* oppure *tra*.

Es.: *La dottoressa abitare ... il marito.*
La dottoressa ***abita con*** *il marito.*

1. La segretaria inviare una lettera ... posta. ....
2. Il villaggio sorgere ... una montagna. ....
3. Le maestre parlare ... i bambini. ....
4. Il traghetto passare ... il Mare Ligure e il Mare Tirreno. ....
5. Il macellaio tagliare la carne ... il coltello. ....
6. Lo studente ripassare la lezione ... Boccaccio. ....
7. ... due minuti partire il treno ... Livorno. ....
8. Claudio lavorare sempre ... gioia. ....

7 Formare delle frasi, coniugando i verbi e aggiungendo le preposizioni *di*, *a*, *da*, *in*, *con*, *su*, *per*, *tra*.

Es.: *La moglie ... Alfredo usare la macchina ... scrivere.*
La moglie ***di*** *Alfredo usa la macchina* ***per*** *scrivere.*

1. Il treno andare ... Roma ... Milano. ....
2. La sarta ... Paola usare la macchina ... cucire. ....
3. L'aereo atterrare ... Palermo ... cinque minuti. ....
4. Io prestare ... Luciano il libro 'I Promessi Sposi', ... Manzoni. ....
....
5. La casa ... Matteo sorgere ... una montagna. ....
6. Orietta vivere ... Inghilterra ... la cugina. ....

7. Il professore ... geografia abitare ... via Mazzini e Piazza Cavour. ....
8. Il nonno ... Filippo parlare sempre ... dialetto. ....
9. Il padre ... Silvana aspettare ... impazienza. ....
10. ... Natale noi mangiare l'arrosto ... le patate. ....

8 Inserire, nel seguente dialogo, le preposizioni *di, a, da, in, con, su, per, tra*.

Gianna e Barbara sono in palestra e chiacchierano.

G.: Che fatica! Gli esercizi di aerobica sono tremendi!

B.: Anche gli esercizi .... stretching!

G.: Io faccio sempre ginnastica .... l'istruttore, e tu?

B.: Io faccio stretching .... l'istruttrice, Vilma Pozzi.

G.: Vilma Pozzi? Abita .... Finale?

B.: No. Abita .... Savona, ma ha una casa .... Sardegna!

G.: Che fortuna! Io, invece, vivo .... Spotorno, ... la stazione e lo stadio. È un brutto quartiere!

B.: Davvero? Io, invece, abito .... Celle, ... un quartiere tranquillo. Abito .... Lisa e Tiziana. Conosci Lisa e Tiziana?

G.: Sì. Lisa è francese, ma vive .... Italia .... tre anni, vero?

B.: Sì. .... Natale e .... Pasqua, però, prende sempre il treno .... Parigi: torna .... casa!

G.: E Tiziana? Cucina sempre gli spaghetti .... pomodori e peperoni?

B.: Certo! Sono buoni, vero? Tiziana è una cuoca eccellente! Ora lavora .... un ristorante .... Varazze. Il ristorante è .... una collina!

G.: Che meraviglia!... Peccato! Sono già le otto di sera: la palestra chiude .... dieci minuti!

B.: Andiamo .... casa?

G.: Sì. A presto. Ciao!

B.: Ciao!

UNITÀ 25

Le preposizioni semplici *di, a, da, in*
Altri usi

Le preposizioni semplici **di**, **a**, **da**, **in**, **con**, **su**, **per**, **tra**, **fra**, accanto agli usi principali visti nelle Unità 23 e 24, hanno altri usi, di minore importanza, ma ugualmente utilizzati nella lingua italiana. Vediamo ora di seguito le diverse caratteristiche delle preposizioni **di**, **a**, **da**, **in**.

La preposizione *di*

La preposizione **di** è utilizzata anche per esprimere:

1. **Origine e provenienza:**

   Antonio è originario di Taranto.

2. **Denominazione:**

   La città di Genova ha un grande porto.

3. **Tempo:**

   Di sera esco sempre con gli amici.

4. **Modo o maniera** (si tratta quasi sempre di espressioni fisse):

   Arianna studia di malavoglia. (non studia volentieri)

   Il ragazzo cammina di buon passo. (cammina velocemente)

   Il dottore viene di corsa. (il dottore corre)

   La bambina ride di gusto. (ride con grande piacere)

La preposizione *in*

La preposizione **in** è utilizzata anche per esprimere:

Mezzo o strumento: *Io viaggio in treno. (oppure in autobus, in aereo, in nave)*

Al posto di **in** è possibile usare la preposizione **con**:

Io vado a Roma con il treno.

La preposizione *a*

La preposizione **a** è utilizzata anche per esprimere:

1. **Mezzo o strumento** (soprattutto in espressioni fisse):

   Lorenzo va sempre a piedi. (oppure *a cavallo)*
   Ho una stufa a legna. (oppure *a carbone, a gas)*
   Noi giochiamo a carte. (oppure *a palla, a tennis, a scacchi)*

2. **Qualità:**

   Un palazzo a sei (oppure *due, tre ecc.) piani.*

La preposizione *da*

La preposizione **da** è utilizzata anche per esprimere:

1. **Luogo** (con il significato di *presso, a casa di*):

   Sono da zio Piero. (Sono a casa di zio Piero)

   Si incontra anche con i nomi di ristoranti e trattorie: *'Trattoria Da Adele'*.

2. **Attitudine o uso** (soprattutto in espressioni fisse):

   Cane da caccia. (Cane con l'istinto per la caccia)

   Cavallo da corsa. *Costume da bagno.*

   Abito da sera. (Abito elegante usato di sera)

   Occhiali da sole. (oppure *da vista)*

1 Trovare e sottolineare le preposizioni presenti nelle seguenti frasi.

Es.: *Noi siamo da nonno Giacomo.*
Noi siamo ***da*** *nonno Giacomo.*

1. Anna è originaria di Napoli.
2. I genitori di Luigi hanno una barca a motore.
3. Giorgio paga sempre in contanti.
4. Il marito di Vanna ha due cavalli da corsa.
5. La città di Napoli è caotica.
6. Le spose vestono quasi sempre di bianco.
7. Mangiamo nel ristorante 'Da Zia Maria'?
8. Enrico abita in un palazzo a cinque piani.
9. Facciamo una partita a carte?
10. Andate in elicottero da Savona ad Albenga?

2 Trovare e sottolineare le preposizioni presenti nelle seguenti frasi.

1. Io sono di Savona e Peter è di Monaco.
2. L'abito da sera di Federica è di seta verde.
3. Vado sempre in palestra di pomeriggio.
4. Viaggi in treno o in aereo?
5. Hai gli occhiali da sole e il costume da bagno?
6. Paolo è miope e indossa gli occhiali da vista.
7. Teresa ha una gonna a pieghe.
8. La famiglia di Pietro è di origini modeste.
9. La città di Venezia è molto romantica.
10. La nonna vive in campagna e ha una stufa a legna.

3 Inserire nelle seguenti frasi le preposizioni *di, a, da* oppure *in*.

1. Il dottore cammina .... buon passo. **2.** La barca .... vela .... Adriano è vecchia. **3.** I bambini sono .... nonna Ada. **4.** Paghiamo .... contanti o con la carta di credito? **5.** .... mattina ho sempre sonno. **6.** Il fantino va tutti i giorni .... cavallo. **7.** Le città .... Alghero e Sassari sono vicine. **8.** Il maglione .... Ornella è fatto .... mano. **9.** Il viaggio .... Savona .... Genova .... autobus è faticoso. **10.** Il mese .... giugno ha un clima temperato.

UNITÀ 26

Le preposizioni semplici *con* e *per*
Altri usi

Sono elencati qui di seguito diversi modi per utilizzare le preposizioni **con** e **per**. Non sono presenti le preposizioni **su**, **tra** e **fra**, in quanto possiedono altri significati di carattere specialistico e solitamente non utilizzati nel linguaggio quotidiano.

La preposizione *con*

La preposizione **con** è utilizzata anche per esprimere:

1. **Relazione:**

   Heike corrisponde con ragazze italiane. *(Heike scrive lettere a ragazze italiane.)*

   Osvaldo litiga spesso con il padre. *Ambra è sposata con un olandese.*

2. **Qualità:**

   Ester porta le scarpe con il tacco basso. *Maurizio ha una casa con il giardino.*

La preposizione *per*

La preposizione **per** è utilizzata anche per esprimere:

1. **Tempo continuato:**

   Parto per tre giorni. (Parto e torno fra tre giorni.)

   Per oggi ho un impegno. (Oggi sono impegnato, ho altro da fare.)

2. **Modo o maniera** (soprattutto in espressioni fisse):

   Parli per scherzo (oppure *per gioco) o dici sul serio? (Scherzi o parli seriamente?)*

   Il professore chiama gli studenti per nome e non per cognome.
   (Il professore pronuncia il nome e non il cognome degli studenti.)

3. **Prezzo:**

   Il negozio vende la merce per pochi soldi. *Va bene, compro il cappotto per 500 euro.*

4. **Significato distributivo** (soprattutto in espressioni fisse):

   I ragazzi entrano in classe uno per uno (oppure uno per volta).
   (I ragazzi entrano in classe uno dopo l'altro.)

   Dividiamo gli studenti per età o per sesso? (Dividiamo gli studenti più grandi da quelli più piccoli oppure separiamo i maschi dalle femmine?)

   Giorno per giorno (Un giorno dopo l'altro) imparo cose nuove.

   L'architetto osserva l'appartamento stanza per stanza (una stanza dopo l'altra).

5. **Percentuale:**

   Il dieci per cento (10%) di tutte le casalinghe ha la lavastoviglie.

1 Trovare e sottolineare le preposizioni presenti nelle seguenti frasi.

1. Stefano corrisponde con il fratello di Gianni. **2.** I genitori di Cristina hanno una villa con piscina. **3.** I soldati entrano in caserma due per volta. **4.** Giuseppe è sposato con una donna norvegese. **5.** Mara porta soltanto scarpe con il tacco alto. **6.** La sarta vende camicie di seta per cinquanta euro. **7.** Il venti per cento (20%) di tutte le famiglie italiane va in vacanza ad agosto. **8.** Anno per anno la moda cambia. **9.** Riccardo discute sempre con i genitori. **10.** La maestra chiama gli scolari per nome.

2 Formare delle frasi, coniugando i verbi e aggiungendo le preposizioni corrette.

Es.: *Enrica essere nipote ..... uno scrittore.*
*Enrica **è** nipote **di** uno scrittore.*

1. Il figlio ..... Rinaldo passeggiare ..... gli amici.
....

2. Anna lavorare ..... dieci anni .... Londra, ... Inghilterra.
....

3. La segretaria inviare un invito ..... posta.
....

4. Ileana scrivere una lettera ..... un foglio ..... quadretti.
....

5. Lo scultore preparare una statua ..... marmo.
....

6. Io preferire gli uomini ..... i baffi.
....

7. Lucia vivere ..... tre mesi ..... Berlino, ... Germania.
....

8. Noi andare sempre ..... palestra ..... sera.
....

9. Il cognato ..... Maria avere una casa ..... Pisa.
....

10. (Andare – noi) ..... Parma ..... autobus?
....

3 Inserire nelle seguenti frasi le preposizioni corrette.

1. Torno .... casa .... poco. **2.** .... Pasqua Claudia va sempre .... Tunisia. **3.** Teresa abita .... una casa a tre piani, ... Milano. **4.** Gloria va .... Savona .... Albissola .... piedi. **5.** La moglie .... Marco ha una gonna .... pieghe. **6.** I nonni .... Lucio arrivano oggi .... il treno. **7.** La figlia .... Giorgio ha un abito .... sera .... righe. **8.** Leggo .... malavoglia un libro .... chimica. **9.** Lo studente rimane .... silenzio e non ripete la lezione .... storia. **10.** Avvertiamo le cugine .... Cristiano .... telefono.

UNITÀ 27

Le preposizioni articolate

Le preposizioni semplici **di**, **a**, **da**, **in**, **su** si possono combinare con le diverse forme dell'articolo determinativo, dando così origine alle preposizioni articolate.

Le preposizioni articolate sono illustrate nella tabella sottostante.

	+ il	+ lo	+ la	+ i	+ gli	+ le
di	del	dello	della	dei	degli	delle
a	al	allo	alla	ai	agli	alle
da	dal	dallo	dalla	dai	dagli	dalle
in	nel	nello	nella	nei	negli	nelle
su	sul	sullo	sulla	sui	sugli	sulle

Il libro del (preposizione **di** + articolo **il**) *maestro è nuovo.*
Paola regala uno scialle alla (preposizione **a** + articolo **la**) *nonna.*
I bambini imparano molte cose dalle (preposizione **da** + articolo **le**) *favole.*
Roberto appende un abito nell' (preposizione **in** + articolo **lo**) *armadio.*
La neve cade sui (preposizione **su** + articolo **i**) *monti.*

Le preposizioni articolate sono variabili, come gli articoli determinativi a cui si uniscono: possiedono, cioè, forme diverse per il maschile e il femminile, il singolare e il plurale. Come gli articoli, si accordano per genere e numero con il nome a cui si riferiscono:

La penna è ***del*** *bambino;* ***della*** *bambina;* ***dei*** *bambini;* ***delle*** *bambine.*

Le preposizioni articolate hanno lo stesso significato e lo stesso uso delle preposizioni semplici:

Lucia dà un biscotto a Giovanni. → *Lucia dà un biscotto al figlio.*
Il treno parte da Milano. → *Il treno parte dalla Stazione di Milano Centrale.*
Il vestito di Maria è molto bello. → *Il vestito della zia di Maria è molto bello.*

Le preposizioni semplici **tra** e **fra** non si uniscono all'articolo determinativo:

Vengo a casa tua tra le cinque e le sei (di sera).
La farmacia è qui vicino, fra la panetteria e la gelateria.

Le forme delle preposizioni semplici **con** e **per**, unite all'articolo determinativo, sono considerate antiquate e per questo non sono più utilizzate:

Sabrina esce colla (forma antiquata) madre. → *Sabrina esce con la madre.*
Ho un regalo pei (forma antiquata) ragazzi. → *Ho un regalo per i ragazzi.*

1 Inserire la forma corretta della preposizione articolata, seguendo il modello.

Es.: *Ho un vestito (in + lo) .... armadio.*
Ho un vestito ***nell'****armadio.*

1. Fabiana offre il tè *(a + la)* .... signora Rossi. **2.** Il rumore *(di + le)* .... macchine è insopportabile! **3.** La maestra legge i temi *(di + gli)* .... scolari. **4.** Vado sempre a piedi *(da + la)* .... stazione *(a + lo)* .... ufficio. **5.** L'aereo proveniente da Roma atterra sempre *(su + la)* .... pista n. 5. **6.** Ecco! Una rana salta *(in + lo)* .... stagno! **7.** Mangiamo *(in + il)* .... ristorante di Carlo? **8.** Il postino dà una lettera *(a + i)* .... signori Parodi. **9.** Non vedo Patrizia *(da + la)* .... estate scorsa. **10.** Antonio prende il sole *(su + il)* .... terrazzo.

2 Inserire la forma corretta della preposizione articolata.

1. Diamo un biscotto *(a + le)* .... bambine? **2.** La neve cade *(su + le)* .... cime *(di + i)* .... monti. **3.** Il dottore riceve i pazienti *(in + lo)* .... studio. **4.** Le mele mature cadono *(da + gli)* .... alberi. **5.** La casa *(di + le)* .... cugine di Carlo è vicina *(a + il)* .... lago. **6.** Conoscete il figlio *(di + la)* .... professoressa di italiano? **7.** Appendiamo il quadro *(in + la)* .... camera da letto? **8.** I passeggeri salgono *(su + lo)* .... aereo. **9.** Piantate i fiori *(in + i)* .... vasi? **10.** I libri *(di + gli)* .... scrittori americani sono avvincenti.

3 Unire la preposizione semplice all'articolo, quando è necessario, seguendo il modello.

Es.: *I quadri (di + la) .... nonna sono preziosi.* Invece: *Esco (con + la) .... nonna.*
I quadri ***della*** *nonna sono preziosi.* *Esco* ***con la*** *nonna.*

1. Gli studenti hanno un regalo *(per + il)* .... professore. **2.** La nave va *(da + la)* .... Sicilia *(a + la)* .... Sardegna. **3.** La nave passa *(tra + la)* .... Corsica e la Sardegna. **4.** Noi mangiamo la pasta *(con + i)* .... pomodori. **5.** I piatti sono *(su + il)* .... tavolo. **6.** I dolci *(di + la)* .... zia sono *(per + i)* .... nipoti. **7.** I bambini moderni non credono *(a + le)* .... favole. **8.** L'aereo *(per + la)* .... Norvegia parte *(a + le)* .... ore ventiquattro. **9.** Togliete i vestiti *(da + le)* .... valigie? **10.** Riccardo mangia un panino *(con + il)* .... formaggio.

4 Inserire nelle seguenti frasi la forma corretta della preposizione ***del*** **oppure** ***al*****.**

Es.: *Do un libro .... sorella di Giorgio.*
Do un libro ***alla*** *sorella di Giorgio.*

1. Il lavoro .... padre di Dario è molto interessante. **2.** Regaliamo una bicicletta .... figlia di Sandro? **3.** Il telefono .... ufficio è sempre occupato! **4.** I rami .... alberi sono secchi. **5.** Esco sempre .... cinque di sera. **6.** Il nipote .... signora Bianchi va .... stazione con l'autobus. **7.** Conosci la fine .... romanzo? **8.** La macchina .... moglie di Giovanni è nuova. **9.** La moglie .... medico va .... spiaggia con le amiche. **10.** Il cuoco .... ristorante 'La Forchetta' conosce la ricetta .... torta di fragole.

5 **Inserire nelle seguenti frasi la forma corretta della preposizione *dal* oppure *nel*.**

Es.: *Il treno parte .... stazione di Roma.*
*Il treno parte **dalla** stazione di Roma.*

1. L'ufficio è aperto .... ore 17.00. **2.** Il formaggio fresco è .... frigorifero. **3.** Il rossetto è .... borsa di Michela. **4.** La trasmissione televisiva 'Il Bel Paese' va in onda .... anno scorso. **5.** Metto anche la cioccolata .... torta? **6.** .... mese di agosto Rosanna e Piero festeggiano l'anniversario delle nozze. **7.** Il treno parte .... città di Pisa e arriva .... città di Firenze. **8.** Noi frequentiamo la piscina .... primavera all'estate. **9.** Accidenti! Ho un buco .... tasca destra. **10.** Carlo esce .... ufficio alle otto di sera.

6 **Inserire nelle seguenti frasi la forma corretta delle preposizioni *sul*, *del* oppure *al*.**

Es.: *Il gatto è .... balcone.*
*Il gatto è **sul** balcone.*

1. Attenzione! Il ladro è .... tetto della casa. **2.** Facciamo una passeggiata .... monti? **3.** I turisti passeggiano .... spiaggia. **4.** Il cane .... signora Balbi ha quasi undici anni! **5.** Luciano va .... stadio tutte le domeniche. **6.** Il passero costruisce il nido .... albero. **7.** Adriano ha un tatuaggio .... spalla sinistra. **8.** Il letto .... nonni è molto antico. **9.** Il professore di italiano spiega Leopardi .... studenti. **10.** Monica prende spesso il sole .... scogli.

7 **Completare le preposizioni articolate presenti nel seguente brano.**

Pietro è un istruttore di nuoto: insegna nuoto **ne**..... piscina comunale. Pietro insegna **a**..... bambini e **a**..... adulti, **a**..... ragazzi e **a**..... ragazze. Pietro lavora tutti i giorni **da**..... mattino **a**..... sera. Pietro è anche il capitano **de**..... squadra di pallanuoto di Savona.

8 **Inserire nelle seguenti frasi le preposizioni semplici o articolate.**

Es.: *Vado .... Torino.* Ma: *Vado .... stazione.*
*Vado **a** Torino.* *Vado **alla** stazione.*

1. L'aereo va .... Genova .... Londra. **2.** L'aereo va .... Italia .... Germania. **3.** L'appartamento .... Giacomo è molto spazioso. **4.** L'appartamento .... zio di Giacomo ha dieci camere. **5.** Il cane è .... giardino. **6.** Il cane è .... giardino dei vicini. **7.** Lo studente prende appunti .... un quaderno a quadretti. **8.** Lo studente prende appunti .... libro dell'insegnante. **9.** Andate .... casa? **10.** Andate .... partita di calcio?

9 Inserire nelle seguenti frasi le preposizioni semplici o articolate.

1. Il libro .... Alessandra è interessante.
2. Il libro .... madre di Alessandra è interessante.
3. Il gatto dorme .... un vecchio divano.
4. Il gatto dorme .... divano del salotto.
5. Lavoro qui .... tre anni.
6. Lavoro qui .... otto del mattino alle sei di sera.
7. Antonio apre un negozio .... Roma.
8. Antonio apre un negozio .... centro di Roma.
9. Portiamo un regalo .... Silvana?
10. Portiamo un regalo .... marito di Silvana?

10 Completare, il seguente dialogo, con le preposizioni articolate.

Sara e Valeria preparano un pranzo speciale per il ritorno di Ivano.

S.: Ivano ritorna oggi da.......... Olanda?

V.: Sì! E noi ora prepariamo una bella torta con la ricetta de.......... nonna!

S.: È la famosa torta a.......... crema?

V.: Certo! ... Prendi, per favore, il burro ne.......... frigo?

S.: Non vedo il burro! E poi, io preferisco la torta a.......... yogurt!

V.: Attenzione! Il gatto sale su.......... tavolo!

S.: Ora metto il gattino su.......... poltrona. Cuciniamo anche la pasta?

V.: Naturalmente! Adesso sistemo la pasta ne.......... forno.

S.: Che fame! ... Viene anche Massimo, il fidanzato de.......... sorella di Ivano?

V.: Sì, però viene dopo: lavora in ufficio da.......... nove del mattino a.......... otto di sera!

S.: Un lavoro faticoso! ... Il campanello de.......... porta suona! Ecco Ivano!

UNITÀ 28

I pronomi e gli aggettivi possessivi (1)

Singolare		Plurale	
Maschile	**Femminile**	**Maschile**	**Femminile**
mio	mia	miei	mie
tuo	tua	tuoi	tue
suo	sua	suoi	sue
Suo	Sua	Suoi	Sue
nostro	nostra	nostri	nostre
vostro	vostra	vostri	vostre
Vostro	Vostra	Vostri	Vostre
loro	loro	loro	loro

I pronomi e gli aggettivi possessivi, posti davanti a un nome, indicano il possessore della persona, dell'animale o della cosa indicati dal nome stesso: *i loro genitori; la tua gatta.*

Le forme dei pronomi possessivi sono identiche a quelle degli aggettivi possessivi: la differenza consiste nel fatto che gli aggettivi sono uniti al nome cui si riferiscono, mentre i pronomi sostituiscono tale nome: ***Mio** fratello studia ingegneria e anche il **tuo**.* In questa frase **mio** è un aggettivo possessivo, unito al nome *fratello*; **tuo**, invece, è un pronome possessivo, sostituisce il nome *fratello*, che resta sottinteso = *Mio fratello studia ingegneria e anche il tuo (fratello).*

I pronomi e gli aggettivi possessivi sono tre singolari e tre plurali, come i pronomi personali; **Suo** e **Vostro** corrispondono alla forma di cortesia, rispettivamente per il singolare e il plurale:

Scusi, Signora, la Sua gonna ha una macchia! *Signori, i Vostri assegni non sono validi.*

I pronomi e gli aggettivi possessivi si accordano per genere e numero con il nome a cui si riferiscono, mentre la persona corrisponde al possessore: *il tuo maestro; le tue maestre.*

L'unica eccezione è rappresentata da **loro** che, avendo un'unica forma per il singolare e il plurale maschile e femminile, rimane invariabile: *il loro bicchiere; la loro auto; i loro figli.*

I pronomi possessivi sono sempre preceduti dall'articolo determinativo:

La tua penna è nuova, ma la mia (sottinteso penna) no.

Il pronome e aggettivo possessivo *il proprio*

Il pronome e aggettivo possessivo **il proprio** (i propri, la propria, le proprie) è usato con due finalità:

1. Per sottolineare il concetto di possesso: *Io preparo il dolce con le mie proprie mani.* = *Io preparo il dolce veramente e soltanto con le mie mani.*
2. Per sostituire i pronomi e aggettivi **suo** e **loro**, quando il soggetto della frase coincide con il possessore:

   Pietro riordina la propria libreria. = *Pietro*, soggetto della frase, è anche il possessore della libreria. **Ma** *Pietro ama i libri: la sua libreria è piena.* = Il soggetto della seconda frase è *la libreria* e non coincide con il possessore *Pietro*, perciò si usa **sua** e non **propria**.

1 Rispondere alle seguenti domande, usando il pronome possessivo corretto.

Es.: *Bobby è il tuo cane?*
Sì, è il mio.

1. Usi la penna di Massimo? Sì, uso ....
2. Portate le vostre racchette da tennis? Sì, portiamo ....
3. Lavi i pantaloni di Sergio? Sì, lavo ....
4. È l'appartamento di Davide e Luisa? Sì, è ....
5. Guardate le foto di Riccardo? Sì, guardiamo ....
6. Sono le rose rosse di Amalia? Sì, sono ....
7. Prendi la mia macchina? Sì, prendo ....
8. È la bambina di Mario e Sofia? Sì, è ....
9. Signora, è la Sua borsetta? Sì, è ....
10. Scusate, sono le Vostre lettere? Sì, sono ....

2 Completare le forme degli aggettivi possessivi, seguendo il modello.

Es.: *Paolo prende la p.......... macchina.*
Paolo prende la ***propria*** *macchina.*

1. Io mangio il m.......... panino. **2.** Vendi la t.......... macchina sportiva? **3.** Non troviamo i n.......... vestiti. **4.** Giorgio è studioso e i s.......... voti a scuola sono alti. **5.** Andrea spolvera il p.......... computer. **6.** Signori, i V.......... biglietti non sono validi! **7.** Signora, attenzione! La S.......... valigia è aperta! **8.** Franca e Cristina adorano i p.......... figli. **9.** Roberta e Gianna sono sarte e i l.......... vestiti sono famosi. **10.** I m.......... compagni di scuola oggi vanno a teatro.

3 Inserire nelle seguenti frasi gli aggettivi possessivi *suo*, *loro* oppure *proprio*.

Es.: *Luca pulisce la .... camera.*
Luca pulisce la ***propria*** *camera.*

1. Pino è dottore: le .... diagnosi sono sempre esatte. **2.** Enrica rimprovera i .... nipoti. **3.** Andrea e Gino sono spiritosi e le .... barzellette hanno successo. **4.** Silvia frequenta l'università: la .... materia preferita è la storia. **5.** Luigi cura soltanto i .... interessi. **6.** Le cugine di Rosa sono indossatrici: i .... compensi sono elevati. **7.** Sandro è medico e cura i .... pazienti. **8.** Carlo è scrittore: il .... ultimo libro è un romanzo di avventure. **9.** I signori Rossi vendono la .... casa. **10.** Ivana è cuoca: le .... ricette sono appetitose.

UNITÀ 29

I pronomi e gli aggettivi possessivi (2)
Uso dell'aggettivo possessivo

Gli aggettivi e i pronomi possessivi esaminati nell'unità 28 sono soggetti, per quanto riguarda l'uso, ad alcune regole. Vediamo qui di seguito le diverse particolarità.

Quando usare l'articolo davanti all'aggettivo possessivo

Gli aggettivi possessivi sono generalmente preceduti dall'articolo: *il mio quaderno; il suo libro.*

Con i nomi di parentela (*padre, madre, figlio/a, fratello, sorella, nonno/a, cugino/a, marito, moglie, ecc.*), però, l'articolo è omesso: *Mio marito lavora in banca. Suo cognato ha tre bambini.*

Tuttavia, anche con i nomi di parentela è utilizzato l'articolo determinativo, in casi particolari:

- quando i nomi sono al plurale: *I vostri figli sono educati. Le nostre sorelle hanno molti vestiti.*
- quando i nomi sono alterati: *Susanna è la mia sorellina. Giulio è il mio fratellone.*
- quando i nomi sono preceduti da un aggettivo qualificativo oppure seguiti da una specificazione: *Ecco Alfredo con la sua bella moglie! Oggi arriva il mio cugino di Sassari.*
- quando il nome è preceduto da **loro** o **proprio**, anche se usati al singolare:
  Il loro fratello è un pittore. Luisa ama la propria madre.

L'articolo determinativo è omesso, oltre che con i nomi di parentela, anche quando il nome è seguito dall'aggettivo possessivo, per esempio in certi tipi di esclamazioni: *Figlia mia! Ragazzo mio!* Oppure in espressioni come: *Torno a casa mia! È tutta colpa tua!*

Quando omettere l'aggettivo possessivo

L'aggettivo possessivo è omesso quando risulta, comunque, comprensibile all'interno della frase: *Paolo ha un braccio rotto.* = Si capisce chiaramente che il braccio rotto è di Paolo.

A Ines fa male la testa. = La testa è senza dubbio di Ines, perciò è inutile specificare: *A Ines fa male la propria testa.*

Gli aggettivi possessivi sostantivati

L'aggettivo possessivo è generalmente seguito da un nome, ma, in casi particolari, compare da solo, mentre il nome è sottinteso. Questo accade in espressioni fisse, dove il significato del nome, ormai conosciuto da tutti, è indicato dall'aggettivo possessivo. L'aggettivo possessivo si definisce così "sostantivato", poiché svolge anche la funzione del nome, cioè del sostantivo.

- **i miei**, **i tuoi**, ecc. L'espressione corrisponde a *I miei genitori* oppure *I miei parenti* o *I miei amici: I miei partono oggi. = I miei genitori partono oggi.*
- **la mia**, **la tua**, ecc. L'espressione corrisponde a *la mia opinione.*
  Ora dico la mia. = Ora dico la mia opinione, il mio pensiero.
- **dalla mia**, **dalla tua**, ecc. L'espressione corrisponde a *dalla mia parte.*
  I miei amici sono tutti dalla mia. = I miei amici sono tutti dalla mia parte.

1 Inserire, quando è necessario, l'articolo determinativo.

Es.: *.......... mia cugina ha 22 anni.* — ***Mia** cugina ha 22 anni.*

.... mie cugine hanno 22 anni. — ***Le mie** cugine hanno 22 anni.*

1. .... mia madre cucina la pasta con il sugo. **2.** .... nostri cugini vivono in campagna. **3.** .... mio fratellino ha soltanto cinque anni. **4.** Non salutate .... vostre cognate? **5.** .... loro nipote studia il violino. **6.** .... tuo marito lavora in banca? **7.** .... vostri mariti tornano a casa presto? **8.** Ecco l'avvocato con .... sua splendida moglie! **9.** Buongiorno, come sta .... Suo simpatico papà? **10.** Scusi, ... Sua moglie è in casa?

2 Trasformare le parole sottolineate da singolari a plurali.

Es.: *Il mio gatto è un persiano.*
I nostri gatti sono dei persiani.

1. Il mio libro ha cento pagine. ....
2. La tua amica sembra una modella. ....
3. Piero stira il proprio vestito. Piero e Mirco ....
4. Antonia è ricca: il suo anello è prezioso. Antonia e Iris ....
5. Il tuo cappotto è fuori moda. ....
6. Il pilota di Formula 1 lucida la propria auto. ....
7. La mia cugina di Trento ha quattro figli. ....
8. Adriano è un contadino: i suoi guadagni sono molto scarsi. Adriano e Giuseppe ....
9. Tua sorella cura il giardino. ....
10. Oggi arriva la mia zia di Napoli. ....

3 Trasformare le parole sottolineate da plurali a singolari.

Es.: *I loro dolci sono croccanti.*
Il suo dolce è croccante.

1. I nostri fratelli lavorano in fabbrica. ....
2. Le vostre gonne sono corte. ....
3. I loro amici frequentano le discoteche. ....
4. Gli studenti ringraziano i propri insegnanti. ....
5. I vostri quaderni sono disordinati. ....
6. Le loro idee sono molto strane. ....
7. I Vostri assegni sono in banca. ....
8. Oggi i dottori visitano i propri pazienti. ....
9. I marinai partono e salutano le proprie mogli. ....
10. Le nostre case hanno due bagni. ....

UNITÀ 30

I verbi servili (1) *Potere* e *volere*

I verbi servili (potere, dovere e volere sono i più usati) **sono verbi così definiti in quanto svolgono un servizio: il loro compito è infatti quello di precedere un altro verbo**, posto all'infinito*, aggiungendo a tale verbo i concetti di possibilità, dovere, volontà.

Io posso uscire. (verbo **potere** + infinito del verbo **uscire**) = esprime possibilità.

Io devo uscire. (verbo **dovere** + infinito del verbo **uscire**) = esprime dovere.

Io voglio uscire. (verbo **volere** + infinito del verbo **uscire**) = esprime volontà.

Il verbo *potere*

Indicativo presente	
Io	**posso**
tu	**puoi**
lui/lei	**può**
noi	**possiamo**
voi	**potete**
loro	**possono**

Il verbo **potere**, unito all'infinito di un altro verbo, **è utilizzato per esprimere sfumature di significato differenti**:

1. Avere la possibilità di fare qualcosa, riuscire a fare qualcosa:
   Io posso aiutare Cristina. *Tu puoi sollevare cento chili.*
2. Avere il diritto o il permesso di fare qualcosa:
   Qui possiamo parlare. *Ora potete entrare.*

Il verbo *volere*

Indicativo presente	
Io	**voglio**
tu	**vuoi**
lui/lei	**vuole**
noi	**vogliamo**
voi	**volete**
loro	**vogliono**

Il verbo **volere esprime volontà e desiderio**:

Voglio risolvere il problema. *Volete bere una tazza di tè?*

* L'infinito è un modo verbale che esprime il significato del verbo senza determinarne il numero e la persona.

1 Inserire la forma corretta del verbo *potere*.

1. Io .... insegnare geografia e storia. **2.** Noi non .... andare in vacanza. **3.** .... (tu) prestare la tua bicicletta a Silvio? **4.** .... (io) aprire la finestra? **5.** I ragazzi non .... studiare a casa. **6.** .... (voi) stare zitti, per piacere? **7.** Enrica è troppo grassa: non .... mangiare i dolci. **8.** La maga Stella .... leggere il futuro. **9.** I Signori Crispi non .... comperare una casa nuova. **10.** Ora voi non .... entrare in classe.

2 Inserire la forma corretta del verbo *volere*.

1. Io non .... mangiare gli asparagi! **2.** Mia madre non .... ascoltare mio fratello. **3.** .... (voi) bere un caffè? **4.** Gli operai .... continuare lo sciopero. **5.** .... (tu) mangiare una torta di verdure o un'insalata? **6.** Noi .... visitare il Museo di Arte Moderna. **7.** Edoardo .... sposare Lucia. **8.** Io .... andare a Genova. .... (tu) venire con me? **9.** Non .... (voi) aiutare i bisognosi? **10.** I medici .... sperimentare una nuova cura.

3 Rispondere alle seguenti domande in maniera affermativa o negativa.

Es.: *Posso parlare?*
No, non puoi parlare.

1. Vuoi mangiare una fetta di torta?	Sì, ...
2. Puoi accompagnare la nonna?	No, ...
3. Volete rimanere a casa?	No, ...
4. Potete portare a spasso il cane?	Sì, ...
5. Puoi lavare i vetri in cucina?	No, ...
6. Volete ascoltare una sinfonia?	Sì, ...
7. Puoi prestare le chiavi a Monica?	No, ...
8. Vuoi studiare giurisprudenza?	No, ...
9. Potete partire subito?	Sì, ...
10. Potete tornare a casa tardi?	No, ...

4 Inserire la forma corretta dei verbi *potere* e *volere*, seguendo le istruzioni.

Io sono Cristina e ho 15 anni. Studio musica e *(volere)* .... diventare una concertista. Purtroppo non *(potere)* .... andare a teatro: mia madre non *(volere)* .... Mia sorella ha 18 anni e *(potere)* .... frequentare le discoteche: i suoi amici *(potere)* .... tornare a casa dopo la mezzanotte! Mia sorella non *(volere)* .... mai studiare e i suoi amici *(volere)* .... sempre uscire. I miei genitori lavorano e non *(potere)* .... restare a casa molto tempo. Non è una situazione complicata?

UNITÀ 31

I verbi servili (2) *Dovere e sapere*

Dovere e **sapere** sono verbi servili come **potere** e **volere**. Anche dovere e sapere precedono un altro verbo, posto all'infinito*, ma aggiungono a tale verbo, rispettivamente, i concetti di obbligo/necessità e capacità:

Io devo leggere. (verbo **dovere** + infinito del verbo **leggere**) = esprime obbligo/necessità.

Io so leggere. (verbo **sapere** + infinito del verbo **leggere**) = esprime capacità.

Il verbo *dovere*

Indicativo presente	
Io	**devo**
tu	**devi**
lui/lei	**deve**
noi	**dobbiamo**
voi	**dovete**
loro	**devono**

Il verbo dovere, unito all'infinito di un altro verbo, **è utilizzato per esprimere sfumature di significato differenti:**

1. Avere l'obbligo di fare qualcosa:

   Io devo pagare le tasse. *Voi dovete rispettare la legge.*

2. Avere necessità di fare qualcosa:

   Io devo fare un bagno. *Dobbiamo dormire almeno otto ore.*

Il verbo *sapere*

Indicativo presente	
Io	**so**
tu	**sai**
lui/lei	**sa**
noi	**sappiamo**
voi	**sapete**
loro	**sanno**

Il verbo **sapere esprime capacità di fare una cosa**:

Io so suonare il piano. *Luisa sa cavalcare.*

* Per la definizione del **modo infinito**, si veda la nota UNITÀ 30.

1 Inserire la forma corretta del verbo *dovere*.

1. Noi .... lavorare anche di domenica. **2.** Non (tu) .... studiare? **3.** .... (voi) partire subito? **4.** Io .... preparare la lezione di latino. **5.** Giovanni .... lavare i piatti. **6.** Gli scolari .... finire i compiti. **7.** I miei zii .... lasciare la Sicilia. **8.** L'architetto .... progettare un palazzo. **9.** Voi .... mangiare: siete troppo magri! **10.** Il maestro non .... essere troppo severo.

2 Inserire la forma corretta del verbo *sapere*.

1. I bambini piccoli non .... leggere. **2.** Io .... suonare la chitarra. **3.** .... (tu) cambiare una lampadina? **4.** Noi non .... giocare a carte. **5.** .... (voi) arrivare a Firenze con la macchina? **6.** Mio nonno non .... usare il computer. **7.** Io non .... cucinare la pasta. **8.** I tuoi amici .... nuotare bene. **9.** Non .... (voi) guidare la macchina? **10.** Laura .... preparare dei buoni dolci.

3 Rispondere alle seguenti domande in maniera affermativa o negativa.

Es.: *Sai pattinare?*
Sì, so pattinare. oppure ***No, non so pattinare.***

1. Sai dipingere?	No, ...
2. Devi andare a scuola?	No, ...
3. Dovete studiare una poesia a memoria?	Sì, ...
4. Sapete cucinare?	Sì, ...
5. Devi ripassare la lezione?	Sì, ...
6. Sapete giocare a tennis?	No, ...
7. Devi pulire la casa?	No, ...
8. Sai parlare la lingua francese?	Sì, ...
9. Sai tenere un segreto?	Sì, ...
10. Dovete leggere un romanzo russo?	No, ...

4 Inserire la forma corretta dei verbi *dovere* e *sapere*, seguendo le istruzioni.

Alberto ha 18 anni e non *(sapere)* .... ancora nuotare. Alberto *(dovere)* .... andare in piscina tutti i giorni, ma ha sempre molta paura. I suoi genitori, invece, *(sapere)* .... nuotare perfettamente e non *(dovere)* .... andare in piscina. Alberto *(sapere)* .... suonare il violino: ora *(dovere)* .... studiare la musica contemporanea. Alberto *(volere)* .... diventare un bravo concertista.

UNITÀ 32

I verbi servili (3) Note sui verbi servili

I verbi servili possono essere usati da soli, con un significato autonomo, senza essere uniti a un altro verbo all'infinito.

Verbo **potere**: *L'amore può tutto.* *L'amicizia può molto.*

Verbo **volere**: *Io voglio un gelato.* *Noi vogliamo un lavoro diverso.*

Verbo **dovere** (nel senso di *essere debitore*):

Tu devi 500 euro a mio padre. *Voi dovete a Marcello molta gratitudine.*

Verbo **sapere** (nel senso di *conoscere, possedere nozioni su un argomento*):

Io so il tedesco. *Loro non sanno la lezione.*

Altri verbi con funzione servile

Desiderare		Preferire	
Indicativo presente		**Indicativo presente**	
Io	**desidero**	Io	**preferisco**
tu	**desideri**	tu	**preferisci**
lui/lei	**desidera**	lui/lei	**preferisce**
noi	**desideriamo**	noi	**preferiamo**
voi	**desiderate**	voi	**preferite**
loro	**desiderano**	loro	**preferiscono**

I verbi **desiderare** e **preferire** possono essere utilizzati sia come verbi autonomi sia come verbi servili:

1. **Desiderare:** ha lo stesso significato del verbo **volere**, ma con valore attenuato:

   Renzo desidera una casa in campagna.

   Io desidero pagare in contanti.

   Desiderate parlare con il direttore?

2. **Preferire:** significa anteporre, nella propria valutazione, una cosa a un'altra:

   Io preferisco la coca-cola. = Tra la coca-cola e un'altra bevanda io scelgo la coca-cola.

   Sandro preferisce lavorare a casa. = Sandro può lavorare a casa o in ufficio, ma sceglie di lavorare a casa.

1 **Inserire la forma corretta dei verbi servili, utilizzati qui come verbi autonomi.**

Es.: *Io (volere) .... subito una spiegazione.*
*Io **voglio** subito una spiegazione.*

1. *(Volere – voi)* .... un succo di frutta o un caffè? **2.** Io *(dovere)* .... una grossa somma di denaro a Gino. **3.** La forza di volontà *(potere)* .... quasi tutto. **4.** Noi *(sapere)* .... bene la lezione di storia, e voi? **5.** Luca *(desiderare)* .... una camicia di Armani. **6.** *(Preferire – tu)* .... la cioccolata o la crema? **7.** *(Sapere – voi)* .... il significato della parola 'eco'? **8.** I bambini *(volere)* .... troppe cose. **9.** Noi *(preferire)* .... i formaggi francesi. **10.** Il signor Parodi *(desiderare)* .... un appuntamento con il dentista.

2 **Rispondere alle seguenti domande, usando il verbo *preferire*.**

Vuoi un panino?	*No, grazie; preferisco una pizza.*
1. Vuoi una torta di verdure?	No, grazie; ....
2. Volete lavorare a casa?	No, grazie; ....
3. Vuoi parlare tedesco?	No, ...
4. Volete giocare a tennis?	No, grazie; ....
Desideri il tè o il caffè?	*Grazie, preferisco il tè.*
5. Desideri il pesce o le verdure?	Grazie, ...
6. Desideri uscire o restare a casa?	Grazie, ...
Desiderate cantare o ballare?	*Noi preferiamo ballare.*
7. Desiderate un giornale o una rivista?	....

3 **Inserire la forma corretta dei verbi servili.**

1. Oggi io non *(potere)* .... lavorare.
2. *(Dovere – voi)* .... prendere l'aereo?
3. *(Volere – noi)* .... fare una nuotata.
4. Anna *(sapere)* .... suonare cinque strumenti.
5. Tu *(desiderare)* .... guadagnare, ma non *(volere – tu)* .... lavorare.
6. I miei genitori *(volere)* .... visitare i musei; io *(preferire)* .... vedere le chiese.
7. *(Potere – tu)* .... scrivere una lettera a Susanna?
   No, io non *(potere)* ....
8. *(Sapere – tu)* .... usare il computer?
9. Gli atleti inglesi *(desiderare)* .... vincere la gara.
10. Carlo *(volere)* .... tornare a casa; Barbara *(preferire)* .... rimanere in discoteca.

UNITÀ 33

Gli avverbi

L'avverbio è quella parola invariabile della frase, utilizzata per modificare il significato di un verbo, di un nome, di un aggettivo, di un altro avverbio o di un'intera frase, qualificandolo o precisandolo. Sono avverbi *velocemente, sempre, molto, forse, perché?,* ecc. per citarne solo alcuni:

Gianni corre ***velocemente****.* = L'avverbio velocemente precisa il modo in cui corre Gianni.
Luisa arriva ***molto*** *tardi.* ***Perché*** *non vai a casa?*

Gli avverbi si dividono in diverse categorie: esistono infatti **avverbi qualificativi** (ad esempio: *bene, male*), **avverbi di luogo** (ad esempio: *qui, là*), **di tempo** (ad esempio: *ora, mai*), **di qualità** (ad esempio: *poco, molto*), **di valutazione** (ad esempio: *forse, davvero*) e **avverbi interrogativi.**

Nella presente unità ci occuperemo dei principali avverbi interrogativi.

Gli avverbi interrogativi: *Dove?, Come?, Quando?, Perché?*

Gli avverbi interrogativi sono utilizzati per chiedere qualcosa e quindi per formulare delle domande. I principali avverbi interrogativi sono **dove?**, **come?**, **quando?** e **perché?**

L'avverbio interrogativo "dove?"

L'avverbio interrogativo **dove?** è utilizzato per chiedere informazioni di tipo geografico, per conoscere il luogo in cui una persona, un animale o una cosa si trovano o il luogo verso cui sono diretti: *Dove sono le mie scarpe?* *Dove vai?* *Dove corre il cane?*

L'avverbio interrogativo **dove?** perde la **e** e prende l'apostrofo* davanti alle parole che cominciano per vocale; tuttavia questo succede ormai quasi soltanto con il verbo **essere**:

Dov'è (Dove è) il cappello di Sandro?

L'avverbio interrogativo "come?"

L'avverbio interrogativo **come?** è utilizzato per chiedere informazioni sul modo in cui una data azione si compie: *Come stai?* *Come arrivo a casa?* *Come funzionano i computer?*

Anche **come?** perde la **e** e prende l'apostrofo davanti al verbo **essere**, quando comincia per **e**:

Com'è la pasta? È buona?

L'avverbio interrogativo "quando?"

L'avverbio interrogativo **quando?** è utilizzato per chiedere informazioni sul momento in cui una data azione si compie: *Quando arriva tuo fratello?* *Quando finisce la scuola?*

L'avverbio interrogativo "perché?"

L'avverbio interrogativo **perché?** è utilizzato per chiedere informazioni sul motivo per cui una data azione si compie oppure non si compie: *Perché non studi?* *Perché il negozio è chiuso?*

* Per la definizione di **apostrofo**, si veda l'Appendice 1.

1 Formulare delle domande adeguate alla risposta, utilizzando gli avverbi interrogativi *dove?*, *come?* e *quando?*.

1. *Dove vai?* → *Io vado a casa.* **2.** .... ? → Andiamo a teatro. **3.** .... ? → I bambini sono in cucina. **4.** *Come stai?* → *Io sto bene, grazie.* **5.** .... ? → I nonni stanno abbastanza bene. **6.** .... ? → La zia ha un brutto raffreddore. **7.** *Quando comincia la partita?* → *La partita comincia ora.* **8.** .... ? → Andrea arriva tra poco. **9.** .... ? → Lo spettacolo finisce tra due minuti. **10.** .... ? → Vado in palestra tutte le sere.

2 Rispondere liberamente alle seguenti domande.

1. *Perché mangi la torta?* → *Perché è buona.* **2.** Perché bevi il caffè? → .... **3.** Perché vai a casa? → .... **4.** Come stai? → .... **5.** Come stanno i tuoi genitori? → .... **6.** Dov'è il cane? → .... **7.** Dove sono i libri? → .... **8.** Dove andate adesso? → .... **9.** Quando finisce il film? → .... **10.** Quando arriva nostra cugina? → ....

3 Combinare le parti delle seguenti frasi.

1. Quando ritorni a casa?	I panini sono in cucina.
2. Dove sono i nostri panini?	L'aereo atterra a Parigi.
3. Come funziona il computer?	Ritorno tra poco.
4. Perché vuoi mangiare?	Perché oggi è domenica.
5. Dove va Giacomo?	Il computer funziona bene.
6. Quando cominciano le lezioni?	Perché non vede molto bene.
7. Perché Fabiana porta gli occhiali?	Le lezioni cominciano tra poco.
8. Come sta tua madre?	Va a teatro.
9. Dove atterra l'aereo?	Perché ho fame.
10. Perché il negozio è chiuso?	Sta molto bene, grazie.

4 Inserire gli avverbi *dove?*, *come?*, *quando?* e *perché?*.

1. .... non lavori? – Sono stanco. **2.** .... inizia il concerto? – Tra pochi minuti. **3.** .... sono le mie penne? – In cucina. **4.** .... stanno i figli di Bruno? – Stanno bene. **5.** .... va Federico? – A casa. **6.** .... sta Roberto? – Ha ancora la febbre. **7.** .... Luisa vuole partire? – Non si trova bene qui! **8.** .... arriva il treno? – Alle 20.45. **9.** .... prepari la torta? – Con le mele. **10.** .... non mangiate gli spaghetti? – Sono salati!

UNITÀ 34

I pronomi interrogativi

I pronomi interrogativi sono utilizzati per formulare delle domande, che possono essere dirette (*Chi sei?*) **o indirette** (*Ti ho chiesto chi sei.*).

I pronomi interrogativi sono quattro: 1) **chi?**; 2) **che?**; 3) **quale?**; 4) **quanto?**.

1. Il pronome interrogativo **chi?** è invariabile: ha un'unica forma per il singolare e il plurale maschile e femminile. **Chi?** si usa soltanto per le persone e serve a chiedere informazioni riguardanti l'identità: *Chi sei?* *Chi vuole il caffè?* *Chi lava i piatti?*
2. Il pronome interrogativo **che?** è invariabile. **Che?** si usa soltanto per le cose e serve a chiedere informazioni di tipo generico: *Che vuoi?* *Che fai?* *Che leggete?*

   Il pronome interrogativo **che?** è, però, utilizzato raramente nella lingua parlata in questa forma. Al suo posto è più frequente trovare **che cosa?**, espressione formata dal pronome interrogativo **che** + il nome **cosa**. Tale espressione può essere abbreviata in **cosa?**:

   Che cosa fai? oppure *Cosa fai?* *Che cosa leggete?* oppure *Cosa leggete?*
3. Il pronome interrogativo **quale?**, **quali?** possiede due forme distinte per il singolare e il plurale ma un'unica forma per il genere maschile e femminile. **Quale?** e **Quali?** si usa sia per le persone che per le cose e serve a chiedere informazioni riguardanti l'identità e la qualità: *Io ho due sorelle. Tu quale conosci?* *Ho molti tipi di biscotti. Quali vuoi?*
4. Il pronome interrogativo **quanto?**, **quanta?**, **quanti?**, **quante?** possiede forme distinte per il singolare e il plurale maschile e femminile. **Quanto?**, **quanta?**, **quanti?**, **quante?** si usano sia per le persone sia per le cose e servono a chiedere informazioni riguardanti la quantità:

   Ecco i biglietti! – Bene! Quanti sono?

Gli aggettivi interrogativi

Tutti i pronomi interrogativi (tranne **chi**, che è usato solo come pronome) **possono essere utilizzati come aggettivi interrogativi**, con le stesse forme e le stesse funzioni del pronome. La differenza consiste nel fatto che, come aggettivi, precedono sempre un nome:

Quale maglione vuoi comprare? *Quanta merce dobbiamo vendere?*

Che?, sempre invariabile, possiede, come aggettivo interrogativo, lo stesso significato di **quale?**, **quali?** e, specialmente nella lingua parlata, può sostituire **quale?**, **quali?**:

Quale sport preferisci? → *Che sport preferisci?*

I pronomi e gli aggettivi esclamativi

I pronomi e gli aggettivi interrogativi possono essere utilizzati come pronomi e aggettivi esclamativi, per sottolineare il concetto espresso da una frase; la frase si conclude sempre con il punto esclamativo **!**: *Chi vedo! La regina Elisabetta!* *Quanti fiori nel prato!*

Attenzione! - **Quale?** perde la **e**, senza prendere alcun apostrofo*, davanti alle parole che cominciano per vocale e, a volte, anche davanti a consonanti che non siano **z**, **x**, **gn**, **ps** oppure **s**: *Qual è il tuo film preferito?*

* Per la definizione di **apostrofo**, si veda l'Appendice 1.

1 Formulare delle domande adeguate alle risposte, utilizzando i pronomi interrogativi *chi?*, *che cosa?* e *quale?*.

1. *Chi sei?* → *Io sono Giuseppina.* 2. .... ? → Noi siamo le segretarie. 3. .... ? → Sono i cugini di Fabio. 4. *Che cosa fai?* → *Faccio una torta.* 5. .... ? → Mangiamo delle mele. 6. .... ? → Ascoltiamo un disco di Bach. 7. *Quale scegli?* → *Scelgo la gonna blu.* 8. *Quali prendete?* → *Prendiamo i vasi rossi.* 9. .... ? → Vogliamo gli stivali bianchi. 10. .... ? → Voglio il gelato al cioccolato.

2 Inserire la forma corretta degli aggettivi interrogativi *quanto?* e *quale?*.

1. *Quali bicchieri volete?* → *Vogliamo i bicchieri di cristallo.* 2. *Quanti anni hai?* → *Ho 22 anni.* 3. .... cappotto desidera, Signora? → Desidero il cappotto nero. 4. .... anni ha Silvia? → Silvia ha 44 anni. 5. .... cavalli possiedi? → Possiedo tre cavalli. 6. .... pasta vuoi mangiare? → Voglio mangiare quattro etti di pasta. 7. .... romanzo leggete? → Leggiamo 'Guerra e pace'. 8. .... scrittori preferite? → Preferiamo gli scrittori russi. 9. .... denaro hai in banca? → In banca ho mille euro. 10. .... musica ascoltate? → Ascoltiamo la musica classica.

3 Formare delle frasi con gli aggettivi e i pronomi esclamativi *quanto!* e *che!*.

Es.: *Io ho quattro televisori.*	***Quanti televisori hai!***
1. Noi abbiamo cinque sorelle.	....
2. Mia nonna ha 98 anni.	....
Es.: *Luisa, a pranzo, mangia un chilo di pasta!*	***Quanto mangia!***
3. Fabio, a cena, beve sempre un litro d'acqua!	....
Es.: *Il libro di storia è interessante.*	***Che libro interessante!***
4. La casa è spaziosa.	....
5. Il gioco è divertente.	....
Es.: *Vedi? Il ladro scappa con il denaro!*	***Che vedo!***
6. Senti? Anna litiga con la sorella!	....

4 Rispondere liberamente alle seguenti domande.

1. Chi sei? → .... 2. Come stai? → .... 3. Quanti anni hai? → .... 4. Dove abiti? → .... 5. Qual è la tua occupazione? → .... 6. Dove lavori? → .... 7. Quando hai le ferie? → .... 8. Quali film preferisci? → .... 9. Perché studi la lingua italiana? → ....

UNITÀ 35

Indicativo: passato prossimo
Il verbo *essere*

Il passato prossimo è un tempo che esprime un'azione compiuta in un passato recente oppure un'azione compiuta in un passato anche lontano, ma i cui effetti durano ancora nel presente:

Io sono stato al cinema ieri sera. (**Azione avvenuta nel passato recente.**)

Io sono ritornato qui, da Londra, dieci anni fa. (**Azione avvenuta nel passato lontano ma con effetti nel presente**: *Io sono tornato e ora sono qui.*)

Il passato prossimo dei verbi si forma con il presente indicativo del verbo **essere** o **avere** + il **participio passato del verbo** di volta in volta utilizzato*:

Io sono stato; Io ho avuto; Io sono andato; Io ho lavorato.

Io	**sono stato / stata**
tu	**sei stato /stata**
lui/lei	**è stato / stata**
noi	**siamo stati / state**
voi	**siete stati / state**
loro	**sono stati / state**

Il passato prossimo del verbo essere si forma con l'indicativo presente del verbo essere** + **il participio passato del verbo essere** (**stato** / **stata** / **stati** / **state**).

Il participio passato del verbo **essere**, e di tutti i verbi preceduti dal verbo **essere**, possiede forme distinte per il singolare e il plurale maschile e femminile: le desinenze del participio passato corrispondono, in questo caso, alle desinenze degli aggettivi in **-o***** e concordano con il soggetto della proposizione: *stato; stata; stati; state.*

Io sono stato a teatro.

Io sono stata a Napoli.

Tu sei stato malato.

Marco è stato in Svezia.

Anna è stata a cena da Marco.

Noi siamo stati in campagna.

Noi siamo state in Grecia.

Voi siete stati gentili.

Antonio e Gianni sono stati in città.

Le mie cugine sono state delle ballerine.

* Per la formazione del **participio passato** dei verbi in **-are**, **-ere**, **-ire**, si veda l'UNITÀ 37.

** Si veda lo schema UNITÀ 1.

*** Si veda l'UNITÀ 11.

1 Inserire la forma verbale appropriata.

Es.: *(tu) .... a scuola oggi?*
***Sei stato** a scuola oggi?*

1. Io .... a Roma. **2.** Io .... a teatro ieri sera. **3.** Noi .... con i nostri amici. **4.** Due mesi fa Giuseppe .... in Argentina, ma ora è qui. **5.** Maria .... una famosa violinista. **6.** Tu .... in discoteca o al cinema? **7.** Il corso per traduttori .... un successo! **8.** .... (voi) a casa di Rosanna e Fabrizio? **9.** I signori Nardini .... in Africa per una settimana. **10.** A Pasqua noi .... con i nostri parenti.

2 Trasformare le parole sottolineate da singolari a plurali.

1. Io sono stata a Firenze. ....
2. Sei stato in discoteca ieri sera? ....
3. Valerio è stato gentile. Valerio e Gino ....
4. Io sono stato un grande cuoco. ....
5. Lucia è stata in Germania. Lucia e Paola ....
6. Tu sei stata sgarbata! ....
7. La settimana scorsa sono stata in Trentino. ....
8. L'impiegato è stato assente per una settimana. ....
9. La segretaria è stata a Londra per un corso. ....
10. Sei stato in città con tua cugina? ....

3 Inserire, nel seguente dialogo, il passato prossimo del verbo *essere*.

Luca incontra Caterina per strada e i due cominciano a parlare:

L.: Ciao, Caterina!
C.: Ciao, Luca! Come stai?
L.: Bene, grazie. E tu?
C.: Molto bene. (Io) .... per un mese in Inghilterra.
L.: Davvero? Anche io .... in Inghilterra ma solo per una settimana! E dove .... (tu)?
C.: (Io) .... a Londra. E tu dove ....?
L.: A Canterbury. Il tempo .... bello?
C.: Sì, per una settimana! ... Hai notizie di Armando e Stella?
L.: Certo! (Loro) .... in luna di miele a Venezia!
C.: Stupendo! Stella è sempre stata una ragazza romantica!
L.: Invece Armando .... sempre .... un ragazzo concreto!
C.: Sì, è vero! ... E il tuo esame, ... facile o difficile?
L.: Molto difficile! ... Ora, però, devo andare: ho un appuntamento!
C.: A presto! Ciao!

UNITÀ 36

Indicativo: passato prossimo
Il verbo *avere*

Il passato prossimo del verbo avere si forma con l'indicativo presente del verbo avere* + il participio passato del verbo avere (**avuto**).

Il participio passato del verbo **avere** e di tutti i verbi preceduti dal verbo **avere** è, di norma, invariabile e termina sempre in **-o**: *avuto; fatto; giocato.*

*Io ho avut**o** il raffreddore.* *Io ho fatt**o** una doccia.* *Io ho giocat**o** a tennis.*

Vedremo in seguito come, in particolari casi, anche il participio passato dei verbi preceduti da **avere** debba essere declinato.

Io	**ho avuto**
tu	**hai avuto**
lui/lei	**ha avuto**
noi	**abbiamo avuto**
voi	**avete avuto**
loro	**hanno avuto**

Io ho avuto la febbre.
Tu hai sempre avuto molto coraggio.
Stefania ha avuto un aumento di stipendio.
Noi abbiamo avuto ospiti a cena.
Avete avuto notizie di Sandro?
I genitori di Pino hanno avuto un imprevisto.

I verbi servili

Il passato prossimo dei verbi servili si forma solitamente con l'indicativo presente del verbo avere + il participio passato del verbo servile: *ho potuto; ho voluto; ho dovuto; ho saputo; ho desiderato; ho preferito.* La formazione del participio passato segue le regole valide per i verbi in **-are**, **-ere**, **-ire****.

Quando, però, i verbi **potere**, **volere** e **dovere** precedono un altro verbo, utilizzano l'ausiliare, **essere** o **avere**, che tale verbo richiede:

Io sono uscito. (pass. prossimo del verbo **uscire**) → *Io sono dovuto uscire.*
Io ho lavorato. (pass. prossimo del verbo **lavorare**) → *Io ho dovuto lavorare.*

Nel primo esempio il participio passato prende la desinenza maschile o femminile, singolare o plurale del soggetto del verbo: *uscito; uscita; usciti; uscite.*

* Si veda lo schema UNITÀ 3.

** Per la formazione del **participio passato** e la scelta dell'**ausiliare**, si veda l'UNITÀ 37.

1 Inserire la forma verbale appropriata.

Es.: Tu .... sempre .... ottimi voti.
*Tu **hai** sempre **avuto** ottimi voti.*

1. Io .... fiducia in mia sorella. **2.** Noi .... una grande idea. **3.** .... (voi) una giornata piacevole? **4.** Dario .... un incidente grave. **5.** La bambina .... molta paura. **6.** .... (tu) pazienza con il bambino? **7.** I tecnici .... dei problemi con l'impianto elettrico. **8.** L'attrice Elizabeth Taylor .... otto mariti. **9.** La sorella di Bruno .... tre fidanzati. **10.** Durante il mio viaggio in Norvegia .... molto freddo.

2 Completare le frasi con gli elementi qui di seguito elencati.

il film ha avuto scarso successo / hanno avuto molta paura / abbiamo avuto un bel voto a scuola / abbiamo avuto molto caldo / ho avuto una giornata pesante / ho appena avuto un'idea brillante / ha avuto una discussione con il direttore / hai avuto una grande fortuna / avete avuto la febbre alta / hanno avuto un contrattempo

1. Siamo molto felici: ....
2. L'attore è scontento: ....
3. Giacomo e Silvia sono in ritardo: ....
4. I bambini piangono: ....
5. Noi siamo stati in vacanza in Africa e ....
6. Hai tu il biglietto vincente? ....
7. Io ho sonno: ....
8. Siete stati male: ....
9. Ora risolvo il problema: ....
10. La segretaria è arrabbiata: ....

3 Inserire, nel seguente dialogo, il passato prossimo del verbo *essere* o *avere*.

Roberto torna al lavoro dopo una lunga assenza e parla con Federico:

F.: Ciao, Roberto! Come stai? **R.:** Ciao, Federico! Ora sto bene, grazie! **F.:** Ma dove .... *(tu)*? **R.:** *(Io)* .... a casa. .... una brutta influenza! **F.:** Ah, sì? .... *(tu)* la febbre alta? **R.:** Certo! *(Io)* .... la febbre molto alta! Perfino il dottore .... paura! **F.:** Anche noi, io e i colleghi di lavoro, ... paura! **R.:** A proposito ... i colleghi .... l'aumento di stipendio? **F.:** No! I nostri colleghi non .... fortunati! **R.:** Peccato! E Loredana .... in vacanza? **F.:** Sì, Loredana e Giovanna .... in Francia! **R.:** Bene! E Massimo e Andrea .... in Olanda? **F.:** No, partono oggi! *(Loro)* .... un contrattempo! **R.:** Non .... *(loro)* un incidente, spero! **F.:** No! ...Ora vado in ufficio: devo lavorare! **R.:** A dopo! Ciao!

4 Inserire il passato prossimo del verbo servile tra parentesi, usando l'ausiliare *avere*.

Es.: Ieri io non (potere) .... studiare.
*Ieri io non **ho potuto** studiare.*

1. Gli operai non *(potere)* .... lavorare a causa della pioggia. **2.** Perché *(tu)* non *(volere)* .... mangiare la minestra? **3.** Siete stati a teatro? – No, *(noi – preferire)* .... andare al cinema. **4.** Il direttore *(dovere)* .... licenziare quattro segretarie! **5.** *(Io – sapere)* .... la verità: Anna lascia il lavoro! **6.** Io ho sempre desiderato un cane, e voi? – Noi *(desiderare)* .... sempre .... un gatto. **7.** Non *(voi – potere)* .... rispondere alle nostre lettere? **8.** Giacomo è in Africa? – No, *(egli – preferire)* .... partire per l'Australia! **9.** *(Tu – sapere)* .... il segreto di Antonio? **10.** Le studentesse *(dovere)* .... scrivere un tema su Leopardi.

5 Inserire il passato prossimo del verbo servile tra parentesi, usando l'ausiliare *essere*.

Es.: Io non (potere) .... uscire.
*Io non **sono potuto/a** uscire.*

1. Mi dispiace: ieri *(io)* non *(potere)* .... uscire con tua sorella. **2.** Il professore di storia (dovere) .... partire per la Sicilia. **3.** I bambini non *(potere)* .... andare al parco. **4.** Perché *(tu)* non *(volere)* .... venire con Giorgio? **5.** Il gatto *(volere)* .... uscire dalla finestra. **6.** Paola e Renata *(dovere)* .... ritornare dalla Grecia in anticipo. **7.** Ieri sera noi non (potere) .... venire a casa vostra. **8.** Perché *(voi – dovere)* .... andare via prima? **9.** Quando *(tu – potere)* .... uscire dall'ospedale? **10.** Barbara *(volere)* .... salire su un albero!

6 Trasformare le parole sottolineate da singolari a plurali.

Es.: <u>Io sono stato</u> al cinema.
***Noi siamo stati** al cinema.*

1. <u>Io sono stata</u> a teatro.	....
2. <u>Tu hai avuto</u> un brutto raffreddore.	....
3. <u>Andrea</u> non <u>ha potuto</u> salutare <u>il professore</u> di italiano.	Andrea e Fabio ....
4. Perché <u>hai voluto</u> mangiare <u>un gelato</u>?	.... due ....
5. <u>L'alunno</u> non <u>è stato attento</u>!	....
6. <u>Io ho dovuto</u> studiare <u>una poesia</u> a memoria.	.... tre ....
7. <u>Giulia</u> non <u>è potuta</u> andare in discoteca.	Giulia e Laura ....
8. Perché <u>hai preferito</u> bere <u>un caffè</u> e <u>un'aranciata</u>?	.... due .... e due ....

7 Trasformare le parole sottolineate da plurali a singolari.

Es.: *Noi siamo stati molto fortunati!*
***Io sono stato** molto **fortunato**!*

1. Voi siete stati veramente maleducati! ....
2. Noi abbiamo avuto un'interessante conversazione con i nostri professori.
....
3. I cugini di Roberto non hanno voluto cenare con Massimo.
....
4. Ieri non siamo potuti andare a pranzo con le nostre amiche.
....
5. I figli di Enrico hanno avuto dei brutti voti a scuola.
....
6. (Voi) avete dovuto lasciare le vostre auto nel parcheggio?
....
7. Le sorelle di Giovanna sono state al cinema con Sara.
....
8. Noi abbiamo saputo delle notizie interessanti.
....

8 Trasformare i seguenti verbi dal presente al passato prossimo.

Es.: *Mio padre è un bravo poliziotto.*
*Mio padre **è stato** un bravo poliziotto.*

1. Sofia Loren è una famosa attrice. Eleonora Duse ....
2. Noi abbiamo una casa in città. ....
3. Perché non puoi prendere il treno? ....
4. Non dovete uscire oggi? .... ieri?
5. I miei fratelli sanno la verità. ....
6. Io preferisco bere un tè. ....
7. Alberto ha una fidanzata russa. ....
8. Oggi dobbiamo scrivere un tema. Ieri ....

9 Inserire i verbi appropriati, scegliendoli tra quelli qui di seguito elencati.

hanno potuto / ha preferito / ho potuto / hai saputo / avete voluto /
ha avuto / sono stati / abbiamo dovuto

1. Sono spiacente: (io) non .... rispondere al telefono. **2.** Silvia .... una brutta influenza. **3.** Gli operai non .... ricevere lo stipendio. **4.** Noi .... lavorare fino alle 23.00! **5.** Perché (voi) non .... conoscere mia cognata? **6.** Carlo .... mangiare gli spaghetti. **7.** I nostri genitori .... dei bravi ballerini. **8.** (Tu) .... la storia di Lucia?

UNITÀ 37

Indicativo: passato prossimo dei verbi in *-are, -ere, -ire*

Formazione del passato prossimo con *essere* o *avere*

Il passato prossimo dei verbi in -are, -ere, -ire si forma con l'indicativo presente del verbo essere/avere + il participio passato del verbo usato: *Io ho giocato.* *Tu sei andato a Roma.*

Per decidere se usare l'indicativo presente di **essere** o l'indicativo presente di **avere** occorre prima accertarsi che il verbo utilizzato sia transitivo o intransitivo.

Un verbo è definito transitivo quando l'azione che esprime si riflette direttamente su un oggetto (persona, animale o cosa): *Io amo Laura.* *Noi vendiamo la nostra casa.*

Al contrario, un verbo è definito intransitivo quando l'azione che esprime si conclude in sé e non necessita di un oggetto: *Io parto.* *La stella scintilla.* *Giorgio va.*

I verbi transitivi formano sempre il passato prossimo con **avere**: *Io ho amato Laura.*

La maggior parte dei verbi intransitivi forma il passato prossimo con **essere**:

Io sono partito. *Giorgio è andato.*

Alcuni verbi intransitivi, però, formano il passato prossimo con **avere**: *La stella ha scintillato.*

È consigliabile, pertanto, consultare sempre il dizionario prima di scegliere tra **essere** e **avere**.

La formazione del participio passato

Il participio passato dei verbi regolari, sia transitivi che intransitivi, in **-are**, **-ere** e **-ire si forma dalla radice del verbo + il suffisso -ato, -uto e -ito**:

Verbo **am-are** (radice = **am**) → am-**ato** → amato = *Io ho amato,* ecc.
(Verbo transitivo: *Io ho amato mio marito.*)

Verbo **tem-ere** (radice = **tem**) → tem-**uto** → temuto = *Io ho temuto,* ecc.
(Verbo transitivo: *Io ho temuto la morte.*)

Verbo **sent-ire** (radice = **sent**) → sent-**ito** → sentito = *Io ho sentito,* ecc.
(Verbo transitivo: *Io ho sentito un rumore*.)

Verbo **sci-are** (radice = **sci**) → sci-**ato** → sciato = *Io ho sciato,* ecc.
(Verbo intransitivo: *Quest'anno ho sciato.*)

Il participio passato dei verbi intransitivi, che formano il passato prossimo con il verbo **essere**, è declinabile (come il passato prossimo del verbo **essere***):

Io sono andato/andata. *Noi siamo andati/andate.*

Attenzione!

Il participio passato può essere utilizzato anche come aggettivo e risulta, in questa funzione, declinabile. Le desinenze corrispondono a quelle degli aggettivi in **-o****:

pulito (da pulire), pulita; puliti, pulite = La cucina è pulita. (aggettivo) *Ho pulito la cucina. (verbo)*

* Si veda lo schema UNITÀ 35. ** Si veda l'UNITÀ 11.

1 Inserire la forma verbale appropriata (verbi transitivi).

Es.: *Fabio (contare) .... i soldi.*
Fabio ***ha contato*** *i soldi.*

1. Noi *(mangiare)* .... troppo. **2.** I signori Rossi *(pagare)* .... il conto. **3.** Io *(provare)* .... una nuova ricetta. **4.** *(Voi)* non *(sentire)* .... un rumore strano? **5.** Sandra *(comprare)* .... un libro interessante. **6.** Io *(trovare)* .... un ombrello. **7.** Roberto *(preparare)* .... un dolce. **8.** I miei cugini *(vendere)* .... la propria casa. **9.** Noi *(pulire)* .... la cucina e il bagno. **10.** Le cameriere *(spolverare)* .... i mobili.

2 Inserire la forma verbale appropriata (verbi intransitivi).

Es.: *Dino (andare) .... a casa.*
Dino ***è andato*** *a casa.*

1. I nostri nonni *(andare)* .... in montagna. **2.** Il treno *(partire)* .... da Napoli. **3.** La stella *(scintillare)* .... per tutta la notte! **4.** Le tue amiche *(tornare)* .... a Milano. **5.** Io *(uscire)* .... a mezzogiorno. **6.** Noi *(dormire)* .... per dieci ore. **7.** Quando *(tu) (entrare)* .... a scuola? **8.** Gli aerei *(partire)* .... con un forte ritardo. **9.** I ladri *(scappare)* .... con i gioielli. **10.** Il sole *(tramontare)* .... tardi.

3 Inserire, nel seguente dialogo, il passato prossimo dei verbi transitivi e intransitivi.

Elisa torna a casa e racconta alla sorella Giuliana come ha trascorso la giornata:

E.: Ciao, Giuliana! Come va?

G.: Bene! E tu *(passare)* .... una bella giornata?

E.: Non molto. La mia collega Maria *(partire)* .... ieri.

G.: Dove *(andare – lei)* .... ?

E.: Maria e il marito *(tornare)* .... in Sicilia per le vacanze!

G.: Io *(essere)* .... in Sicilia l'anno scorso e *(visitare)* .... Agrigento e Siracusa.

E.: Sì, è vero! Il tuo viaggio *(essere)* .... molto piacevole!... E tu, *(restare)* .... a casa tutto il giorno?

G.: Sì. *(Io – lavare)* .... i piatti, *(spolverare)* .... i mobili e *(preparare)* .... la cena!

E.: *(Tu – lavorare)* .... tanto, oggi!

G.: Sì, ma *(io – ascoltare)* .... la musica per tre ore!

E.: Davvero? Io, invece, *(guardare)* .... soltanto il mio computer! Che giornata noiosa!

UNITÀ 38

Indicativo: passato prossimo
Il participio passato dei verbi irregolari

Alcuni verbi formano il participio passato in modo irregolare. Sono elencati di seguito i più utilizzati.

Verbo	Participio passato	Esempio
Fare	fatto	*Io ho fatto proprio una brutta figura!*
Accendere	acceso	*Io ho acceso la luce.*
Bere	bevuto	*Io ho bevuto un'aranciata.*
Chiedere	chiesto	*Io ho chiesto un'informazione.*
Chiudere	chiuso	*Io ho chiuso la porta.*
Conoscere	conosciuto	*Io ho conosciuto una ragazza.*
Correre	corso	*Io ho corso sulla spiaggia.* *Io sono corso in stazione.* (Si usa il verbo **essere** quando è espressa una meta.)
Dipingere	dipinto	*Io ho dipinto un quadro.*
Leggere	letto	*Io ho letto un libro.*
Mettere	messo	*Io ho messo il bambino a letto.*
Nascere	nato	*Io sono nato nel 1975.*
Piangere	pianto	*Io ho pianto tutta la notte.*
Prendere	preso	*Io ho preso l'autobus.*
Ridere	riso	*Io ho riso molto al cinema.*
Rimanere	rimasto	*Io sono rimasto a casa.*
Rispondere	risposto	*Io ho risposto a tutte le domande.*
Scegliere	scelto	*Io ho scelto il vestito rosso.*
Scendere	sceso	*Io sono sceso dal treno alle otto. (trans.)** *Io ho sceso le scale. (intr.)**
Scrivere	scritto	*Io ho scritto una lunga poesia.*
Spegnere	spento	*Io ho spento la luce.*
Togliere	tolto	*Io ho tolto la polvere dai mobili.*
Vedere	visto	*Io ho visto un film di fantascienza.*
Vincere	vinto	*Io ho vinto la gara di nuoto.*
Vivere**	vissuto	*Io sono vissuto in campagna. (intr.)* *Io ho vissuto una vita felice. (trans.)*
Aprire	aperto	*Io ho aperto la porta.*
Dire	detto	*Io ho detto la verità.*
Venire	venuto	*Io sono venuto in macchina.*

* Per il significato di **transitivo** e **intransitivo**, si veda l'UNITÀ 37.

** Il verbo **vivere** diventa transitivo quando ha come oggetto un nome dal significato molto simile a quello del verbo, per esempio **vita**.
Un elenco più dettagliato dei verbi **irregolari** si trova nell'Appendice 5.

1 **Inserire la forma verbale appropriata.**

Es.: *Anna (leggere) .... una rivista.*
Anna ***ha letto*** *una rivista.*

1. Io *(accendere)* .... il fuoco nel camino. **2.** Mia madre *(rispondere)* .... al telefono. **3.** Gli spettatori *(ridere)* .... per le battute degli attori. **4.** Perché *(tu) (chiedere)* .... scusa? **5.** Noi *(scendere)* .... le scale in fretta. **6.** *(Voi) (vedere)* .... il ladro? **7.** I miei genitori *(venire)* .... a casa mia. **8.** Gianni *(bere)* .... due caffè. **9.** Quando *(dipingere) (tu)* .... il quadro? **10.** Noi non *(vivere)* .... a Napoli.

2 **Inserire la forma verbale appropriata.**

Es.: *Io (nascere) .... a Roma.*
Io ***sono nato*** *a Roma.*

1. I tuoi parenti *(scrivere)* .... una lunga lettera. **2.** Il cuoco *(friggere)* .... i pesci e le patate. **3.** Perché *(voi)* non *(chiudere)* .... la finestra? **4.** I ladri *(nascondere)* .... i gioielli rubati. **5.** Noi non *(dire)* .... una bugia. **6.** *(Voi) (togliere)* .... i gelati dal frigo? **7.** *(Tu) (rompere)* .... due piatti e un bicchiere! **8.** Il treno *(rimanere)* .... fermo per due ore. **9.** Roberto *(vincere)* .... il primo premio. **10.** Angela *(conoscere)* .... il fratello di Mario.

3 **Inserire, nel seguente dialogo, il passato prossimo dei verbi tra parentesi.**

Marco ritorna da una festa e incontra il suo amico Carlo:

M.: Ciao, Carlo!

C.: Ciao, Marco! *(Tu) (andare)* .... in discoteca?

M.: No. *(Io) (essere)* .... a una festa in campagna.

C.: *(Tu) (prendere)* .... la macchina?

M.: Sì! *(Io) (accompagnare)* .... anche Sara e Paola.

C.: E cosa *(fare – voi)* .... alla festa?

M.: Noi *(mangiare)* .... gli spaghetti con il sugo.

C.: E poi? Non *(ballare – voi)* .... ?

M.: Certo! E io *(conoscere)* .... la figlia del sindaco di Varazze: *(noi – ballare)* .... per due ore!

C.: Davvero? E dopo *(tu – tornare)* .... in città?

M.: Sì! Ora, però, è tardi: devo andare a casa. Buonanotte!

C.: Buonanotte!

UNITÀ 39

I gradi dell'aggettivo (1)

L'aggettivo qualificativo* esprime la o le qualità possedute da una persona, da un animale o da una cosa. L'aggettivo qualificativo può, inoltre, **indicare in quale grado la persona, l'animale o la cosa possiedono tali qualità.** I gradi dell'aggettivo qualificativo sono tre:

1. **Grado positivo**: *Gianni è bello.*
2. **Grado comparativo**:
   - a. **di maggioranza**: *Gianni è più bello di Aldo.*
   - b. **di uguaglianza**: *Gianni è bello come Aldo.*
   - c. **di minoranza**: *Gianni è meno bello di Aldo.*
3. **Grado superlativo**:
   - a. **relativo**: *Gianni è il più bello di tutti.*
   - b. **assoluto**: *Gianni è bellissimo.*

Il comparativo

L'aggettivo qualificativo è definito di grado comparativo quando è espresso un confronto tra due termini, detti **primo e secondo termine di paragone**. Il comparativo è di tre tipi:

a. **Comparativo di maggioranza.** Il comparativo di maggioranza si ha quando il primo termine di paragone possiede la qualità, espressa dall'aggettivo, in quantità maggiore rispetto al secondo termine di paragone. L'aggettivo è introdotto da **più** e il secondo termine di paragone da **di** o **che**: *Anna è **più** giovane **di** Lucia.* In questa frase 'Anna' rappresenta il primo termine di paragone; **più** (comparativo dell'avverbio molto**) si pone davanti all'aggettivo; **di** è la preposizione che introduce il secondo termine di paragone.

b. **Comparativo di uguaglianza.** Il comparativo di uguaglianza si ha quando il primo termine di paragone possiede la qualità, espressa dall'aggettivo, in quantità uguale rispetto al secondo termine di paragone. In questo caso l'aggettivo è introdotto da **tanto** o **così** (generalmente sottintesi), il secondo termine di paragone indifferentemente da **quanto** o **come**: *Anna è (tanto) giovane quanto Lucia.* *Anna è (così) giovane come Lucia.*

   Nella prima frase **tanto** (avverbio di quantità***) si pone davanti all'aggettivo; **quanto** (avverbio di quantità) introduce il secondo termine di paragone.

   Nella seconda frase **così** (congiunzione) si pone davanti all'aggettivo; **come** (congiunzione) introduce il secondo termine di paragone.

c. **Comparativo di minoranza.** Il comparativo di minoranza si ha quando il primo termine di paragone possiede la qualità in quantità minore rispetto al secondo termine di paragone. In questo caso l'aggettivo è introdotto da **meno** e il secondo termine di paragone da **di** o **che**: *Anna è meno giovane di Lucia.* In questa frase **meno** (comparativo dell'avverbio poco**) si pone davanti all'aggettivo; **di** introduce il secondo termine di paragone.

   Il confronto può avvenire anche tra due aggettivi o tra due verbi. In questo caso il secondo termine di paragone è introdotto dalla congiunzione **che**:

   Nuotare è più (meno) faticoso che camminare.

   Però: *Nuotare è tanto / così faticoso quanto / come camminare.*

* Si veda l'UNITÀ 11. ** Si veda l'UNITÀ 49. *** Si veda l'UNITÀ 46.

1 Formare il comparativo di maggioranza, uguaglianza e minoranza, seguendo il modello.

Carla – intelligente – Dario. — *Carla è più intelligente di Dario.*

1. Renato – magro – Luca. ....
2. Marco – studioso – Giovanna. ....

Cristina– generosa – Fabio. — *Cristina è (tanto) generosa quanto Fabio.* oppure *Cristina è (così) generosa come Fabio.*

3. Paolo – grasso – Giorgio. ....
4. Filippo – simpatico – Monica. ....

Piero – affascinante – Antonio. — *Piero è meno affascinante di Antonio.*

5. Anna – bella – Silvia. ....
6. Claudia – ricca – Giovanni. ....

2 Formare il comparativo di maggioranza, uguaglianza e minoranza, seguendo il modello.

Divano – pesante – poltrona. — *Il divano è più pesante della poltrona.*

1. Pollo – buono – pesce. ....
2. Salotto – grande – cucina. ....

Letto – comodo – divano. — *Il letto è (tanto) comodo quanto il divano.* oppure *Il letto è (così) comodo come il divano.*

3. Mele – dolci – pere. ....
4. Televisione – utile – radio. ....

Margherite – profumate – rose. — *Le margherite sono meno profumate delle rose.*

5. Acqua – costosa – aranciata. ....
6. Carta – resistente – plastica. ....

3 Formare il comparativo di maggioranza, uguaglianza e minoranza, seguendo le indicazioni tra parentesi.

Es.: Giocare – divertente – studiare (mag.).
Giocare è più divertente che studiare.

1. Dormire – piacevole – lavorare *(mag.)*. ....
2. Parlare – facile – cantare *(mag.)*. ....
3. Stirare – noioso – lavare i piatti *(uguagl.)*. ....
4. Camminare – faticoso – correre *(min.)*. ....
5. Elisa – simpatica – bella *(mag.)*. ....
6. Gianni – intelligente – studioso *(mag.)*. ....
7. Professori – pazienti – severi *(mag.)*. ....
8. Matematica – utile – difficile *(uguagl.)*. ....
9. Spinaci – buoni – salutari *(min.)*. ....

4 Formare il comparativo di maggioranza, seguendo il modello.

Alberto – bello – Giacomo. — *Alberto è più bello di Giacomo.*

1. Sara – alta – Stefania. ....
2. Sandro e Paolo – bassi – Fabio. ....
3. Francesca ed Enrica – carine – Monica. ....

Enrico – giovane – fidanzata. — *Enrico è più giovane della fidanzata.*

4. Marco – alto – padre. ....
5. Silvia – grassa – madre. ....

Poltrona – comoda – sedia. — *La poltrona è più comoda della sedia.*

6. Diamanti – preziosi – oro. ....
7. Nonno – anziano – nonna. ....

5 Formare il comparativo di uguaglianza, seguendo il modello.

1. *Anna – seria – Barbara.* — *Anna è (tanto) seria quanto Barbara.*
   oppure *Anna è (così) seria come Barbara.*
2. Giacomo – alto – Enrico. ....
3. Sofia Loren – famosa – Pavarotti. ....

Spaghetti – buoni – gnocchi. — *Gli spaghetti sono (tanto) buoni quanto gli gnocchi.*
oppure *Gli spaghetti sono (così) buoni come gli gnocchi.*

4. Carne – nutriente – pesce. ....
5. Giornale – interessante – rivista. ....
6. Aranciata – dissetante – coca-cola. ....
7. Studenti – diligenti – studentesse. ....
8. Torte – dolci – gelati. ....
9. Armadio – grande – libreria. ....

6 Formare il comparativo di minoranza, seguendo il modello.

Sergio – robusto – Dario. — *Sergio è meno robusto di Dario.*

1. Anna e Teresa – eleganti – Paola. ....
2. Roberta – paziente – Piero. ....
3. Paolo e Giorgio – gentili – Maria. ....

Pizzeria – costosa – ristorante. — *La pizzeria è meno costosa del ristorante.*

4. Cotone – morbido – lana. ....
5. Plastica – fragile – vetro. ....
6. Raso – pregiato – seta. ....
7. Lingua inglese – difficile – lingua italiana. ....
8. Nave – veloce – aereo. ....

7 **Formare il comparativo di maggioranza, uguaglianza e minoranza, seguendo le indicazioni tra parentesi.**

1. *Insegnare – impegnativo – imparare (mag.).* → *Insegnare è più impegnativo che imparare.* 2. Spolverare – gradevole – cucinare *(min.).* → .... 3. Suonare il violino – difficile – suonare la chitarra *(mag.).* → .... 4. Andare in discoteca – divertente – andare a scuola *(mag.).* → .... 5. Lavorare – emozionante – viaggiare *(min.).* → .... 6. Guadagnare – gradevole – spendere *(uguagl.).* → .... 7. Guidare un aereo – complicato – guidare un'auto *(mag.).* → .... 8. Vivere in città – rilassante – vivere in campagna *(min.).* → .... 9. Partire – piacevole – tornare a casa *(uguagl.).* → .... 10. Comandare – facile – obbedire *(min.).* → ....

8 **Formare il comparativo di maggioranza, uguaglianza e minoranza, seguendo le indicazioni tra parentesi.**

1. *Il quadro – lungo – largo (mag.).* → *Il quadro è più lungo che largo.* 2. Il letto – grande – comodo *(uguagl.).* → .... 3. Il computer – preciso – veloce *(mag.).* → .... 4. Paolo – timido – scontroso *(mag.).* → .... 5. I programmi televisivi – noiosi – interessanti *(mag.).* → .... 6. Il castello – antico – splendido *(uguagl.).* → .... 7. Anna – elegante – appariscente *(mag.).* → .... 8. Il mio maglione – pesante – morbido *(uguagl.).* → .... 9. I figli di Dario – vivaci – affettuosi *(uguagl.).* → .... 10. L'insalata – digeribile – gustosa *(mag.).* → ....

9 **Inserire nelle seguenti frasi gli elementi mancanti.**

Es.: *Maria è più grassa .... Lucia.*
Maria è più grassa ***di*** *Lucia.*

1. La Basilica di S. Marco a Venezia è più antica .... Basilica di S. Pietro a Roma. 2. I vestiti di tua cugina sono .... originali che eleganti. 3. Fare ginnastica in palestra è meno stancante .... salutare. 4. Studiare la lingua inglese è tanto utile .... piacevole. 5. Il fidanzato di Anna è più alto .... marito di Paola. 6. Ascoltare la radio è più noioso .... guardare la televisione. 7. Il giardino di Stefania è (così) grande .... il giardino di Piero. 8. Le sorelle di Gianni sono meno carine .... cugine di Roberto. 9. Enrico e Antonio sono bassi .... Giovanni. 10. L'aereo è .... veloce dell'auto.

UNITÀ 40

I gradi dell'aggettivo (2) Il superlativo

L'aggettivo qualificativo è definito di grado superlativo quando una persona, un animale o una cosa possiedono al massimo livello la qualità espressa dall'aggettivo stesso.

Il **grado superlativo** è di due tipi:

1. **Superlativo relativo**. Il superlativo relativo si ha quando una persona, un animale o una cosa possiedono al massimo livello (superlativo relativo di maggioranza), o al minimo livello (superlativo relativo di minoranza), la qualità espressa dall'aggettivo, in riferimento a un confronto con altre persone, animali o cose:

   Sandra è la più simpatica delle sorelle. *Riccardo è il meno ricco di tutti.*

   Per formare il superlativo relativo è necessario premettere all'aggettivo **il più** o **il meno** (l'articolo concorda con il nome a cui l'aggettivo si riferisce). Le preposizioni **di**, **tra** o **fra** introducono, invece, il gruppo di persone, animali o cose con cui avviene il confronto; gruppo che, a volte, può essere sottinteso:

   Alberto è il più giovane dei / tra i cugini. → *Alberto è il più giovane (di tutti).*

2. **Superlativo assoluto**. Il superlativo assoluto si ha quando una persona, un animale o una cosa possiedono al massimo livello o in grado elevatissimo la qualità espressa dall'aggettivo senza alcun confronto con altre grandezze: *Sandra è simpaticissima.*

Il **superlativo assoluto** si può formare:

1. Unendo all'aggettivo di grado positivo, privato della desinenza, il suffisso **issimo, issimi; issima, issime**: *bello = bellissimo, bellissimi; bellissima, bellissime.*
2. Premettendo all'aggettivo di grado positivo un avverbio*, come *molto, assai, decisamente, estremamente,* o una locuzione avverbiale**, come *quanto mai, oltremodo,* che ne accentuino il significato: *molto bello; assai famoso; decisamente ricco; estremamente gentile.*
3. Premettendo all'aggettivo di grado positivo prefissi come *arci, stra, ultra, super, extra*:

   Sono arcistufo. *Un uomo straricco.* *Un palazzo ultramoderno.*
4. Ripetendo due volte l'aggettivo di grado positivo o rafforzandolo con un altro aggettivo di significato analogo: *Un bacio grande grande.* *Un abbraccio forte forte.*

Particolarità del superlativo

Alcuni aggettivi formano il superlativo con il suffisso **-errimo (i – a – e)**:

acre = acerrimo	*aspro = asperrimo*	*celebre = celeberrimo*
integro = integerrimo	*misero = miserrimo*	*salubre = saluberrimo*

I superlativi in **-errimo** sono di uso quasi esclusivamente letterario. Sono, invece, usate comunemente le espressioni: *un acerrimo nemico; uno scrittore celeberrimo; un uomo integerrimo.*

Gli aggettivi che finiscono in **-dico**, **-fico** e **-volo** formano il superlativo con il suffisso **-entissimo (i – a – e)**: *benefico = beneficentissimo; benevolo = benevolentissimo.* **(uso assai raro)**

* Si veda l'UNITÀ 46. ** Si veda l'UNITÀ 50.

1 Formare il superlativo relativo, seguendo il modello.

Marco – alto – fratelli. — *Marco è il più alto dei fratelli.*

1. Anna – carina – sorelle. ....
2. Stefano – bello – ragazzi. ....
3. Il cane – fedele – animali. ....
4. La balena – grande – mammiferi. ....

Picasso – famoso – pittori moderni. — *Picasso è il più famoso tra i pittori moderni.*

5. Paola – intelligente – ragazze della classe. ....
6. I Rolling Stones – conosciuti – cantanti rock. ....
7. La Sicilia – vasta – isole italiane. ....
8. Il Po – lungo – fiumi d'Italia. ....

2 Formare il superlativo relativo, seguendo il modello.

Roberto – attento – studenti. — *Roberto è il meno attento tra gli studenti.*

1. Il gatto – aggressivo – felini. ....
2. La seta – economica – stoffe. ....
3. Silvia – pettegola – amiche. ....
4. Gianni e Roberto – affidabili – amici. ....

L'estate – fredda – stagioni. — *L'estate è la meno fredda delle stagioni.*

5. Gennaio – caldo – mesi. ....
6. Il professor Rossi – severo – insegnanti. ....
7. La pizzeria 'Da Pippo' – cara – ristoranti. ....
8. Carla e Luisa – sincere – amiche. ....

3 Formare il superlativo assoluto dei seguenti aggettivi.

Es.: *bello*
bellissimo

Aggettivo	Superlativo assoluto
ricca	....
giovane	....
magre	....
celebre	....
vivaci	....
aspro	....
graziose	....
vanitosa	....
brutti	....
famosa	....

4 **Formare il superlativo assoluto, seguendo il modello.**

Es.: *Filippo è ricco.*
Filippo è ricchissimo.

1. Anna ha due belle bambine. ....
2. L'acqua del mare è fredda. ....
3. Pavarotti è un tenore celebre. ....
4. Il professore è stato gentile. ....
5. Ho mangiato una pera dolce e buona. ....
6. I romanzi storici sono interessanti. ....
7. Silvia ha preparato una cena squisita. ....
8. La matematica è una materia difficile. ....
9. Il piatto è sporco. ....

5 **Inserire prima il superlativo assoluto e poi quello relativo, seguendo il modello.**

Es.: *Giorgio è (intelligente)* ***intelligentissimo****: è il ragazzo* ***più intelligente*** *della classe.*

1. La scimmia è *(curiosa)* .... : è l'animale .... di tutti.
2. Mario ha una casa *(grande)* .... : è la casa .... del quartiere.
3. Il cuoco prepara dei piatti *(gustosi)* .... : sono i piatti .... di tutti.
4. Il fiume Po è *(lungo)* .... : è il fiume .... d'Italia.
5. La primavera è *(bella)* .... : è la stagione .... fra tutte.
6. Dante è *(celebre)* .... : è il poeta .... fra tutti i poeti italiani.
7. Il viaggio in India è stato *(interessante)* .... : è stato il viaggio .... fra tutti.
8. Oggi la giornata è stata *(umida)* .... : è stata la giornata .... di tutta la stagione.
9. La sabbia in Sardegna è *(fine)* .... : è la sabbia .... d'Italia.

6 **Inserire prima il superlativo assoluto e poi quello relativo, seguendo il modello.**

Es.: *Oggi è stata una giornata (bella)* ***bellissima****: è stata la giornata* ***più bella*** *del mese.*

1. Ieri il giorno è stato *(corto)* .... : è stato il giorno .... dell'anno.
2. La festa è stata *(divertente)* .... : è stata la festa .... di tutte.
3. Sara e Paola sono state *(gentili)* .... : sono state le .... fra le nostre amiche.
4. Il Monte Bianco è *(alto)* .... : è il monte .... d'Europa.
5. Il concerto rock è stato *(brutto)* .... : è stato il concerto .... dell'anno.
6. Sofia Loren è un'attrice *(celebre)* .... : è la .... fra le attrici italiane.

7. Il viaggio nello Yemen è stato *(pericoloso)* .... : è stato il viaggio .... di tutti.
8. Il gelato alla fragola è *(buono)* .... : è il gelato .... di tutti.
9. Gli esami di storia e geografia sono stati *(duri)* .... : sono stati gli esami .... fra tutti.

7 **Formare il comparativo di maggioranza e il superlativo assoluto dei seguenti aggettivi.**

Aggettivo	Comparativo	Superlativo
bravo	*più bravo*	*bravissimo*
simpatica	....	....
tenero	....	....
geloso	....	....
pericoloso	....	....
dolci	....	....
basso	....	....
antica	....	....
felice	....	....
stanco	....	....

8 **Formare il comparativo di maggioranza e il superlativo assoluto, seguendo il modello.**

Es.: *Marco – magro – Luca.*
Marco è più magro di Luca. ***Marco è magrissimo.***

1. Gli spaghetti – buoni – minestra. ....
2. Il Lago di Garda – grande – Lago Maggiore. ....
3. Anna e Tina – ricche – Silvana. ....
4. L'oro – prezioso – argento. ....
5. Paolo – vivace – Marco. ....
6. Le rose – profumate – margherite. ....
7. Il piombo – pesante – ferro. ....
8. Il libro di chimica – interessante – libro di matematica. ....
9. I diamanti – costosi – rubini. ....

UNITÀ 41

I gradi dell'aggettivo (3) Comparativi e superlativi irregolari

Gli aggettivi elencati nella tabella sottostante presentano, per il comparativo e il superlativo, due forme distinte, una regolare e una irregolare. Ambedue le forme sono utilizzate normalmente, anche se la forma irregolare fa parte di un linguaggio più raffinato e prevale nell'espressione di concetti astratti.

Grado positivo	Grado comparativo		Grado superlativo	
	regolare	**irregolare**	**regolare**	**irregolare**
Buono	più buono	migliore	buonissimo	ottimo
Cattivo	più cattivo	peggiore	cattivissimo	pessimo
Grande	più grande	maggiore	grandissimo	massimo
Piccolo	più piccolo	minore	piccolissimo	minimo
Alto	più alto	superiore	altissimo	sommo
Basso	più basso	inferiore	bassissimo	infimo
Interno	più interno	interiore	intimo	
Esterno	più esterno	esteriore	estremo	

Il tuo carattere è migliore del mio.
Il tuo carattere è peggiore del mio.
La tua forza di volontà è maggiore della mia.
La tua forza di volontà è minore della mia.
Sara ha un'altezza superiore alla media.*
Anna ha un'altezza inferiore alla media.*
Le doti interiori sono più importanti delle doti esteriori.

Tu hai un ottimo carattere.
Tu hai un pessimo carattere.
Io ho per Giovanni la massima stima.
Non hai il minimo riguardo per Giovanni.
Nella religione cattolica il Papa rappresenta il sommo potere (il potere supremo).
La stoffa del vestito è di infima qualità.
Silvia ha un negozio di biancheria intima.

Aggettivi privi di comparativo e di superlativo

Alcuni aggettivi non hanno né comparativo né superlativo:

- Aggettivi indicanti una qualità che non si può possedere in grado più o meno elevato: *quadrato, rotondo, mensile, aziendale.*
- Aggettivi indicanti nazionalità, provenienza regionale o fede religiosa: *tedesco, veneto, musulmano.*
- Aggettivi che hanno già al grado positivo un significato superlativo: *enorme, splendido, infinito, divino.*
- Aggettivi alterati**: *grassoccio (da grasso), furbetto (da furbo), bellino (da bello).*

* I comparativi **superiore** e **inferiore** sono seguiti dalla preposizione **a**.

** Si veda l'UNITÀ 13.

1 **Inserire il comparativo e il superlativo appropriati, scegliendoli tra quelli qui di seguito elencati.**

piccolissimo – inferiore / esteriore / pessimo / infima / superiore /
ottima / massimo / intima – maggiore / minore / migliori

1. Filippo ha un .... carattere: è scontroso e taciturno. **2.** L'atleta ha ottenuto il punteggio .... e ha vinto la medaglia d'oro. **3.** Io abito al secondo piano e mia madre al terzo. Mia madre abita al piano .... **4.** I film italiani sono .... di quelli stranieri. I film italiani sono di qualità superiore. **5.** Il figlio di Claudia è .... La sua altezza è .... alla media. **6.** La biancheria .... di cotone è costosa, ma la biancheria di seta ha un prezzo .... **7.** Ho letto il libro di Fabio: è orrendo. Lo stile è di .... qualità. **8.** Silvia ha due fratelli. Il fratello maggiore ha vent'anni e il .... ne ha dieci. **9.** Gli attori del cinema curano il proprio aspetto .... **10.** Sara ha preparato un'......................... torta.

2 **Formare, quando è possibile, il comparativo e il superlativo.**

Aggettivo	Comparativo	Superlativo
Acre	*più acre*	*acerrimo*
Alto	(irregolare)	(irr.) ....
Rotondo	....	....
Celebre	....	....
Furbetto	....	....
Cattivo	(irr.)	(irr.) ....
Splendido	....	....
Piccolo	(irr.)	(irr.) ....
Basso	(irr.)	(irr.) ....
Grande	(irr.)	(irr.) ....

3 **Inserire il comparativo e il superlativo, seguendo il modello.**

Es.: Carlo ha finalmente ottenuto un lavoro (buono – comp. irr.) ***migliore.***

1. L'ascensore era fermo, per un guasto, al piano .... *(alto – comp. irr.)* **2.** La squadra italiana ha ottenuto un risultato *(cattivo – sup. irr.)* .... **3.** Carlo abita al piano *(basso – comp. irr.)* .... **4.** Lucia e Roberta hanno acquistato due vestiti con una spesa *(piccola – sup. irr.)* .... **5.** La frutta esotica ha un prezzo *(alto – comp. irr.)* .... alla media. **6.** Noi abbiamo aperto un negozio di biancheria *(interna – sup. irr.)* .... **7.** Il figlio *(grande – comp. irr.)* .... di Renata è molto bello. **8.** Il fratello *(piccolo – comp. irr.)* .... di Gianni ha una villa in Sicilia. **9.** Piove! Il tempo oggi è *(cattivo – comp. irr.)* .... rispetto a ieri. **10.** Voi siete sempre stati *(buoni – sup. irr.)* .... studenti.

4 **Formare, quando è possibile, il comparativo e il superlativo.**

Aggettivo	Comparativo	Superlativo
Buono	(reg.) *più buono*	(reg.) *buonissimo*
Interno	(irregolare)	(irr.) ....
Italiano	....	....
Meraviglioso	....	....
Esterno	(irr.)	(irr.) ....
Antico	....	....
Bellino	....	....
Buono	(irr.)	(irr.) ....
Grande	(reg.)	(reg.) ....
Mensile	....	....

5 **Inserire il comparativo e il superlativo, seguendo il modello.**
Es.: *Ho cucinato una torta (buona – sup. reg.)* **buonissima***.*

1. In Italia il basket è *(popolare – comp. di min.)* .... del calcio. **2.** La valigia di Marco è *(pesante – comp. di magg.)* .... della mia. **3.** Il ristorante 'Da Piero' è un locale di *(bassa – sup. irr.)* .... qualità. **4.** Il nonno di Lucia è *(vecchio – sup.)* .... : ha 102 anni! **5.** Napoleone è stato il capo *(alto – sup. irr.)* .... della Francia. **6.** Le scolare sono *(diligenti – comp. di magg.)* .... degli scolari.
7. Freud ha studiato la vita *(interna – comp. – irr.)* .... dei suoi pazienti.
8. Conosci Gianni? – Sì, è un uomo *(brutto – sup.)* .... e antipatico!
9. Noi professori abbiamo la *(grande – sup. irr.)* .... stima per i nostri studenti.
10. Ieri Roberta ha sposato Carlo e ora è *(felice – sup.)* .... !

6 **Sostituire i comparativi e i superlativi regolari con le rispettive forme irregolari.**
Es.: *Il negozio di tua cognata è di (bassissima)* ***infima*** *categoria.*

1. Il tuo stipendio è *(più alto)* .... rispetto al mio. **2.** Io compro sempre la frutta nei supermercati: i prezzi infatti sono *(più bassi)* .... **3.** La figlia *(più grande)* .... di Enrico studia all'università. **4.** Oggi il tempo sembra *(più buono)* .... rispetto a ieri. **5.** Anna frequenta un corso di inglese per principianti; Sandra, invece, ha frequentato un corso *(più alto)* ....
6. Antonio è il *(più cattivo)* .... alunno di tutta la classe. **7.** Carlo considera importante il proprio aspetto *(più esterno)* .... **8.** L'anno scorso abbiamo alloggiato in un *(cattivissimo)* .... albergo. **9.** La Sardegna produce un *(buonissimo)* .... formaggio. **10.** Il danno è stato *(più piccolo)* .... del previsto.

7 **Sostituire i comparativi e i superlativi irregolari con le rispettive forme regolari.**

1. La torta di tua madre è *(ottima)* .... **2.** L'inquinamento ha raggiunto livelli *(superiori)* .... rispetto a quelli dell'anno scorso. **3.** Maria è la *(minore)* .... delle due sorelle. **4.** I quadri di vostra nonna hanno un valore *(infimo)* .... **5.** Giorgio è il mio cugino più piccolo; Marco, invece, è il *(maggiore)* .... **6.** Abbiamo comprato la borsa a un prezzo *(minimo)* .... **7.** La pizza margherita ha un gusto *(migliore)* .... rispetto a quello della pizza ai quattro formaggi. **8.** I rappresentanti dell'ONU hanno concluso un accordo di importanza *(massima)* .... **9.** Il prezzo dell'appartamento è *(inferiore)* .... rispetto al previsto. **10.** Il profumo della zia ha un *(pessimo)* .... odore.

8 **Risolvere il cruciverba (nella prima colonna verticale comparirà il comparativo irregolare di "grande").**

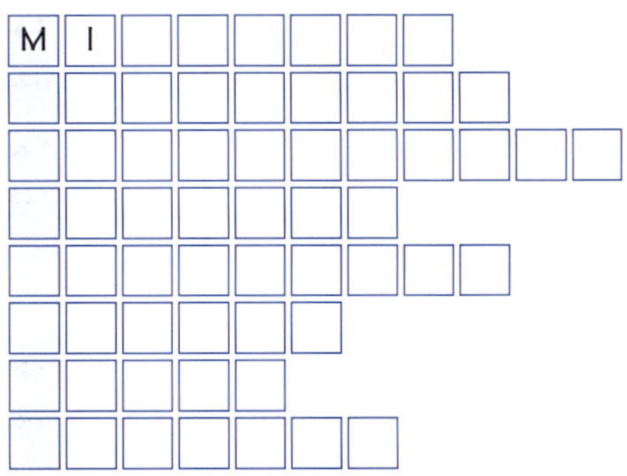

Orizzontale

1. equivale a "più buono"
2. superlativo regolare di "alto"
3. superlativo regolare di "grande"
4. contrario di "anziano"
5. comparativo irregolare di "interno"
6. equivale a "buonissimo"
7. contrario di "povero"
8. superlativo di "esterno"

UNITÀ 42

Indicativo: imperfetto del verbo *essere* e *avere*

L'imperfetto è un tempo verbale che indica un'azione passata nel suo svolgimento, un'azione di una certa durata o che si ripeteva abitualmente nel passato:

Ieri sera al cinema Filippo parlava a voce alta. **(Azione che ha avuto una certa durata nel passato ed è stata considerata nel suo svolgimento.)**

Da bambino andavo spesso in piscina. **(Azione che si è ripetuta nel passato.)**

L'imperfetto è usato anche:

- per indicare la **contemporaneità** rispetto a un altro tempo passato:
  Questa mattina, mentre leggevo, è arrivato il mio amico Luca.*
- nelle **narrazioni**: *C**'era una volta una bellissima principessa...*
- nelle **descrizioni**: *Il paesaggio era stupendo: regnavano la pace e la tranquillità.*

Il verbo essere		Il verbo avere	
Io	**ero**	Io	**avevo**
tu	**eri**	tu	**avevi**
lui/lei	**era**	lui/lei	**aveva**
noi	**eravamo**	noi	**avevamo**
voi	**eravate**	voi	**avevate**
loro	**erano**	loro	**avevano**

*Da bambina io ero sempre*** allegra.*
Manzoni era un famoso scrittore.
Voi eravate ottimi nuotatori.

*Da ragazzo avevo spesso*** la febbre.*
Sara e Silvia avevano i capelli biondi.
In Francia noi avevamo una bella casa.

I verbi servili

I verbi servili formano l'imperfetto in maniera regolare, seguendo le norme valide per i verbi delle coniugazioni in **-are**, **-ere** e **-ire******.

	Potere	Volere	Dovere	Sapere	Desiderare	Preferire
io	**potevo**	**volevo**	**dovevo**	**sapevo**	**desideravo**	**preferivo**
tu	**potevi**	**volevi**	**dovevi**	**sapevi**	**desideravi**	**preferivi**
lui/lei	**poteva**	**voleva**	**doveva**	**sapeva**	**desiderava**	**preferiva**
noi	**potevamo**	**volevamo**	**dovevamo**	**sapevamo**	**desideravamo**	**preferivamo**
voi	**potevate**	**volevate**	**dovevate**	**sapevate**	**desideravate**	**preferivate**
loro	**potevano**	**volevano**	**dovevano**	**sapevano**	**desideravano**	**preferivano**

* Si veda l'UNITÀ 37. ** Si veda l'UNITÀ 45.
*** Si veda l'UNITÀ 44. **** Si veda l'UNITÀ 43.

1 Inserire la forma verbale appropriata del verbo *essere*.

Es.: *A scuola noi .... sempre attenti.*
A scuola noi ***eravamo*** *sempre attenti.*

1. Io .... una famosa ballerina. **2.** Mio padre .... un direttore d'orchestra. **3.** Voi non .... mai contenti. **4.** Fabrizio e Lucia .... una coppia stupenda. **5.** Giorgio .... il fidanzato di Barbara o di Giovanna? **6.** Al liceo tu .... il primo della classe. **7.** Il gatto di Mario .... un animale vivacissimo. **8.** Da bambina io .... invidiosa di mia sorella. **9.** Noi non .... a casa ieri sera. **10.** Dov'.................... (tu) sabato scorso?

2 Inserire la forma verbale appropriata del verbo *avere*.

Es.: *Tre anni fa io .... un'auto sportiva.*
Tre anni fa io ***avevo*** *un'auto sportiva.*

1. Da ragazzo tu .... una bicicletta rossa. **2.** I nostri genitori .... una casa in campagna. **3.** Il marito di Sandra .... un ottimo lavoro. **4.** Da bambino io .... paura del buio. **5.** Quante auto .... (voi)? Due o tre? **6.** Gli uomini primitivi .... una vita brevissima. **7.** Ad agosto Carla .... due settimane di ferie. **8.** Noi .... una villa a Parigi. **9.** Ieri tu non .... il libro di matematica. **10.** In Africa noi .... caldo.

3 Inserire la forma verbale appropriata dei verbi *potere* e *volere*.

Es.: *Da piccola io .... un cane.*
Da piccola io ***volevo*** *un cane.*

1. L'anno scorso noi .... uscire tutte le sere: ora dobbiamo restare a casa. **2.** Il maestro .... una lavagna nuova. **3.** Da bambini voi non .... mangiare le verdure. **4.** Sei in ritardo! Non .... (tu) uscire prima? **5.** Ieri per la nebbia gli aerei non .... decollare. **6.** Io non .... bere il caffè: preferivo il tè! **7.** Noi .... una camera doppia e non una singola! **8.** Ieri le figlie di Marco .... una bambola e oggi vogliono un libro. **9.** Da ragazza la nonna non .... uscire senza i genitori. **10.** Da ragazzi voi non .... rientrare tardi: i vostri genitori non volevano!

4 Inserire la forma verbale appropriata dei verbi *dovere* e *sapere*.

Es.: *A cinque anni tu non .... nuotare.*
A cinque anni tu non ***sapevi*** *nuotare.*

1. A scuola noi .... parlare a bassa voce. **2.** Voi .... la lezione di storia? **3.** A sei anni io .... contare fino a venti. **4.** Una volta i bambini .... andare a letto presto. **5.** Da piccolo tu .... suonare il pianoforte; ora hai dimenticato tutto! **6.** L'anno scorso Luisa .... dimagrire e ora, invece, deve ingrassare! **7.** Voi non .... uscire da soli! **8.** Da bambina io .... obbedire ai miei genitori. **9.** Dario .... tutte le poesie di Pascoli a memoria! **10.** Gli Egiziani erano grandi architetti e .... costruire le piramidi.

5 Trasformare le parole sottolineate da singolari a plurali.

Es.: *Tu eri un bravo pianista.*
Voi eravate dei bravi pianisti.

1. Io ero una famosa cantante. ....
2. Claudio aveva un quaderno blu. Claudio e Giacomo ....
3. Da bambina Anna non sapeva scrivere. .... Anna e Giovanna ....
4. A scuola tu non volevi mai studiare. ....
5. Il nipote di Gino era un bambino vivacissimo. ....
6. Tu non dovevi rovinare il libro! ....
7. Da ragazzo mio fratello non poteva fumare. ....
8. L'anno scorso io avevo un magnifico vestito e un cappello elegante. ....
9. Tu non desideravi parlare con l'insegnante? ....
10. Io dovevo studiare una poesia di Foscolo. ....

6 Trasformare le parole sottolineate da plurali a singolari.

Es.: *Noi avevamo due cavalli neri.*
Io avevo un cavallo nero.

1. Noi avevamo due bellissime chitarre. ....
2. Le cugine di Mario erano due famose scrittrici. ....
3. Da ragazzi voi non potevate uscire di sera. ....
4. Antonio e Renato avevano un appuntamento con le proprie fidanzate. Antonio ....
5. Voi eravate a casa ieri sera? ....
6. Noi volevamo dei gelati e non due caffè. ....
7. L'estate scorsa eravamo sempre insieme ai nostri cugini. ....
8. Da piccoli i miei figli non sapevano usare la forchetta. ....
9. Non dovevate incontrare i vostri amici alle sette? ....
10. Dov'erano le vostre figlie ieri sera? ....

7 Trasformare il tempo dei seguenti verbi dal presente all'imperfetto.

Es.: *Il gatto di Luisa è bianco e rosso.*
Il gatto di Luisa ***era*** *bianco e rosso.*

1. Io voglio ballare con Maria. ....
2. Riccardo e Paolo sono fratelli e lavorano insieme. ....
3. Giovanna vuole mangiare soltanto dolci. Da piccola ....
4. I treni sono spesso in ritardo. Una volta ....

5. Ora noi dobbiamo uscire. Ieri sera ....
6. Io non so giocare a scacchi. L'anno scorso ....
7. Non vuoi (tu) andare al cinema? ....
8. Voi avete una bellissima famiglia. ....
9. Io desidero parlare con il direttore! ....
10. Noi preferiamo studiare la letteratura italiana. ....

8 Inserire i verbi appropriati, scegliendoli tra quelli qui di seguito elencati.

preferiscono / avevi / eravamo / avevamo / è / volevate / dovevo / può / so / potevano

1. Ora io .... leggere e scrivere. **2.** Da bambini noi .... sempre malati. **3.** I ragazzi moderni .... guardare la televisione. **4.** Non .... (voi) mangiare una pizza? **5.** Davide ora non .... uscire: ha la febbre alta! **6.** Tu .... un'auto sportiva e ora, invece, guidi la moto! **7.** Una volta gli operai non .... scioperare. **8.** Da ragazzo io .... controllare il mio fratello minore. **9.** Noi .... una casa in città, ma ora viviamo in campagna. **10.** Teresa ha 25 anni ed .... una bravissima insegnante.

9 Inserire, nel seguente dialogo, l'imperfetto dei verbi tra parentesi.

Giulia racconta a Sara la trama dell'ultimo film che ha visto al cinema:

G.: Ciao, Sara!
S.: Ciao, Giulia! *(essere – tu)* .... al cinema ieri sera?
G.: Sì! *(Io – essere)* .... al cinema e ho visto un bellissimo film!
S.: Chi *(essere)* .... i protagonisti?
G.: Il protagonista maschile *(essere)* .... Sean Connery!
S.: E *(avere – lui)* .... la barba o i baffi?
G.: I baffi! Io, però, *(preferire)* .... Sean Connery con la barba!
S.: Hai ragione! Mia sorella e io, da bambine, *(desiderare)* .... sposare Sean Connery e Robert Redford!
G.: Anche io! E *(io – sapere)* .... i titoli dei film a memoria!
S.: Senti, perché non andiamo al cinema? Ieri non *(potere – io)* ...., ma questa sera sono libera!
G.: Allora cosa aspettiamo?

UNITÀ 43

Indicativo: imperfetto dei verbi in *-are, -ere, -ire*

I verbi in **-are**, **-ere** e **-ire** formano l'imperfetto aggiungendo alla radice del verbo, rispettivamente, la desinenza **-avo** (**-avi**, **-ava**, ecc.), **-evo** (**-evi**, **eva**, ecc.) e **-ivo** (**-ivi**, **-iva**, ecc.).

Verbi in -are → Amare	
(**am** = radice del verbo; ***avo*** = desinenza)	
Io	am - **avo**
tu	am - **avi**
lui/lei	am - **ava**
noi	am - **avamo**
voi	am - **avate**
loro	am - **avano**

Verbi in -ere → Temere	
(**tem** = radice del verbo; ***evo*** = desinenza)	
Io	tem - **evo**
tu	tem - **evi**
lui/lei	tem - **eva**
noi	tem - **evamo**
voi	tem - **evate**
loro	tem - **evano**

Verbi in -ire → Sentire	
(**sent** = radice del verbo; ***ivo*** = desinenza)	
Io	sent - **ivo**
tu	sent - **ivi**
lui/lei	sent - **iva**
noi	sent - **ivamo**
voi	sent - **ivate**
loro	sent - **ivano**

Verbo **am-are**: *Da giovane amavo il mio lavoro.*

Verbo **gioc-are**: *Da bambine giocavamo con le bambole.*

Verbo **tem-ere**: *Gli alpinisti temevano una valanga.*

Verbo **legg-ere**: *Il maestro leggeva sempre le poesie di Leopardi.*

Verbo **sent-ire**: *Luisa aveva paura: sentiva dei rumori strani!*

Verbo **ven-ire**: *Sandro veniva spesso a casa mia.*

I verbi irregolari

I principali verbi irregolari, che formano l'imperfetto modificando la radice del verbo, sono:

Verbo **Fare**: *Io fac-**evo**; tu fac-**evi**; lui fac-**eva**; noi fac-**evamo**; voi fac-**evate**; loro fac-**evano***

Verbo **Bere**: *Io bev-**evo**; tu bev-**evi**; lui bev-**eva**; noi bev-**evamo**; voi bev-**evate**; loro bev-**evano***

Verbo **Dire**: *Io dic-**evo**; tu dic-**evi**; lui dic-**eva**; noi dic-**evamo**; voi dic-**evate**; loro dic-**evano***

1 Inserire l'imperfetto del verbo tra parentesi (verbi in -are).

Es.: *Alberto (mangiare) .... sempre le caramelle.*
Alberto ***mangiava*** *sempre le caramelle.*

1. L'anno scorso (*io – andare*) .... spesso in montagna. **2.** Da ragazzi noi (*organizzare*) .... delle feste stupende. **3.** Da piccoli voi (*ascoltare*) .... sempre la radio. **4.** Perché (*tu – parlare*) .... con il direttore? **5.** La sorella di Carlo (*lavorare*) .... in fabbrica. **6.** La lezione di latino (*cominciare*) .... sempre alle otto. **7.** I miei figli (*studiare*) .... soltanto tre ore al giorno. **8.** In estate noi (*nuotare*) .... spesso. **9.** Gianni (*insegnare*) .... matematica all'università. **10.** Perché (*voi – arrivare*) .... al lavoro sempre in ritardo?

2 Inserire l'imperfetto del verbo tra parentesi (verbi in -ere).

Es.: *Roberto (possedere) .... una barca.*
Roberto ***possedeva*** *una barca.*

1. Da bambina tua sorella (*ridere*) .... sempre. **2.** Gauguin (*dipingere*) .... dei quadri meravigliosi. **3.** Io (*leggere*) .... spesso i romanzi russi. **4.** Da piccoli voi (*nascondere*) .... i giocattoli nell'armadio. **5.** In vacanza tu (*scrivere*) .... sempre molte cartoline. **6.** In campagna noi (*correre*) .... nei campi di grano. **7.** Da piccolo il cane (*mordere*) .... il divano e le poltrone. **8.** Mia cugina (*mettere*) .... sempre in ordine la camera. **9.** Io (*perdere*) .... sempre le chiavi di casa. **10.** Ieri la signora Rossi (*discutere*) .... in ufficio con la segretaria.

3 Inserire l'imperfetto del verbo tra parentesi (verbi in -ire).

Es.: *Le lezioni (finire) .... sempre alle tredici.*
Le lezioni ***finivano*** *sempre alle tredici.*

1. Michelangelo (*scolpire*) .... delle statue magnifiche. **2.** Da ragazzi (*noi – uscire*) .... tutte le sere. **3.** In estate (*io – venire*) .... spesso a casa tua, a Rimini. **4.** Da bambini (*voi – dormire*) .... tutta la notte. **5.** Una volta i figli (*obbedire*) .... sempre ai genitori. **6.** Ieri sera (*tu – tossire*) .... : non stavi bene? **7.** Mia madre (*cucire*) .... i vestiti per tutta la famiglia. **8.** Gli Egiziani (*costruire*) .... le piramidi. **9.** Da piccoli (*noi – aprire*) .... i regali la mattina di Natale. **10.** Nel secolo scorso gli emigranti (*partire*) .... per l'America.

4 Inserire l'imperfetto del verbo tra parentesi (verbi irregolari).

Es.: *L'anno scorso (tu – bere) .... solo acqua.*
L'anno scorso ***bevevi*** *solo acqua.*

1. Da bambini (*noi – dire*) .... spesso le bugie. **2.** Enrico, da giovane, (*fare*) .... il musicista. **3.** Perché in Francia (*voi*) non (*bere*) .... mai il tè? **4.** I tuoi cugini non (*dire*) .... mai la verità. **5.** Mio fratello (*dire*) .... sempre la propria opinione. **6.** A cena noi (*bere*) .... spesso un bicchiere di latte. **7.** L'anno scorso gli alunni (*fare*) .... merenda a scuola. **8.** Da piccolo io (*fare*) .... gli scherzi ai miei amici. **9.** Le sorelle di Anna (*bere*) .... una camomilla tutte le sere. **10.** Cosa (*dire – voi*) .... a Giulia ieri sera?

5 Trasformare le parole sottolineate da singolari a plurali.

Es.: *Io lavoravo con mio fratello.* ***Noi lavoravamo*** *con* ***i nostri fratelli****.*

1. Io abitavo a Savona con mia sorella. ....
2. Il figlio di Luisa era veterinario: ....
   curava gli animali. ....
3. L'anno scorso (tu) leggevi soltanto ....
   il giornale di economia. ....
4. La cugina di Franco nutriva ....
   il proprio gatto con i pesci. ....
5. Ieri ho visto il fratello di Luigi: ....
   correva alla stazione. ....
6. Il fidanzato di Paola faceva l'architetto. .... di Paola e Cinzia ....
7. Da bambino io bevevo tutte le sere ....
   una cioccolata calda. due ....
8. Tuo cugino cantava sempre ....
   una bellissima canzone. ....
9. Da giovane (tu) partivi spesso per l'Africa. ....

6 Trasformare le parole sottolineate da plurali a singolari.

Es.: *Gli studenti discutevano con gli insegnanti.*
Lo studente discuteva *con* ***l'insegnante.***

1. I fratelli di Gianni raccontavano sempre ....
   le favole ai nipoti. una ....
2. L'anno scorso gli zii di Sandro giocavano ....
   spesso a scacchi. ....
3. Non dovevate uscire con i vostri amici? ....
4. I gatti di Roberto mangiavano spesso dei pesci. ....
5. A Milano i nostri cugini prendevano spesso ....
   la metropolitana. ....
6. Da bambine noi frequentavamo le scuole private. ....
7. Il mese scorso telefonavate tutte le sere ....
   alle vostre fidanzate! ....

8. In vacanza noi uscivamo tutti i pomeriggi con le nostre amiche. ....
9. Perché ieri parlavate con le figlie di Claudio? ....

7 **Trasformare il tempo dei seguenti verbi dal presente all'imperfetto.**

*Es.: Io vado spesso a Roma. Io **andavo** spesso a Roma.*

1. Carla dice sempre la verità. ....
2. Andrea e Piero fanno gli operai. ....
3. Noi beviamo spesso un succo di frutta. ....
4. Tu scrivi poesie d'amore? ....
5. Voi avete una casa in montagna? ....
6. Io devo andare spesso dal medico. ....
7. Noi non sappiamo nuotare. ....
8. Tu non ricordi mai i nomi dei cantanti! ....
9. Anna desidera andare al cinema. ....

8 **Trasformare il tempo dei seguenti verbi dal presente all'imperfetto.**

*Es.: Io gioco sempre con il mio gatto. Io **giocavo** sempre con il mio gatto.*

1. Andrea dimentica sempre i libri a casa. ....
2. La nonna di Enrico esce soltanto di mattina. ....
3. Noi incontriamo spesso il professore di tedesco. ....
4. Voi siete ottimi atleti! Voi, da giovani, ...
5. I figli di Luisa hanno la febbre alta. ....
6. Non puoi finire i compiti oggi? .... ieri?
7. Noi dobbiamo preparare l'esame di storia. ....
8. Il pubblico applaude gli attori. ....
9. Il film finisce alle 22.30. ....

9 **Inserire, nel seguente dialogo, l'imperfetto dei verbi tra parentesi.**

Enrico e Claudio parlano del concerto di musica rock a cui hanno partecipato:

E.: Il concerto è stato meraviglioso e la musica *(essere)* .... stupenda, non è vero?

C.: Hai ragione! Il cantante del gruppo *(avere)* .... una voce incredibile!

E.: Tutti gli spettatori *(applaudire)* .... e *(gridare)* .... forte!

C.: Il batterista *(suonare)* .... in maniera perfetta!

E.: Già! E i due chitarristi *(seguire)* .... il cantante senza sbagliare una nota!

C.: Tu *(conoscere)* .... la canzone finale?

E.: La canzone in inglese? No, però *(io – sapere)* .... a memoria tutte le altre canzoni!

C.: Anche io! E *(io – cantare)* .... a voce alta!

E.: È stata proprio un'esperienza bellissima!

UNITÀ 44

Gli avverbi di tempo

Gli avverbi* di tempo sono utilizzati per definire il periodo, il momento o la durata in cui avviene un'azione e rispondono alla domanda "Quando?". Vediamo, qui di seguito, i principali avverbi di tempo.

Ora, Adesso

Gli avverbi di tempo **ora** e **adesso** sono sinonimi e significano *in questo momento*:

Ora sto bene.
Adesso dobbiamo andare a scuola.

Prima, Poi, Dopo, Subito

L'avverbio di tempo **prima**** significa *in un tempo anteriore*, mentre gli avverbi **poi** e **dopo**** hanno il significato di *in un tempo posteriore*: *Prima devi fare i compiti e poi potrai*** uscire.*

L'avverbio di tempo **subito** significa *immediatamente, in questo istante* oppure *in un tempo brevissimo*:

Vado subito a casa! *Torno subito.*

Sempre, Spesso, Talvolta

Questi avverbi di tempo si riferiscono alla frequenza con cui un'azione o un fatto accadono. **Sempre** = *tutte le volte*; **spesso** = *molte volte*; **talvolta** = *qualche volta*:

Al mattino sono sempre a scuola; visito spesso i musei e talvolta ascolto un concerto di musica classica.

Mai

L'avverbio di tempo **mai** equivale a *nessuna volta*: *Non vado mai in discoteca.*

Si usa insieme alla congiunzione negativa **non** o a un pronome negativo come **nessuno**:

Non esco mai.
Nessuno ha mai letto le mie poesie!

Ancora

L'avverbio di tempo **ancora** indica un'azione o un fatto che continua nel passato, nel presente o nel futuro:

Ieri, alle sei, Giulio non era ancora a casa.
Non sono ancora pronta.

Presto, Tardi

L'avverbio di tempo **presto** ha il significato di *entro breve tempo, rapidamente* e *in anticipo*:

Torno presto. (tra poco)
Dobbiamo fare presto.
Siamo arrivati troppo presto.

L'avverbio di tempo **tardi** è il contrario di **presto** e significa *a ora avanzata* e *in ritardo*:

Torno tardi. (a ora avanzata)
Siamo arrivati tardi. (in ritardo)

Ieri, Oggi, Domani, Dopodomani

Ieri (il giorno prima di oggi) ero a casa.
*Domani (il giorno seguente a oggi) sarò*** a casa.*

Oggi (il giorno presente) sono a casa.
Dopodomani (il giorno seguente a domani) sarò a scuola.

* Si veda l'UNITÀ 33.

** **Prima** e **dopo** sono preposizioni improprie, cioè preposizioni che possono svolgere anche la funzione di avverbi. *Sono arrivato dopo.* (avverbio) *Sono arrivato dopo mia sorella.* (preposizione) Si veda la nota UNITÀ 45.

*** Si veda l'UNITÀ 51.

1 Sottolineare nelle seguenti frasi gli avverbi di tempo.

1. Noi non andiamo mai allo stadio. **2.** Non posso venire adesso: vengo dopo. **3.** Ieri sono stato dal dentista e oggi vado da mia zia Paola. **4.** Dovete tornare subito a casa: è arrivato vostro padre! **5.** I bambini non hanno ancora fatto i compiti. **6.** Maria è qui e tu non sei ancora pronta! **7.** Non siete mai stati in Giappone? **8.** Prima finite i compiti e dopo uscite in giardino! **9.** Carla viaggia spesso in treno e talvolta incontra delle persone simpatiche. **10.** Non abbiamo trovato lavoro e siamo ancora disoccupati.

2 Inserire gli avverbi di tempo appropriati, scegliendoli tra quelli qui di seguito elencati.

dopo / presto / domani / sempre / mai / oggi / subito / adesso / tardi / prima

1. Luca non ha .... detto una bugia! **2.** Dobbiamo fare .... : l'appuntamento con il medico è tra cinque minuti! **3.** Ieri il cinema era aperto: ...., invece, è chiuso. **4.** Giovanni non esce mai: resta .... a casa. **5.** Devi finire .... l'articolo: il giornale esce tra poche ore! **6.** .... potrete lasciare l'ufficio alle cinque. **7.** Prima sono andata al cinema e .... in discoteca. **8.** .... i negozi sono chiusi: è tardi. **9.** Sara è arrivata a scuola .... e non è potuta entrare. **10.** .... dovete mangiare le verdure e poi potrete mangiare il dolce.

3 Combinare le parti delle seguenti frasi.

1. Cosa fai adesso?	No, non sono mai stato in Africa.
2. Dov'era ieri il tuo amico Fabio?	Neanche io: sono ancora disoccupato.
3. Sei stato qualche volta in Africa?	Io non vado mai in palestra: odio lo sport!
4. Devi uscire subito?	Il concerto inizia subito!
5. Dobbiamo correre in classe:	Ieri Fabio era in ufficio.
6. Quando comincia il concerto?	No, il dottore non è ancora arrivato.
7. Io vado spesso in palestra, e tu?	Adesso lavo i piatti e poi esco.
8. Quando è partita Lucia?	la lezione inizia subito!
9. Io non ho mai lavorato, e tu?	No, esco tra due ore.
10. Il dottore è nello studio?	È partita ieri.

4 Inserire gli avverbi di tempo appropriati, scegliendoli tra quelli qui di seguito elencati.

tardi / spesso / presto / prima / subito / poi

Roberta esce di casa .... tutte le mattine e va .... al lavoro. .... prende il treno e .... l'autobus. La sera torna a casa ...., cena e .... va in discoteca.

UNITÀ 45

Gli avverbi di luogo

Gli avverbi* di luogo sono utilizzati per definire il luogo in cui accade un'azione o il posto dove si trova qualcosa e rispondono alla domanda "Dove?". Vediamo, qui di seguito, i principali avverbi di luogo.

Qui, Qua, Lì, Là

Gli avverbi di luogo **qui** e **qua** sono sinonimi e significano *in questo luogo*, cioè in un luogo vicino a chi parla:

Io resto qui. *Voi abitate qua?*

Attenzione! Qui e **qua** si scrivono senza accento**. Gli avverbi di luogo **lì** e **là** sono sinonimi e significano *in quel luogo*, cioè in un luogo situato a una certa distanza da chi parla:

L'ufficio postale è lì.

Noi lavoriamo là.

Sopra, Sotto

Gli avverbi di luogo **sopra***** e **sotto***** significano rispettivamente *in un luogo più elevato rispetto a un altro* e *in un luogo più basso rispetto a un altro*:

La scatola è bianca sopra e rossa sotto.

Vicino, Accanto, Lontano

L'avverbio di luogo **vicino***** significa *situato a poca distanza*; il contrario di *vicino* è **lontano*****. **Accanto***** ha il significato di *vicino* ma con la sfumatura di *posto di fianco*:

Io abito vicino.

La cucina è qui accanto.

Mio fratello vive lontano.

Fuori, Dentro

Gli avverbi di luogo **fuori***** e **dentro***** significano rispettivamente *all'esterno* e *all'interno*:

Ecco un bar! Entriamo dentro?
– No, io preferisco restare fuori.

Davanti, Dietro

Gli avverbi di luogo **davanti***** e **dietro***** hanno rispettivamente il significato di *di fronte, nella parte anteriore* e *nella parte posteriore*:

La mia casa è lì davanti.
In macchina non voglio mai stare dietro.

Ci

La particella **ci****** è utilizzata anche come avverbio di luogo, con il significato di *qui* oppure *là*:

Io studio a Genova e ci (qui = stato in luogo) *sto bene.*

Vai al cinema oggi? – No, ci (là = moto a luogo) *vado domani.*

Vai in ufficio? – No, ci (là = moto attraverso luogo) *passo questa sera.*

Con il verbo essere **ci** assume il senso di *esistere, trovarsi*:

C'è (Ci è) una mela sul tavolo.
Ci sono delle novità importanti.

* Si veda l'UNITÀ 33.

** Per il concetto di **accento** si veda l'Appendice 1.

*** Si tratta di preposizioni improprie, cioè preposizioni che possono svolgere anche la funzione di avverbi (**su, sopra, sotto, accanto, fuori, dentro, davanti, dietro**) o di aggettivi e avverbi (**vicino, lontano**): *Io entro dentro* (avverbio). *Io entro dentro il ristorante* (preposizione).

**** Per l'uso di **ci** come pronome complemento si vedano le UNITÀ 56 e 57.

1 Sottolineare nelle seguenti frasi gli avverbi di luogo.

1. Cosa facciamo adesso? Restiamo qua o andiamo a casa? **2.** Il vestito di Anna è strano: davanti è blu e dietro è arancione! **3.** La casa del dottore è a due piani: sopra c'è l'abitazione e sotto lo studio. **4.** Sono arrivato fino alla spiaggia e poi sono tornato qui. **5.** Dove sono le bambine? – Sono uscite fuori! **6.** Due anni fa i miei genitori abitavano là, vicino alla scuola. **7.** Dov'è il vecchio baule? – È sopra, in soffitta. **8.** La torta è buonissima: sopra ha il cioccolato e sotto la marmellata.

2 Inserire gli avverbi di luogo appropriati, scegliendoli tra quelli qui di seguito elencati.

dietro / lontano / sotto / sopra / qui / davanti / dentro / lì

1. Ora basta! Non vogliamo andare là, noi vogliamo restare .... !
2. Fabrizio ha dipinto la casa: .... è verde e dietro è bianca.
3. Ecco la nostra casa: davanti c'è un bel giardino e .... ci sono tre alberi di pere. **4.** Abbiamo due letti: io dormo qui e tu dormi ....
5. La copertina del libro è di due colori: sopra è gialla e .... è grigia.
6. Uscite fuori o preferite rimanere .... ? **7.** Tua cugina Franca abita vicino? – No, lei abita .... ! **8.** La nonna ha cucinato una torta con .... la cioccolata e sotto la crema.

3 Combinare le parti delle seguenti frasi.

1. Come sei arrivato qui?	No, il gatto è in casa, sul divano.
2. Hai una macchia sul vestito!	Certo, ci abbiamo mangiato quattro volte!
3. Perché non torniamo a casa?	La banca è là, sul lato destro della strada.
4. Il gatto è uscito fuori?	sopra è cruda e sotto è bruciata!
5. Scusi, dov'è la banca?	Sono arrivato con il treno.
6. I tuoi fratelli vivono a Genova?	Io frequentavo una scuola privata.
7. Non possiamo mangiare la carne:	No, loro vivono lontano, a Siracusa.
8. Vedi la villa là sulla collina?	Sul vestito? Davanti o dietro?
9. Io andavo a scuola qui, e tu?	È la casa dei miei genitori!
10. Conoscete la pizzeria 'Da Carlo'?	Perché noi preferiamo restare qui!

4 Inserire gli avverbi di luogo appropriati, scegliendoli tra quelli qui di seguito elencati.

ci / lontano / sotto / dietro / là

Sara abitava a Savona, ma lavorava .... : tutti i giorni andava da Savona a Genova. ...., infatti, Sara aveva un negozio di scarpe. Il negozio era a due piani: .... c'erano le scarpe da uomo e sopra le scarpe da donna. Il negozio aveva due entrate: una davanti e una .... Molti clienti .... tornavano spesso.

UNITÀ 46 Gli avverbi di quantità

Gli avverbi di quantità sono utilizzati per indicare una quantità indefinita e rispondono alla domanda "Quanto?". Vediamo, qui di seguito, i principali avverbi di quantità.

Troppo

L'avverbio di quantità **troppo*** significa in *quantità eccessiva, in misura esagerata*:

Tu spendi troppo!
Non dovete lavorare troppo!

Tanto, Molto

Gli avverbi di quantità **tanto** e **molto** significano in *grande quantità, in grande misura*:

Ieri notte ho dormito tanto.
I miei genitori hanno viaggiato molto.

L'avverbio **molto**, premesso ad aggettivi e ad avverbi qualificativi**, dà loro il valore di superlativi:

Paola è molto felice.
Vengo molto volentieri alla tua festa.

L'avverbio **tanto**, in correlazione con **quanto**, forma il comparativo di uguaglianza:

Roberto è tanto bello quanto simpatico.
Anna studia tanto quanto lavora.

Poco

L'avverbio di quantità **poco** significa *in piccola quantità, in scarsa misura*:

Ieri ho mangiato poco.
Oggi sto poco bene!

Quanto

L'avverbio di quantità **quanto*** ** è utilizzato:

a. nelle domande, per chiedere in quale quantità:
Quanto avete dormito? – Abbiamo dormito otto ore!

b. nelle esclamazioni:
Quanto mangi! Sei veramente goloso!

c. per formare il comparativo di uguaglianza:
Silvia lavora tanto quanto Luca.

Quasi

L'avverbio di quantità **quasi** ha il significato di *quantità* o *misura vicina al totale:*

La gonna costa quasi 30 euro.
Io peso quasi sessanta chili.
Abbiamo quasi finito il lavoro.

Abbastanza, Piuttosto

L'avverbio di quantità **abbastanza** significa *in misura sufficiente*; l'avverbio **piuttosto** ha, invece, il significato di *in misura media*:

Sono abbastanza contento.
Oggi ho lavorato abbastanza.
Mio figlio è piuttosto timido.
Come stai? – Sto piuttosto bene, grazie!

* Gli avverbi di quantità **troppo, molto, tanto** e **poco** (invariabili) sono anche pronomi e aggettivi indefiniti (declinabili). Si veda l'UNITÀ 55.

** Si vedano l'UNITÀ 48 e l'UNITÀ 49.

*** L'avverbio di quantità **quanto** (invariabile) è anche pronome e aggettivo interrogativo (declinabile). Si veda l'UNITÀ 34.

1 Sottolineare nelle seguenti frasi gli avverbi di quantità.

1. Sei troppo magra! Perché mangi così poco? **2.** Ieri notte ho dormito poco e adesso sono piuttosto stanco. **3.** Come sta, Signora? – Sto abbastanza bene, grazie! **4.** Fabrizio è alto quasi due metri! **5.** Oggi i bambini hanno giocato molto. **6.** Quanto avete guadagnato il mese scorso? – Abbiamo guadagnato quasi mille euro. **7.** La settimana scorsa ho visto Giorgio: era molto felice! **8.** Gli studenti, in classe, studiano poco e parlano troppo.

2 Inserire gli avverbi di quantità appropriati, scegliendoli tra quelli indicati fra parentesi.

1. Tu lavori .... ! *(troppo – piuttosto)* **2.** Come sta tua madre? – Ora sta .... bene, grazie! *(troppo – abbastanza)* **3.** Luisa è .... magra: mangia soltanto yogurt e cereali! *(poco – molto)* **4.** Luca ha vinto tre milioni di euro ed è .... felice! *(tanto – quasi)* **5.** I vostri figli dormono .... e sono stanchi! *(poco – quanto)* **6.** .... vuoi rimanere a casa mia? – Soltanto due o tre giorni! *(quanto – tanto)* **7.** La strada principale della città è lunga .... due chilometri. *(quanto – quasi)* **8.** Ora esco dall'ufficio: ho lavorato .... ! *(abbastanza – piuttosto)*

3 Distinguere l'avverbio di quantità *quanto* dagli aggettivi interrogativi corrispondenti.

Es.: *Quanto hai dormito!* (**avverbio**) *Quanti libri hai in casa?* (**aggettivo**)

1. Quante amiche sono venute alla tua festa? ....
2. Il direttore della fabbrica lavora tanto quanto gli operai. ....
3. Quanto pesi? – Peso quasi cinquanta chili. ....
4. Quanti chili pesa il tuo gatto? – Pesa quasi otto chili! ....
5. Quanti anni hai? – Ho 34 anni. ....
6. Quanto tempo hai aspettato? – Ho aspettato per quasi due ore! ....
7. Quanto bevete! Avete davvero molta sete! ....
8. Luisa è una ragazza tanto bella quanto simpatica. ....

4 Combinare le parti delle seguenti frasi.

1. Siamo arrivati troppo tardi:	sono ambedue molto dimagrite!
2. Luisa ha viaggiato molto ed	Perché abbiamo visto un film divertente!
3. Abbiamo incontrato Anna e Lucia:	Settecentocinquanta euro al mese.
4. Ieri notte il bambino ha dormito poco	ora posso comprare un'auto nuova!
5. Quanto guadagni in fabbrica?	è piuttosto arrabbiato.
6. Come stanno i tuoi genitori?	i nostri amici sono già partiti!
7. Ho quasi diecimila euro in banca:	Certo, abbiamo mangiato molto!
8. Avete mangiato abbastanza?	è stata anche in Cina.
9. Perché ridete tanto?	Stanno piuttosto bene, grazie!
10. Fabio ha perso il treno ed	e ora non vuole andare a scuola.

UNITÀ 47

Gli avverbi di valutazione

Gli avverbi di valutazione sono utilizzati per esprimere una valutazione o un giudizio e si distinguono in avverbi di affermazione, di negazione e di dubbio.
Vediamo, qui di seguito, i principali avverbi di valutazione.

Avverbi di affermazione

L'avverbio **sì*** è usato per rispondere affermativamente a domande o proposte:
Hai finito i compiti? – Sì! *Vuoi venire a ballare? – Sì!*

Gli avverbi **certo** e **certamente** hanno il significato di *con certezza, in maniera certa*:
Avete studiato la lezione? – Certo! (Certamente!)

L'avverbio **esattamente** significa *con esattezza, in modo esatto*:
Giorgio deve arrivare con il treno delle 23.15? – Sì, esattamente!

L'avverbio **sicuramente** significa *con sicurezza, in modo sicuro*:
Mia sorella conosce sicuramente il tuo amico Riccardo.

Gli avverbi **proprio** e **davvero** hanno il significato di *realmente, veramente*:
Il ladro era proprio lui! *Ora sto proprio bene!* *Hai davvero una bella casa!*

Avverbi di negazione

L'avverbio **no*** è usato per rispondere negativamente a domande o proposte:
Hai comprato il pane? – No! *Volete una fetta di torta? – No!*

L'avverbio **non** precede sempre un verbo, un aggettivo, un pronome o un avverbio, negando il concetto da essi espresso: *Oggi non esco.* *Anna è intelligente, ma non simpatica.*

Non accompagna i pronomi indefiniti** **nessuno**, **niente** e **nulla**: *Non abbiamo fatto niente.*

Gli avverbi **neppure**, **nemmeno** e **neanche** sono sinonimi e sono usati per aggiungere un'altra negazione a quanto di negativo è già stato espresso:

Io non frequento la palestra, e tu? – Neanche (Neppure – Nemmeno) io!

Questi avverbi servono anche per rafforzare una negazione:
Non ho neanche un euro! *Sono troppo stanco! Non posso neanche camminare!*

Avverbi di dubbio

L'avverbio **forse** aggiunge una sfumatura di dubbio e incertezza al concetto espresso:
Forse il dottore non è ancora arrivato. *Ora, forse, i negozi sono aperti.*

L'avverbio **probabilmente** è sinonimo di **forse**, ma esprime una maggiore possibilità che il concetto espresso sia verosimile: *Probabilmente l'ufficio è chiuso.*

* Gli avverbi **sì** e **no** non modificano altre parole, ma servono per sostituire nelle risposte un'intera frase:
Hai letto il libro? – Sì (ho letto il libro); Conosci la sorella di Antonio? – No (non conosco la sorella di Antonio).

** Si veda l'UNITÀ 55.

1 Sottolineare nelle seguenti frasi gli avverbi di valutazione.

1. Luca è sicuramente un ragazzo molto intelligente! **2.** Avete lavato i piatti? – Certo! **3.** Non ho letto il libro e non ho neppure finito i compiti, e tu? – Nemmeno io! **4.** Il fratello di Lucia abita a Torino, ma probabilmente oggi è a Genova. **5.** Dove sono i miei occhiali? – Forse sono in cucina! **6.** Noi non abbiamo studiato la lezione, e voi? – Neanche noi! **7.** Vuoi un bicchiere di latte? – Sì, grazie! **8.** Oggi ho guadagnato esattamente cento euro!

2 Inserire gli avverbi di valutazione appropriati, scegliendoli tra quelli indicati fra parentesi.

1. Avete visto l'ultimo film di Woody Allen? – .... ! *(Neppure – Certo)* **2.** Gianni non guadagna .... cinquecento euro al mese! *(neanche – forse)* **3.** .... Maria ha trovato un nuovo lavoro! *(Non – Probabilmente)* **4.** Io non esco mai di sera! – .... io! *(Nemmeno – Davvero)* **5.** Il nostro medico è .... un uomo molto serio! *(sicuramente – sì)* **6.** Vuoi mangiare una fetta di torta? – .... , grazie! *(Probabilmente – No)* **7.** Conoscete la moglie di Federico? – .... ! *(Certamente – Proprio)* **8.** Io lavoro qui .... da 43 giorni! *(non – esattamente)*

3 Combinare le parti delle seguenti frasi.

1. Avete comprato le mele?	Sì, è un ragazzo davvero simpatico!
2. Quando chiudono i negozi?	Neppure io!
3. Enrico è simpatico?	Costa esattamente venti euro!
4. Sento freddo e sono stanca:	probabilmente non sta bene!
5. Ieri non ho visto Paolo, e tu?	Chiudono esattamente alle 19.15.
6. Potete lavare i piatti?	è proprio una bella giornata!
7. Oggi Fabio non è venuto in ufficio:	Certo, e desidero vedere un film d'amore!
8. Quanto costa il libro di storia?	forse ho la febbre!
9. Vuoi venire al cinema?	Sì, abbiamo comprato delle mele rosse.
10. Oggi il sole splende:	No, non abbiamo tempo!

4 Inserire gli avverbi di valutazione appropriati, scegliendoli tra quelli qui di seguito elencati.

esattamente / sì / certamente / proprio / neppure / non / probabilmente / no

1. Siete usciti ieri sera? – ...., siamo andati al ristorante! **2.** I miei nonni non sono mai stati a Roma! – .... i miei genitori! **3.** Il tuo fidanzato è alto? – Sì, è alto .... un metro e 85! **4.** Parigi è la capitale della Svizzera? – ....! Parigi è la capitale della Francia! **5.** Gli avverbi "certo" e "...................." sono sinonimi. **6.** Il tuo gatto ha .... due bellissimi occhi verdi! **7.** Io .... guardo mai la televisione, e tu? – Neanche io! **8.** Non trovo il giornale! – .... è in salotto o in cucina!

UNITÀ 48

Gli avverbi qualificativi

Gli avverbi qualificativi, o avverbi di modo, sono utilizzati per esprimere il modo in cui avviene un'azione o per dare una particolare sfumatura a un aggettivo o a un avverbio. Gli avverbi qualificativi rispondono alla domanda **"Come?"**, **"In che modo?"**:

Anna mangia sempre velocemente. (verbo *mangiare* + avverbio *velocemente*)

Gli spaghetti con il sugo sono leggermente salati. (aggettivo *salati* + avverbio *leggermente*)

Ora sto perfettamente bene! (avverbio *bene* + avverbio *perfettamente*)

Sono avverbi qualificativi:

- La maggior parte degli avverbi che finiscono in ***-mente***. Tali avverbi derivano dal femminile singolare dell'aggettivo qualificativo corrispondente, con l'aggiunta del suffisso ***-mente***: *gentilmente = gentil(e)+mente; sinceramente = sincera+mente; correttamente = corretta+mente.*

  Dovete parlare sinceramente! *Luisa ha risposto alle domande correttamente.*

  La costruzione degli avverbi con il suffisso ***-mente*** è possibile con tutti gli aggettivi qualificativi, tranne con quelli che indicano un colore (*rosso, giallo,* ecc.) e con gli aggettivi *vecchio, buono, fresco,* tra i più usati.

- Gli avverbi costituiti da un aggettivo qualificativo maschile singolare, utilizzato in funzione avverbiale: *piano, forte, chiaro, giusto*, caro:*

  Dobbiamo parlare forte: la nonna è sorda!

  Brava! Hai risposto giusto!

- Alcuni avverbi, soprattutto di origine latina, quali: *bene, male, volentieri, insieme, così* (= in questo modo), *come***:

  Oggi non sto bene.

  L'esame di letteratura italiana è andato male!

  Vieni al cinema? – Certo! Vengo volentieri!

  Anna e Roberta stanno sempre insieme!

  Così va il mondo.

  Luca è coraggioso come un leone.

* Per gli avverbi **giusto** e **chiaro** esiste anche la forma con il suffisso -mente: giusto → giustamente e chiaro → chiaramente.

** L'avverbio qualificativo **come** è utilizzato anche:

a. come avverbio interrogativo: *Come stai?* Si veda l'UNITÀ 33.

b. nei comparativi di uguaglianza: *Stefano è alto come Giovanni.* Si veda L'UNITÀ 39.

c. nelle esclamazioni: *Com'è bello il tuo vestito!* *Come sei gentile!*

1 **Formare, quando è possibile, l'avverbio dall'aggettivo corrispondente.**

Aggettivo	Avverbio
tenero	*teneramente*...
vivace	....
vecchio	....
blu	....
grazioso	....
faticoso	....
giusto	....
simpatico	....
preciso	....
piano	....

2 **Sottolineare nelle seguenti frasi gli avverbi qualificativi.**

1. Il dottore ha risposto gentilmente alle mie domande. **2.** Carla è emozionata: il suo viso è rosso come il fuoco! **3.** Puoi accompagnare Fabio alla stazione? – Certo! Molto volentieri! **4.** Sara e Paolo vivono insieme serenamente. **5.** Dobbiamo parlare piano: i bambini dormono! **6.** Ieri notte ho dormito davvero male! **7.** Abbiamo comprato un divano nuovo: non costava molto caro! **8.** Sandra abbraccia Maria affettuosamente.

3 **Inserire gli avverbi qualificativi, derivandoli dall'aggettivo posto tra parentesi.**

Es.: *Fabio sale le scale .... (rapido)*
Fabio sale le scale ***rapidamente****.*

1. Gli studenti salutano il professore .... *(rispettoso)* **2.** Mio padre ha sempre lavorato .... *(onesto)* **3.** I soldati hanno combattuto .... *(coraggioso)* **4.** Le studentesse ascoltavano .... l'insegnante. *(attento)* **5.** Gli operai hanno finito il lavoro .... *(faticoso)* **6.** Io cammino sempre .... *(veloce)* **7.** Claudia ed Enrico sono .... sposati da quindici anni. *(felice)* **8.** Abbiamo capito tutto .... *(chiaro)*

4 **Combinare le parti delle seguenti frasi.**

1. Dobbiamo guidare lentamente:	non ha mai paura!
2. Vuoi una tazzina di caffè?	corre molto velocemente.
3. Antonio e Lucia sono fidanzati:	coraggiosamente il ladro.
4. Carlo è un bravo atleta e	il tempo a scuola passa lentamente.
5. La lezione di storia è noiosa e	l'esame brillantemente.
6. Il poliziotto ha catturato	ora escono sempre insieme!
7. Mario ha superato	la strada è scivolosa!
8. Gianni è coraggioso come un leone:	Grazie! Molto volentieri!

UNITÀ 49

Gradi degli avverbi

Numerosi avverbi possono avere il grado comparativo e superlativo.

Grado positivo	*Io corro velocemente.*	
Grado comparativo	**di maggioranza**	*Io corro più velocemente di Luca.*
	di uguaglianza	*Io corro velocemente come Luca.*
	di minoranza	*Io corro meno velocemente di Luca.*
Grado superlativo	**assoluto**	*Io corro velocissimamente.*
	relativo	*Io corro il più velocemente possibile.*

Come si può vedere dallo schema, la formazione del comparativo e del superlativo dell'avverbio segue le regole valide per il comparativo e il superlativo degli aggettivi qualificativi*.

Possono avere il grado comparativo e superlativo:

a. in particolare, la maggior parte degli avverbi qualificativi: *teneramente – più teneramente – tenerissimamente; onestamente – più onestamente – onestissimamente; piano – più piano – pianissimo*: *Potete parlare più piano, per favore?*

b. gli avverbi di luogo **lontano** e **vicino**: *lontano – più lontano – lontanissimo; vicino – più vicino – vicinissimo*: *Mia sorella abita lontanissimo da qui!*

c. gli avverbi di tempo **presto**, **tardi** e **spesso**: *presto – più presto – prestissimo; tardi – più tardi – tardissimo; spesso – più spesso – spessissimo*: *Ieri siamo tornati a casa tardissimo!*

Alcuni avverbi, come gli aggettivi corrispondenti, formano il comparativo e il superlativo in modo particolare:

Grado positivo	Grado comparativo	Grado superlativo
bene	meglio	molto bene, ottimamente o benissimo
male	peggio	molto male, pessimamente o malissimo
molto	più	moltissimo
poco	meno	molto poco, minimamente o pochissimo
grandemente	maggiormente	massimamente o sommamente

Come stai? – Oggi sto bene, ma ieri stavo meglio!

Gli avverbi alterati

Alcuni avverbi possono essere alterati, prendendo il suffisso del diminutivo (-**ino**), del vezzeggiativo (-**uccio**), dell'accrescitivo (-**one**) e del peggiorativo (-**accio**)**.

Gli avverbi alterati sono utilizzati soprattutto nella lingua parlata: *bene – benino – benone; male – malino – maluccio – malaccio; poco – pochino – pochetto*: *Com'è andato l'esame? – Benone!*

* Si vedano le UNITÀ 39-41.

** Si veda l'UNITÀ 13.

1 **Formare il comparativo e il superlativo dell'avverbio.**

Avverbio	Comparativo	Superlativo
onestamente	*più onestamente*	*onestissimamente*
rapidamente	....	....
bene	....	....
spesso	....	....
presto	....	....
vicino	....	....
male	....	....

2 **Inserire il comparativo e il superlativo degli avverbi, seguendo il modello.**

1. Paola è tornata a casa *(presto – sup.)* ***prestissimo***. **2.** Io abito qui, ma mia zia abita *(lontano – comp. di mag.)* .... **3.** Il dottore ha salutato la signora Rossi *(gentilmente – sup.)* .... **4.** I miei nonni stanno *(bene – sup.)* .... **5.** Il treno viaggia *(velocemente – comp. di min.)* .... dell'aereo. **6.** Oggi abbiamo lavorato *(molto – comp.)* .... di ieri. **7.** La tua lettera è arrivata *(rapidamente – sup.)* .... **8.** Hai dormito comodamente sul letto nuovo? – Ho dormito *(comodamente – sup.)* .... !

3 **Inserire il comparativo e il superlativo degli avverbi, seguendo il modello.**

1. Gianni ora abita *(vicino – comp. di mag.)* ***più vicino*** al posto di lavoro. **2.** Sara viene *(spesso – sup.)* .... a casa mia. **3.** Gli studenti hanno risposto alle domande *(male – sup.)* .... **4.** Il gatto salta *(agilmente – comp. di mag.)* .... del cane. **5.** Ieri hai mangiato *(molto – sup.)* .... e adesso stai male! **6.** Stai *(bene – comp.)* .... ? – Sì, ora sto *(bene – sup.)* .... ! **7.** Il libro racconta *(brevemente – sup.)* .... la storia dell'Italia. **8.** Fabio ora guida la macchina *(pericolosamente – comp. di min.)* .... di prima!

4 **Combinare le parti delle seguenti frasi.**

1.	Come stanno i tuoi zii?	Pochino! Non avevamo sonno!
2.	Devi parlare pianissimo:	No! Ora sto meglio, grazie!
3.	Ho finito il lavoro meno tardi	abbiamo studiato moltissimo!
4.	Avete dormito ieri notte?	del solito.
5.	Siamo stanchi:	giocano meno vivacemente del solito.
6.	Hai ancora la febbre?	ottimamente!
7.	La lavatrice nuova funziona	la nonna dorme!
8.	I tuoi bambini sono tristi e	Benone! Ora sono in vacanza!

UNITÀ 50
Le locuzioni avverbiali

Le locuzioni avverbiali sono espressioni composte da più parole, svolgono la stessa funzione degli avverbi e, come tali, possono indicare modo, tempo, luogo, quantità, ecc:

Dobbiamo finire il lavoro alla svelta. L'espressione *alla svelta* (= *velocemente*) rappresenta una locuzione avverbiale, in quanto è utilizzata in funzione di avverbio, indicando il modo in cui l'azione si compie. Sono qui di seguito elencate le locuzioni avverbiali più utilizzate.

Da dove?: *Da dove venite? – Veniamo dalla Francia.*
Da dove sei partito? – Sono partito dall'aeroporto di Milano.

Una volta, Un tempo:
C'era una volta una bellissima regina. *Un tempo non avevamo i computer!*

Per sempre: *Ti* amerò** per sempre.* *Ho detto al mio fidanzato addio per sempre!*

Fra poco: *Quando torni? – Torno fra poco.* *Silenzio! Fra poco inizia il concerto!*

Di rado, Di solito: *Vado al cinema di rado.* *Guardiamo la televisione di rado.*
Di solito mangio poco. *Di solito il direttore è in ufficio.*

Di più, Di meno, Un poco (solitamente utilizzato nella forma abbreviata **un po'**):
Quanti sono i tuoi compagni di classe? Venti? – No, sono di più (oppure di meno).
Devo studiare di più e uscire di meno.
Avete mangiato il gelato? – Soltanto un poco (= un po').
Ieri Luisa era un po' triste!

Senza dubbio, Neanche per idea: *L'avvocato Bianchi è onesto? – Senza dubbio!*
*Finirete** il lavoro entro domani? – Senza dubbio!*
Vuoi sposare Andrea? – Neanche per idea! *Mi*** presti dieci euro? – Neanche per idea!*

Quasi quasi: *Quasi quasi vado a casa!* *Quasi quasi scriviamo una lettera alla nonna!*

Alla svelta, Di corsa, In un batter d'occhio, In fretta e furia:
Dobbiamo finire il lavoro alla svelta! *Luca è arrivato a scuola di corsa!*
Paolo ha mangiato il gelato in un batter d'occhio! *Ho preparato le valigie in fretta e furia!*

Così così, Di bene in meglio: *Come stai? – Così così!* *Il mio lavoro va di bene in meglio!*

A stento, A poco a poco: *Fabio ha avuto un incidente e ora cammina a stento.*
A poco a poco abbiamo saputo la verità!

Per fortuna: *Per fortuna non abbiamo perso il treno!* *Per fortuna ho trovato il portafoglio!*

* Si veda l'UNITÀ 56. ** Si veda l'UNITÀ 52. *** Si veda l'UNITÀ 57.

1 Sottolineare nelle seguenti frasi le locuzioni avverbiali.

1. Da dove sei passato? – Dal bosco! **2.** Per fortuna siamo arrivati puntuali alla festa! **3.** La nonna è molto anziana ed esce di rado. **4.** Quasi quasi mangio una fetta di torta! **5.** Una volta Paola era una bellissima donna! **6.** Potete riparare la lavatrice? – Senza dubbio! **7.** Sono uscita di casa in fretta e furia e ho dimenticato i documenti! **8.** La settimana scorsa le fragole costavano di meno.

2 Inserire le locuzioni avverbiali appropriate, scegliendole tra quelle indicate fra parentesi.

1. Sono già le nove di sera! Devo andare a casa .... ! *(alla svelta – a stento)*
2. Come va il tuo lavoro? – .... ! *(Di solito – Di bene in meglio)*
3. .... inizia lo spettacolo e noi non siamo ancora arrivati! *(Per sempre – Fra poco)* **4.** Leopardi era un famoso poeta italiano, vero? – .... ! *(Senza dubbio – Neanche per idea)* **5.** .... la farmacia è ancora aperta! *(Per fortuna – Quasi quasi)* **6.** Eravamo in ritardo e così abbiamo mangiato un panino .... ! *(a poco a poco – in fretta e furia)* **7.** .... non esistevano i computer! *(Una volta – Di rado)* **8.** Laura mangia molto, ma io mangio .... ! *(per sempre – di più)*

3 Combinare le parti delle seguenti frasi.

1. Da dove viene tuo cugino?	ma, a poco a poco, ha imparato!
2. Un tempo scrivevo lunghe lettere;	telefona di rado.
3. Il tuo maglione è economico,	Sì, per fortuna erano nella cassaforte!
4. Abbiamo lavorato tutto il giorno	Di bene in meglio!
5. Non hai fame?	ora, invece, uso solo il computer!
6. Giorgio non esce mai e	ma il mio costa di meno!
7. Maria ha otto anni e	Dalla Calabria.
8. Avete trovato i gioielli?	No! Quasi quasi mangio un'insalata!
9. Come va la vacanza in Sicilia?	e ora dobbiamo dormire un po'.
10. Gianni non capiva la matematica,	sa a stento leggere e scrivere!

4 Inserire le locuzioni avverbiali appropriate, scegliendole tra quelle qui di seguito elencate.

in fretta e furia / un po' / da dove / per fortuna / di solito / una volta / di rado / quasi quasi

1. .... siete entrati? – Dalla porta principale! **2.** Sono uscita dall'auto .... e ho perso i guanti! **3.** Claudio ha un'ottima salute e .... prende il raffreddore. **4.** .... guardiamo la televisione, ma ieri abbiamo ascoltato la radio. **5.** La conferenza sulla storia di Savona è .... noiosa! **6.** .... le ragazze non indossavano la minigonna! **7.** .... bevo una gassosa! **8.** .... ho trovato le chiavi di casa!

UNITÀ 51

Indicativo: futuro semplice dei verbi *essere* e *avere*

Il futuro semplice è un tempo verbale che esprime un'azione non ancora avvenuta, destinata ad accadere in un futuro vicino o lontano:

Domani sarò a Genova. **(Azione destinata ad accadere in un futuro vicino.)**

Fra dieci anni nostro figlio sarà maggiorenne. **(Azione destinata ad accadere in un futuro lontano.)**

Il futuro semplice è usato anche:

- per esprimere un'approssimazione: *Quanti anni avrà il dottor Rossi? – Avrà 40 anni!* (Dato non certo: il dottore potrebbe avere più o meno di 40 anni.)
- per esprimere un dubbio: *Dove saranno i miei libri? – Saranno in salotto!* (Dato non certo: i libri potrebbero essere in salotto oppure in un altro luogo.)

Il verbo essere	
Io	**sarò**
tu	**sarai**
lui/lei	**sarà**
noi	**saremo**
voi	**sarete**
loro	**saranno**

Sarò a casa all'ora di cena.
Sarai a Roma la prossima settimana?
Tra dieci minuti saremo a scuola.
Dove sarà il gatto? – Sarà in giardino!

Il verbo avere	
Io	**avrò**
tu	**avrai**
lui/lei	**avrà**
noi	**avremo**
voi	**avrete**
loro	**avranno**

Domani avrò il risultato dell'esame.
Fra due mesi Maria avrà un bambino!
Avrete presto mie notizie!
Sara e Roberta avranno forse 35 anni!

I verbi servili

I verbi servili **potere, volere***, **dovere** e **sapere** formano il futuro in maniera irregolare. **Desiderare*** e **preferire*** seguono invece, rispettivamente, la declinazione dei verbi in **-are** e **-ire****.

	Potere	Volere	Dovere	Sapere	Desiderare	Preferire
io	**potrò**	**vorrò**	**dovrò**	**saprò**	**desidererò**	**preferirò**
tu	**potrai**	**vorrai**	**dovrai**	**saprai**	**desidererai**	**preferirai**
lui/lei	**potrà**	**vorrà**	**dovrà**	**saprà**	**desidererà**	**preferirà**
noi	**potremo**	**vorremo**	**dovremo**	**sapremo**	**desidereremo**	**preferiremo**
voi	**potrete**	**vorrete**	**dovrete**	**saprete**	**desidererete**	**preferirete**
loro	**potranno**	**vorranno**	**dovranno**	**sapranno**	**desidereranno**	**preferiranno**

* I verbi servili **volere**, **desiderare** e **preferire** hanno, nel tempo futuro, un uso molto limitato.

** Si veda l'UNITÀ 52.

1 Inserire la forma verbale appropriata del verbo *essere*.

Es.: Domani (noi) .... a Milano.
*Domani **saremo** a Milano.*

1. (Io) .... a casa tra pochi minuti. **2.** La prossima settimana i tuoi cugini .... in Francia. **3.** Voi .... certamente gli studenti più bravi della classe! **4.** Dove .... il mio cappotto? – .... nell'armadio! **5.** Quanti .... i libri di Lucia? – .... quasi 100! **6.** Tu .... un bravissimo insegnante! **7.** Noi .... molto felici nella nuova casa. **8.** La figlia di Teresa .... un'ottima allieva. **9.** Sfortunatamente io non .... mai un famoso avvocato! **10.** Tra dieci anni io .... ricco!

2 Inserire la forma verbale appropriata del verbo *avere*.

Es.: Quanti anni .... (tu) nel 2020?
*Quanti anni **avrai** nel 2020?*

1. Domani *(noi)* .... un compito in classe di matematica. **2.** Tra due mesi *(voi)* .... un aumento di stipendio. **3.** Forse Sandro .... molto freddo, in montagna! **4.** A Natale i nostri figli .... un bellissimo regalo. **5.** Perché Carla è rimasta a casa? – Forse .... l'influenza! **6.** Presto Fabio e Maria .... un bambino. **7.** Tra due giorni *(io)* .... una risposta dal direttore. **8.** La nonna di Andrea .... quasi 80 anni! **9.** Non ho dormito per tutta la notte! – Davvero? Ora *(tu)* .... molto sonno! **10.** Il prossimo anno *(voi)* .... un mese di ferie.

3 Inserire la forma verbale appropriata dei verbi *potere*, *dovere* e *sapere*.

Es.: Tra due giorni (io – potere) .... andare in vacanza.
*Tra due giorni **potrò** andare in vacanza.*

1. Domani gli studenti *(dovere)* .... entrare a scuola un'ora prima.
2. La prossima settimana *(noi – sapere)* .... i risultati dell'esame. **3.** Voi non *(sapere)* .... mai il nostro segreto! **4.** .... *(tu – potere)* venire a teatro domani? **5.** .... *(io – dovere)* aspettare ancora?
6. .... *(noi – dovere)* andare alla stazione di corsa! **7.** Dal prossimo anno Luisa *(dovere)* .... andare a scuola. **8.** Domani *(tu – sapere)* .... la mia risposta. **9.** A 18 anni i nostri figli *(potere)* .... avere la macchina.
10. Domani la tua segretaria *(potere)* .... uscire un'ora prima.

4 **Inserire la forma verbale appropriata dei verbi *potere, dovere* e *sapere*.**

1. Domenica prossima *(noi – potere)* .... andare alla spiaggia. **2.** Io sono a dieta: da domani *(dovere)* .... mangiare di meno! **3.** Tra poco mia sorella *(sapere)* .... la verità! **4.** In futuro *(tu – dovere)* .... essere più rispettoso! **5.** La strada è interrotta: *(voi – dovere)* .... passare di là. **6.** Tra quattro ore *(io – potere)* .... uscire dall'ufficio. **7.** Con il prossimo stipendio *(tu – potere)* .... comprare un abito nuovo. **8.** La prossima settimana gli scolari *(dovere)* .... studiare due poesie a memoria. **9.** Tra un anno i miei allievi *(sapere)* .... l'inglese perfettamente. **10.** Fra poco *(voi – potere)* .... tornare a casa.

5 **Inserire il futuro semplice del verbo tra parentesi.**

1. Tra cinque anni *(io – essere)* .... maggiorenne. **2.** Il prossimo anno *(noi – potere)* .... andare all'università. **3.** Sara è in Africa! – Ah, sì? *(lei – avere)* .... molto caldo! **4.** Gli studenti *(dovere)* .... scrivere un tema su Manzoni. **5.** Oggi nostro figlio vuole la bicicletta e tra un paio d'anni *(volere)* .... una moto! **6.** Domani *(voi – sapere)* .... i risultati della partita di calcio. **7.** Davide non *(potere)* .... partecipare alla gara di nuoto. **8.** Nel 2020 *(tu – avere)* .... 52 anni. **9.** Dove *(essere)* .... i miei occhiali? **10.** In futuro *(noi – dovere)* .... risparmiare di più!

6 **Trasformare il tempo dei seguenti verbi dal presente al futuro semplice.**

Es.: *Io sono un brillante avvocato.*
*Io **sarò** un brillante avvocato.*

1. Ora devo andare a scuola.	Domani ....
2. Adesso potete guardare il film.	Tra poco ....
3. Maria ha una bambina.	Tra cinque mesi ....
4. Ora finalmente sappiamo la verità.	Tra due ore ....
5. Anna e Claudio hanno un'auto nuova.	Il prossimo anno ....
6. Tu sei un ottimo professore.	....
7. Dove sono i miei pantaloni?	....
8. Ora possiamo giocare in giardino.	Dopo il pranzo ....
9. Dovete imparare a memoria una poesia di Leopardi.	....
10. Ora Marco sa leggere e scrivere.	Tra sei mesi ....

7 Trasformare il tempo dei seguenti verbi dal presente al futuro semplice.

1. Ora sono a Milano.	Dopodomani ....
2. Noi abbiamo una bellissima casa.	....
3. Dovete lavorare di più.	In futuro ....
4. Loro sanno la verità sul furto dei gioielli.	Tra poco ....
5. Dove sono le miei chiavi?	....
6. Paola può avere una brillante carriera!	....
7. Hai freddo?	.... in montagna?
8. Ora devo tornare all'università.	Tra due ore ....
9. Laura sa parlare cinque lingue.	In breve tempo ....
10. Ora non possiamo andare in vacanza.	Ad agosto ....

8 Inserire i verbi appropriati, scegliendoli tra quelli qui di seguito elencati.

saprà / avrai / dovrò / dovrai / avrete / saremo / potrete / sarò / sapremo / potranno

1. Domani *(tu)* .... una bella sorpresa. **2.** Tra una settimana *(noi)* .... a Londra. **3.** I bambini .... guardare la televisione per un'ora. **4.** Tu non .... raccontare altre bugie. **5.** Tra due mesi Angela .... guidare la macchina. **6.** Da grande *(io)* .... una ballerina classica. **7.** Finalmente *(noi)* .... i risultati delle interrogazioni! **8.** Fra tre ore *(voi)* .... una pausa per il pranzo. **9.** In futuro *(voi)* .... avere una casa più grande. **10.** Dopodomani *(io)* .... tornare al lavoro.

9 Inserire, nel seguente dialogo, il futuro semplice dei verbi tra parentesi.

Anna racconta a Luigi di aver vinto cinquecento milioni di euro:

A.: Ciao, Luigi! **L.**: Ciao, Anna! Sembri molto felice: hai vinto alla lotteria? **A.**: Sì, proprio così! Ho vinto 500 milioni di euro! Ora *(io – potere)* .... fare tante cose! **L.**: Che fortuna! *(Tu – potere)* .... lasciare il lavoro e girare il mondo! Però *(tu – dovere)* .... fare attenzione! **A.**: A cosa *(io – dovere)* .... fare attenzione? **L.**: *(Tu – sapere)* .... spendere bene i soldi? **A.**: Senza dubbio! Con 500 milioni di euro *(io – potere)* .... comprare una bella casa per i miei figli e loro *(essere)* .... molto felici! **L.**: Brava! I tuoi figli *(avere)* .... certamente una vita serena! **A.**: Sì! E con gli altri soldi mio marito e io *(potere)* .... aprire un bellissimo negozio di vestiti: *(noi – avere)* .... molti clienti e *(noi – dovere)* .... lavorare dalla mattina alla sera! **L.**: Così *(voi – essere)* .... troppo impegnati, proprio come ora! **A.**: Forse hai ragione! **L.**: Certo! Tu e tuo marito *(dovere)* .... ragionare con calma! ... E ora vuoi un caffè? **A.**: Grazie, però pago io!

UNITÀ 52

Indicativo: futuro semplice dei verbi in *-are, -ere, -ire*

I verbi in **-are** e in **-ere** formano il futuro semplice aggiungendo alla radice del verbo la desinenza **-erò** (**-erai**, **-erà**, ecc.). I verbi in **-ire** aggiungono, invece, alla radice del verbo la desinenza **-irò** (**-irai**, **-irà**, ecc.).

Verbi in -are → amare

(***am*** = radice del verbo; ***erò*** = desinenza)

Io	am - **erò**
tu	am - **erai**
lui/lei	am - **erà**
noi	am - **eremo**
voi	am - **erete**
loro	am - **eranno**

Verbi in -ere → temere

(***tem*** = radice del verbo; ***erò*** = desinenza)

Io	tem - **erò**
tu	tem - **erai**
lui/lei	tem - **erà**
noi	tem - **eremo**
voi	tem - **erete**
loro	tem - **eranno**

Verbi in -ire → sentire

(***sent*** = radice del verbo; ***irò*** = desinenza)

Io	sent - **irò**
tu	sent - **irai**
lui/lei	sent - **irà**
noi	sent - **iremo**
voi	sent - **irete**
loro	sent - **iranno**

Verbo **am-are**: *Ti* amerò per sempre.*
Verbo **rid-ere**: *Domani sera, al cinema, rideremo sicuramente!*
Verbo **cap-ire**: *Non capiremo mai la matematica!*

Particolarità della coniugazione in *-are***

1. I verbi che terminano in **-care** (come *faticare, indicare,* ecc.) e in **-gare** (come *navigare, indagare,* ecc.) prendono una **h** davanti alla desinenza del futuro semplice che inizia per **e**:
   dimenticare = *io dimentic-h-erò, tu dimentic-h-erai, lui dimentic-h-erà, ecc.*
   pregare = *io preg-h-erò, tu preg-h -erai, lui preg-h-erà, ecc.*
2. I verbi che terminano in **-ciare** (come *cominciare*), in **-giare** (come *mangiare*) e in **-sciare** (come *lasciare*) perdono la **i** finale della radice davanti alla desinenza del futuro semplice che inizia per **e**:
   cominciare = *io cominc-erò, tu cominc-erai, lui cominc-erà, ecc.*
   mangiare = *io mang-erò, tu mang-erai, lui mang-erà, ecc.*
   lasciare = *io lasc-erò, tu lasc-erai, lui lasc-erà, ecc.*

* Si veda l'UNITÀ 56. ** Si veda l'UNITÀ 10.

1 Inserire il futuro semplice del verbo tra parentesi (verbi in -are).

Es.: *Il prossimo anno Sara (studiare) .... il latino.*
Il prossimo anno Sara ***studierà*** *il latino.*

1. Da domani *(noi – lavorare)* .... sette ore al giorno. **2.** Nei prossimi anni gli scienziati *(inventare)* .... nuove cure. **3.** I miei zii *(arrivare)* .... a Natale. **4.** Dove *(tu – insegnare)* .... italiano, a Parigi o a Londra? **5.** La settimana prossima i professori *(organizzare)* .... un incontro con i genitori. **6.** *(Io – ascoltare)* .... con attenzione le vostre parole! **7.** Tra poco i ciclisti francesi *(passare)* .... di qui! **8.** La prossima estate tua figlia *(nuotare)* .... benissimo! **9.** All'università *(voi – imparare)* .... tantissime cose! **10.** Anna *(suonare)* .... il violino in una famosa orchestra!

2 Inserire il futuro semplice del verbo tra parentesi (verbi in -ere).

Es.: *Domani (io – mettere) .... in soffitta la poltrona della nonna.*
Domani ***metterò*** *in soffitta la poltrona della nonna.*

1. Dobbiamo correre o *(noi – perdere)* .... il treno! **2.** *(Io – nascondere)* .... i soldi in un cassetto! **3.** Domani *(noi – scrivere)* .... una lettera alla zia. **4.** *(Leggere – tu)* .... Manzoni o Leopardi? **5.** Dopodomani gli studenti *(dipingere)* .... in classe. **6.** *(Voi – discutere)* .... di politica con i vostri amici? **7.** L'atleta svizzero *(vincere)* .... sicuramente il primo premio. **8.** Tra poco *(voi – conoscere)* .... la fidanzata di Gianni. **9.** *(Tu – prendere)* .... l'autobus o il treno? **10.** Domani *(io – chiedere)* .... un aumento di stipendio.

3 Inserire il futuro semplice del verbo tra parentesi (verbi in -ire).

Es.: *I negozi (aprire) .... tra due ore.*
I negozi ***apriranno*** *tra due ore.*

1. La sarta *(cucire)* .... un bellissimo vestito per Luisa. **2.** Domani notte *(noi – dormire)* .... di più. **3.** Cosa *(dire)* .... i vostri amici? **4.** Quando *(voi – uscire)* .... da scuola? **5.** La lezione *(finire)* .... tra due ore. **6.** Un famoso scultore americano *(scolpire)* .... una statua gigantesca. **7.** I bambini non *(capire)* .... facilmente la geometria. **8.** Tra poco *(noi – salire)* .... su un aereo per la prima volta! **9.** *(Tu – costruire)* .... una nuova casa per i tuoi figli? **10.** Domani mattina *(io – partire)* .... per il Brasile.

4 **Inserire il futuro semplice del verbo tra parentesi (particolarità della coniugazione in -are).**

Es.: *In futuro (noi – mangiare) .... solo verdure!*
In futuro (noi) ***mangeremo*** *solo verdure!*

1. *(Tu – lasciare)* .... la scuola? – Neanche per idea! **2.** Il concerto *(cominciare)* .... con un'ora di ritardo! **3.** Finalmente *(voi – abbracciare)* .... i vostri nipoti! **4.** Domani *(noi – cominciare)* .... il nuovo lavoro. **5.** Domani, a cena, Paola e Antonio *(litigare)* .... come al solito! **6.** Sull'aereo *(io – allacciare)* .... la cintura di sicurezza. **7.** Hai fretta? – Sì! *(Io – mangiare)* .... un panino di corsa! **8.** *(Noi)* non *(dimenticare)* .... mai la vostra gentilezza! **9.** *(Voi – lasciare)* .... presto la casa dei vostri genitori? **10.** Tra poco Enrico *(caricare)* .... i bagagli in macchina.

5 **Inserire il futuro semplice del verbo tra parentesi.**

1. Nostra figlia *(diventare)* .... una bravissima pianista. **2.** Domani sera io *(cucinare)* .... e tu *(lavare)* .... i piatti. **3.** Noi *(dire)* .... sempre la verità! **4.** Quando *(voi – ripassare)* .... la lezione di storia? **5.** Domani, Roberto e Giacomo *(scrivere)* .... una lettera alle fidanzate. **6.** *(Tu – comprare)* .... la gonna blu o i pantaloni a quadri? **7.** I nostri genitori non *(credere)* .... mai alle nostre parole! **8.** Forse Alberto *(partecipare)* .... alle Olimpiadi. **9.** Teresa è una bugiarda e *(mentire)* .... ancora! **10.** Le rose del mio giardino *(fiorire)* .... a maggio.

6 **Trasformare il tempo dei seguenti verbi dal presente al futuro semplice.**

Es.: *Andrea viaggia molto.*
Il prossimo anno Andrea ***viaggerà*** *molto.*

1. Oggi laviamo la biancheria.	Domani ....
2. Torno subito.	.... tra poco.
3. Il pubblico applaude gli attori alla fine dello spettacolo.	....
4. Mia sorella scende dal treno.	Presto ....
5. Il film comincia subito.	.... tra due minuti.
6. Invitate a cena anche Giovanni?	....
7. Ora accendo la luce.	Fra poco ....
8. Portiamo le valigie in stazione.	Nel pomeriggio ....
9. Chiedete informazioni presso l'Ufficio del Turismo?	....
10. Anna e Maria offrono agli amici pasticcini e cioccolatini.	....

7 Trasformare il tempo dei seguenti verbi dal presente al futuro semplice.

1. Oggi preparo una torta. — Sabato ....
2. Ora accompagniamo nostro cugino all'aeroporto. — Tra due ore ....
3. Obbedisci sempre ai tuoi genitori? — ....
4. Ora leggo un bel libro! — Dopo cena ....
5. Avete una casa stupenda. — In futuro ....
6. I bambini devono andare a letto presto. — Da domani sera ....
7. Dobbiamo lasciare una mancia al cameriere? — ....
8. Oggi mangiate al ristorante? — Lunedì ....
9. Prendi un caffè? — .... dopo cena?
10. Io non dico mai bugie! — ....

8 Inserire i verbi appropriati, scegliendoli tra quelli qui di seguito elencati.

uscirete / mancheranno / regalerai / prenderemo / arriverà /
cucinerai / sarete / comincerò / finirà / mangeremo

1. Cosa *(tu)* .... per pranzo? **2.** *(Noi)* .... il prossimo treno per Basilea. **3.** La lezione di ginnastica .... tra mezz'ora. **4.** Quando *(voi)* .... dal teatro, alle 18.00 o alle 19.00? **5.** Io .... a lavorare dal prossimo lunedì. **6.** Che peccato! Alla festa .... Lucia e Stefano! **7.** Domenica *(noi)* .... al ristorante cinese! **8.** Paolo .... con il treno delle 17.00. **9.** Tra un anno *(voi)* .... maggiorenni. **10.** Cosa *(tu)* .... a Carla per il suo compleanno?

9 Inserire, nel seguente dialogo, il futuro semplice dei verbi tra parentesi.

Alberto e Maria, giunti all'ultimo anno delle scuole superiori, fanno progetti per il futuro :

A.: Ciao, Maria! **M.**: Ciao, Alberto!... La scuola è quasi finita: hai dei progetti per il futuro? **A.**: Sì, certo! Innanzitutto *(io – continuare)* .... gli studi e *(io – frequentare)* .... l'università! **M.**: Davvero? E quale facoltà *(tu – scegliere)* .... ? **A.**: Forse giurisprudenza: *(io – diventare)* .... un ottimo avvocato! E tu, *(lasciare)* .... la scuola? **M.**: Io *(studiare)* .... economia e commercio e *(io – lavorare)* .... in una banca! **A.**: Hai le idee chiare! **M.**: Sì, *(io – avere)* .... abbastanza denaro e *(io – potere)* .... viaggiare! *(Io – comprare)* .... un piccolo appartamento e *(io – prendere)* .... un cane e un gatto! **A.**: Giusto! Io, invece, *(abitare)* .... in una villa con piscina, *(io – sposare)* .... una donna bellissima e *(io – essere)* .... sempre felice! **M.**: Sei proprio un sognatore! ...

UNITÀ 53

Indicativo: futuro semplice dei verbi irregolari

Alcuni verbi formano il futuro semplice in modo irregolare. Sono elencati qui di seguito i più utilizzati:

	Andare	Dare	Fare	Stare
Io	**andrò**	**darò**	**farò**	**starò**
tu	**andrai**	**darai**	**farai**	**starai**
lui/lei	**andrà**	**darà**	**farà**	**starà**
noi	**andremo**	**daremo**	**faremo**	**staremo**
voi	**andrete**	**darete**	**farete**	**starete**
loro	**andranno**	**daranno**	**faranno**	**staranno**

	Bere	Cadere	Rimanere	Tenere
Io	**berrò**	**cadrò**	**rimarrò**	**terrò**
tu	**berrai**	**cadrai**	**rimarrai**	**terrai**
lui/lei	**berrà**	**cadrà**	**rimarrà**	**terrà**
noi	**berremo**	**cadremo**	**rimarremo**	**terremo**
voi	**berrete**	**cadrete**	**rimarrete**	**terrete**
loro	**berranno**	**cadranno**	**rimarranno**	**terranno**

	Vedere	Vivere	Venire
Io	**vedrò**	**vivrò**	**verrò**
tu	**vedrai**	**vivrai**	**verrai**
lui/lei	**vedrà**	**vivrà**	**verrà**
noi	**vedremo**	**vivremo**	**verremo**
voi	**vedrete**	**vivrete**	**verrete**
loro	**vedranno**	**vivranno**	**verranno**

Le mele sono mature: tra poco cadranno dagli alberi.
Fa molto caldo: terrò il tè in frigo ancora per un'ora!
In montagna vedrete un tramonto stupendo!

Domani andremo allo stadio.
Cosa farai la prossima settimana?
Oggi Fabio non verrà al lavoro.

1 **Inserire il futuro semplice del verbo tra parentesi (verbi in -are).**

Es.: *La prossima settimana (noi – andare) .... a Parigi.*
La prossima settimana ***andremo*** *a Parigi.*

1. Domani sera *(tu – stare)* .... a casa oppure uscirai? **2.** Da grande *(io – fare)* .... il medico o l'astronauta! **3.** A Natale i nonni *(dare)* .... un bel regalo ai nipoti. **4.** In futuro il nostro lavoro *(andare)* .... meglio! **5.** Cosa *(voi – fare)* .... a Capodanno? **6.** Domani *(io – stare)* .... tutto il giorno con mia nonna. **7.** La prossima estate Carla e Giulio *(andare)* .... a Londra.

2 **Inserire il futuro semplice del verbo tra parentesi (verbi in -ere e -ire).**

Es.: *Dopo cena (io – bere) .... una camomilla.*
Dopo cena ***berrò*** *una camomilla.*

1. In autunno le foglie *(cadere)* .... dagli alberi. **2.** Daniele *(vivere)* .... in Argentina con la propria famiglia. **3.** Sabato sera *(noi – vedere)* .... un film in televisione. **4.** Peter *(venire)* .... in Italia il prossimo anno. **5.** *(Voi – rimanere)* .... a Milano o andrete a Roma? **6.** Fa molto caldo: *(io – tenere)* .... le finestre aperte! **7.** A Capodanno *(noi – andare)* .... a Parigi!

3 **Trasformare il tempo dei seguenti verbi dal presente al futuro semplice.**

Es.: *Veniamo a teatro con Carlo.*
Verremo *a teatro con Carlo.*

1. Oggi gli operai fanno sciopero.	Domani ....
2. Vivete con i vostri genitori?	....
3. Dalla cima della montagna vediamo un panorama stupendo.	....
4. Stai nella tua casa in campagna?	A Pasqua ....
5. La maestra dà i compiti agli scolari.	Alla fine della lezione ....
6. Vado al cinema con Fabio.	Venerdì ....
7. Per ora rimango a Savona.	Anche il mese prossimo ....

4 **Inserire il futuro semplice del verbo tra parentesi.**

1. Domani *(noi – ricevere)* .... lo stipendio. **2.** Domenica *(noi – fare)* .... una bella sorpresa a Dario! **3.** Prima o poi i professori *(scoprire)* .... la verità! **4.** *(Voi – venire)* .... a teatro con Gianni o no? **5.** Nel pomeriggio *(io – dovere)* .... restare a casa. **6.** *(Tu – vivere)* .... sempre a Napoli con tua sorella? **7.** Quando *(voi – potere)* .... partire per le vacanze?

UNITÀ 54

I pronomi e gli aggettivi dimostrativi

	Singolare		Plurale	
Maschile	**questo**	**quello**	**questi**	**quelli**
Femminile	**questa**	**quella**	**queste**	**quelle**

I pronomi e gli aggettivi dimostrativi sono utilizzati per indicare persone, animali o cose e si definiscono dimostrativi, poiché il loro compito è mostrare, cioè evidenziare, il nome a cui si riferiscono o indicarne la collocazione nello spazio o nel tempo:

Quale vestito hai scelto, questo o quello? (pronomi dimostrativi)

Voglio comprare questo cappotto e quella sciarpa. (aggettivi dimostrativi)

Le forme dei pronomi dimostrativi sono identiche a quelle degli aggettivi dimostrativi: la differenza consiste nel fatto che gli aggettivi sono uniti al nome cui si riferiscono, mentre i pronomi sostituiscono tale nome.

I pronomi e gli aggettivi dimostrativi **questo, questa, questi** e **queste indicano persone, animali o cose vicine, nello spazio o nel tempo, a chi parla.**

I pronomi e gli aggettivi dimostrativi **quello, quella, quelli** e **quelle indicano persone, animali o cose lontane, nello spazio o nel tempo, da chi parla.**

Gli aggettivi dimostrativi **questo** e **quello**, al maschile e femminile singolare, si elidono* davanti a nomi che cominciano per vocale: *Quest'anno rimango a Bari.* *Conosco quell'amica di Lia.*

L'aggettivo dimostrativo **quello** possiede, analogamente all'articolo determinativo**, forme diverse a seconda dell'iniziale del nome che lo segue:

a. Quel/Quei = con nomi maschili che cominciano per consonante: *quel libro/quei libri.*

b. Quell'/Quegli = con nomi maschili che cominciano per vocale: *quell'albero/quegli alberi.*

c. Quello/Quegli = con nomi maschili che cominciano per **s + consonante, x, y, z, gn, pn** e **ps**: *quello straccio/quegli stracci; quello zaino/quegli zaini; quello psicologo/quegli psicologi.*

I pronomi e gli aggettivi identificativi

I pronomi e gli aggettivi identificativi stesso/i; stessa/e; medesimo/i; medesima/e (più raro) sono utilizzati per indicare identità e uguaglianza tra persone, animali o cose:

Sara e Maria abitano nello stesso (nel medesimo) palazzo. (aggettivo identificativo)

Il palazzo di Sara e Maria è lo stesso (il medesimo). (pronome identificativo)

L'aggettivo **stesso** può servire a sottolineare il nome a cui si riferisce, assumendo il significato di *perfino lui, proprio lui, lui in persona: Io stesso (Io in persona) ho visto quella ragazza!*

Il pronome **stesso** può essere utilizzato anche con il significato di *la stessa cosa*:

Luca frequenta il liceo scientifico e io farò lo stesso.

* Per il concetto di **elisione** si veda l'Appendice 1. ** Si vedano le UNITÀ 4 e 6.

1 **Inserire la forma corretta del pronome dimostrativo *questo*.**

Es.: *Non desidero indossare il vestito a quadri, ma* ***questo****.*

1. I pantaloni gialli sono carini, ma .... sono più belli. **2.** Le mele verdi sono buone, ma .... sono più appetitose. **3.** La casa di Giovanni è spaziosa, ma .... è più grande. **4.** Il ristorante francese è elegante, ma .... è più economico. **5.** Non voglio la gonna a quadri, voglio .... ! **6.** Non mangio mai le mele rosse, mangio .... **7.** Non abbiamo comprato il divano in pelle, abbiamo comprato .... **8.** I libri di storia sono interessanti, ma noi preferiamo .... **9.** Ecco la lettera di Anna! E .... è di Giorgio!

2 **Inserire la forma corretta del pronome dimostrativo *quello*.**

Es.: *A scuola non abbiamo letto questo libro, ma* ***quello****.*

1. Questo maglione è più costoso di .... **2.** Queste riviste sono utili, ma .... sono più divertenti. **3.** Non desideriamo comperare questa casa, ma .... **4.** Preferisci la frutta matura o .... acerba? **5.** Sara vuole la bambola con il vestito blu e anche .... con il vestito rosso! **6.** Non trovo più i miei pantaloni, ... a quadri marroni! **7.** Quale rossetto preferisci, ... rosso o .... rosa? **8.** Quali scarpe indosserai, ... eleganti o .... sportive? **9.** Gli occhi di Paolo sono belli, ma .... di Giorgio sono più espressivi!

3 **Inserire la forma corretta dell'aggettivo dimostrativo *questo*.**

Es.: *Io non sopporto* ***questo*** *silenzio!*

1. .... abito è vecchio e fuori moda. **2.** .... scarpe sono troppo strette! **3.** .... auto non funziona! **4.** .... anno andremo in vacanza a luglio. **5.** Tu conosci .... signori? **6.** .... strade sono molto antiche. **7.** Avete studiato a memoria .... poesie? **8.** .... aria fredda e umida è veramente fastidiosa! **9.** .... documenti non sono più validi!

4 **Inserire la forma corretta dell'aggettivo dimostrativo *quello*.**

Es.: ***Quel*** *ragazzo ha un pessimo carattere!*

1. Perché non vuoi mangiare .... uovo? **2.** .... zaini sono rotti! **3.** Perché non lavi .... bicchieri e .... pentole? **4.** In futuro abiteremo in .... villa. **5.** Perché vuoi indossare .... cappotto? **6.** Avete comprato .... stivali? **7.** .... rose sono davvero profumate! **8.** Non devi rimproverare .... ragazzi. **9.** .... albero avrà più di 100 anni!

5 Inserire il pronome o l'aggettivo dimostrativo corretti.

Es.: ***Queste** pantofole sono troppo vecchie!*

1. Non posso bere .... bibita: è calda! **2.** Certi libri sono antichi, ma .... sono soltanto ingialliti! **3.** Dove metteremo .... vecchi mobili? **4.** Quale armadio volete comperare, ... o quello?

Es.: ***Quell'**isola del Mediterraneo è molto distante.*

5. Non vogliamo questi occhiali, ma ....! **6.** Conoscete .... signore? **7.** .... strani uccelli sono forse pappagalli? **8.** Quali camicie desiderate, queste a righe o .... a quadretti?

6 Trasformare le seguenti frasi da singolari a plurali.

Es.: *Questo libro è nuovo.*
Questi libri sono nuovi.

1. Questa pizza è veramente buona!	....
2. Ho comprato questa borsa e quello zaino.	....
3. Quell'orologio non funzionerà mai!	....
4. Ricorderò sempre quell'estate a Parigi!	....
5. Questo tappeto persiano è molto costoso.	....
6. Puoi mettere quel libro sullo scaffale?	....
7. Il bambino ha preso quella medicina?	....
8. Sandro ha letto quel libro e questa rivista.	Sandro e Giacomo ....
9. Hai mangiato quello yogurt?	....
10. Cucinerò quest'uovo per il bambino.	....

7 Inserire la forma corretta del pronome o dell'aggettivo identificativo *stesso*.

Es.: *Il professore di matematica è lo **stesso** dell'anno scorso.*

1. Noi .... abbiamo catturato il ladro!
2. Luisa e Antonia indossano le .... scarpe.
3. Mario e Andrea hanno la .... insegnante.
4. Le .... segretarie hanno scioperato!
5. Hai nuovi amici? – No, i miei amici sono sempre gli ....
6. Alberto diventerà avvocato e noi faremo lo ....
7. Carlo e Roberta hanno gli .... gusti.
8. Sandra e Barbara vivono nella .... città.
9. I miei genitori hanno frequentato le .... scuole.
10. Alla cena di Sara i dolci erano sempre gli .... !

8 **Inserire la forma corretta del pronome o dell'aggettivo identificativo *medesimo*.**

Es.: *La segretaria del direttore è la* ***medesima*** *del mese scorso.*

1. Noi abbiamo il .... medico. **2.** I miei figli e io abiteremo nel .... palazzo. **3.** Noi .... abbiamo perso il lavoro! **4.** Chi è il sindaco di Genova? – È il .... dell'anno scorso! **5.** Perché voi due indossate le .... scarpe? **6.** Mia sorella e io stiamo nella .... camera. **7.** Abbiamo già visto queste ballerine? – Sì, sono le .... dell'ultima volta! **8.** I .... studenti hanno difeso il professore! **9.** Anna e Luisa frequentano la .... palestra. **10.** Lucia e Paola hanno i .... interessi.

9 **Inserire, nel seguente dialogo, la forma corretta dei pronomi e degli aggettivi dimostrativi e identificativi.**

Anna e Paolo fanno progetti per la serata:

A.: *Allora, Paolo, dove andiamo (questo)* **questa** *sera?*

P.: Perché non andiamo in *(quello)* .... ristorante sulla collina?

A.: Non so... È lo *(stesso)* .... ristorante dell'ultima volta! Non vuoi cambiare?

P.: Possiamo prenotare un tavolo nella pizzeria 'Da Gianni', *(quello)* .... con la vista sul mare.

A.: No! È la *(medesimo)* .... del mese scorso!

P.: Come sei difficile! La cosa migliore è andare al cinema. In città trasmettono un film con *(quello)* .... attore americano... non ricordo il nome!

A.: D'accordo! ...Quale collana metto, *(questo)* .... con le perle oppure *(quello)* .... d'oro?

P.: Non so ... È la *(stesso)* .... cosa! Io indosserò l'abito sportivo!

A.: No! Devi indossare *(quello)* .... elegante!

P.: Metterò *(quello)* .... originale giacca a quadri, *(quello)* .... blu e rossa!

A.: Noooo!... Forse è meglio restare a casa!

UNITÀ 55

I pronomi e gli aggettivi indefiniti

I pronomi e gli aggettivi indefiniti sono utilizzati per indicare una quantità o una qualità indeterminate.

- **Poco, Molto, Tanto, Troppo** (pronomi e aggettivi) indicano una quantità scarsa (*poco*), rilevante (*molto, tanto*) o eccessiva (*troppo*): *Io ho molti amici.*

  I pronomi-aggettivi **poco** e **molto** presentano il grado comparativo **meno** e **più** e il grado superlativo **pochissimo** e **moltissimo**:
  Al cinema c'erano moltissime persone, ma meno dell'ultima volta.

- **Tutto** e **Nessuno** (pronomi e aggettivi), **Niente** e **Nulla** (solo pronomi)

  Tutto indica una totalità positiva; usato come aggettivo, precede l'articolo determinativo o l'aggettivo dimostrativo che accompagna il nome: *Ho mangiato tutta la verdura.*

  Nessuno indica una totalità negativa ed è privo di plurale. Se precede il verbo, rifiuta la negazione; se lo segue, la vuole: *Nessuno è venuto! – Non è venuto nessuno!*

  La forma maschile singolare dell'aggettivo **nessuno** perde la **o** finale davanti a nomi che iniziano per vocale e consonante, tranne **s + consonante, gn, ps, x, z**:
  Non abbiamo sentito nessun rumore! **ma** *Non pratico nessuno sport!*

  Niente e **nulla**, indeclinabili, sono sinonimi e significano *nessuna cosa*. Se precedono il verbo, rifiutano la negazione; se lo seguono, la vogliono:
  Nulla può accadere! *Non è accaduto niente!*
  Preceduti dall'articolo o da preposizione articolata svolgono la funzione di nome maschile singolare: *Mio padre è venuto su dal nulla.* (ha umili origini) *Lucia spesso ha gli occhi fissi nel nulla.* (nel vuoto) *Abbiamo comprato il terreno per un niente!* (per una cifra molto bassa)
  In funzione di avverbi esprimono una forte negazione: *Non mi* importa niente di te**!*

- **Ogni** e **Qualche** (solo aggettivi), **Ognuno**, **Qualcuno** e **Qualcosa** (solo pronomi)

  Ogni e **qualche** sono indeclinabili e si usano solo con nomi maschili e femminili al singolare:
  Ogni studente deve fare silenzio in classe. *Ho bevuto qualche bicchiere di coca-cola.*

  Ognuno e **qualcuno**, sinonimi di ogni e qualche, sono privi di plurale: *Ognuno sa la verità!*
  Qualcuno (anche nel significato di *una persona imprecisata*) *ha telefonato ieri sera.*

  Qualcosa, indeclinabile, significa *qualche cosa*: *Vuoi mangiare qualcosa?*

- **Qualunque, Qualsiasi** (solo aggettivi), **Chiunque** (solo pronome)

  Qualunque e **qualsiasi**, sinonimi, sono indeclinabili. Quando seguono un nome, assumono il significato negativo di *banale, insignificante*. Nel caso di nomi plurali, devono sempre essere posti dopo il nome: *Anna sa suonare qualunque (qualsiasi) strumento!*

  Chiunque, invariabile, significa *qualunque persona*: *Chiunque conosce Michelangelo!*

- **Altro** (pronome e aggettivo) può significare sia *un'altra persona, altre persone* sia *un'altra cosa, altre cose* ed esprime:

  a. ripetizione e aggiunta: *Desidera altro?* (**Attenzione!** In questo caso rifiuta l'articolo.)

  b. diversità: *Voglio cercare un altro lavoro!*

* Si veda l'UNITÀ 57. ** Si veda l'UNITÀ 56.

1 Sottolineare nelle seguenti frasi i pronomi indefiniti.

1. Pochi conoscono questo scultore e nessuno compra le sue opere! **2.** Ieri qualcuno ha chiamato Anna al telefono, ma non ha detto niente! **3.** Chiunque può imparare a leggere e scrivere. **4.** Dovrete aspettare un po' di tempo ma non molto! **5.** Non devi essere triste: nessuno può avere tutto! **6.** Non posso invitare i tuoi amici: sono troppi! **7.** È successo qualcosa? **8.** Puoi ripetere? Non ho sentito nulla! **9.** In futuro chiunque potrà andare sulla Luna. **10.** Qualcuno ha visto i miei occhiali?

2 Inserire i pronomi indefiniti appropriati, scegliendoli tra quelli indicati fra parentesi.

1. Oggi ho mangiato l'arrosto della zia ma .... ! *(poco – altro)* **2.** Scusi, Signora, desidera .... ? *(tanto – altro)* **3.**.................... , in Italia, conoscono Luciano Pavarotti! *(Pochi – Tutti)* **4.** Non voglio invitare .... alla festa! *(chiunque – qualcosa)* **5.** .... desidera diventare povero! *(ognuno – nessuno)* **6.** Vogliamo comprare .... per nostra madre. *(poco – qualcosa)* **7.** Giorgio è molto pigro: non fa mai .... ! *(niente – qualcosa)* **8.** Alla conferenza su Manzoni non c'era .... ! *(nessuno – qualcuno)* **9.** Scusate! C'è .... in casa? *(ognuno – qualcuno)* **10.** Non dovete dire .... a Luciano! *(nessuno – nulla)*

3 Sottolineare nelle seguenti frasi gli aggettivi indefiniti.

1. Al concerto di Riccardo Muti erano presenti moltissime persone. **2.** Nessuno studente ha risolto il problema di matematica. **3.** Sono stanco: andrò a teatro un'altra volta! **4.** I nostri figli vanno tutti i giorni in palestra. **5.** Partiremo per il Canada tra qualche giorno. **6.** Non voglio un lavoro qualunque: voglio un ottimo lavoro! **7.** Dovete cambiare abitudini: voi mangiate troppa carne e poche verdure! **8.** Non puoi mangiare qualsiasi cosa: sei troppo grassa! **9.** La zia di Francesca ha tantissimi quadri! **10.** Ogni studente dovrà leggere, entro la fine dell'anno, un altro romanzo.

4 Inserire gli aggettivi indefiniti appropriati, scegliendoli tra quelli indicati fra parentesi.

1. Tra .... giorni partiremo per le vacanze! *(altri – pochi)* **2.** Alberto non desidera una casa .... : lui vuole una villa con piscina! *(qualunque – qualche)* **3.** Da .... anno studio fisica all'università. *(qualsiasi – qualche)* **4.** La minestra è veramente insipida: c'è .... sale! *(poco – troppo)* **5.** Sono stata a Milano solo .... volta. *(qualche – poca)* **6.** Hai preso .... le bottiglie? *(tutte – tante)* **7.** A Natale non abbiamo ricevuto .... regalo! *(qualche – nessun)* **8.** Volete un .... bicchiere di aranciata? *(altro – qualche)* **9.** Devi sistemare .... i libri nella libreria. *(molti – tutti)* **10.** .... mattina leggiamo il giornale e siamo sempre informati! *(ogni – qualche)*

5 Trasformare le seguenti frasi, utilizzando l'aggettivo indefinito *tutto* al posto di *ogni*.

Es.: *Ogni sera esco di casa alle otto.*
***Tutte** le sere esco di casa alle otto.* (Attenzione al passaggio dal singolare al plurale!)

1. Ogni studente dovrà scrivere un tema. ....
2. Risolveremo ogni problema. ....
3. Fabio vuole aprire subito ogni regalo. ....
4. Ogni segretaria lavora otto ore al giorno. ....
5. Io faccio una passeggiata ogni giorno. ....
6. Il postino ha consegnato ogni lettera. ....
7. Ogni quadro di Picasso costa miliardi! ....
8. Dovete studiare a memoria ogni poesia del libro! ....
9. Ogni canzone di Gianni Morandi è stata un grande successo! ....
....
10. Devi pulire ogni finestra della casa! ....

6 Inserire i pronomi e gli aggettivi indefiniti appropriati, scegliendoli tra quelli qui di seguito elencati.

tutte / troppo / qualche / qualunque / molte / tutti / ognuno / niente / pochi / altra

1. Alla conferenza erano presenti .... persone. **2.** .... desidera avere un buon lavoro e una bella famiglia. **3.** Voglio studiare a memoria .... le poesie di Leopardi! **4.** Che paura! Tra .... minuti avremo l'esame di matematica!
5. Volete comprare un'auto .... oppure una macchina costosa? **6.** Perché ora frequenti un' .... scuola? **7.** Ho bevuto .... caffè e ora non riesco a dormire! **8.** Vuoi una fetta di torta? – No, grazie. Non voglio ....!
9. .... i ragazzi della scuola studiano l'inglese. **10.** Abbiamo ancora .... panino e qualche lattina di aranciata.

7 Combinare le parti delle seguenti frasi.

1. Hai trovato il tuo amico Gianni?	No, non è accaduto nulla!
2. Cosa avete letto ieri sera?	No, abbiamo soltanto penne blu!
3. Carlo ha tanti libri?	non possiamo comprare niente!
4. È accaduto qualcosa?	No, verrà soltanto qualche amico!
5. Qualcuno ha una penna rossa?	Abbiamo letto qualche rivista.
6. Sono arrivate molte lettere ma	Prenderemo un treno qualunque.
7. I negozi ora sono chiusi:	nessuna dai nostri cugini.
8. Luigi ha un'altra fidanzata?	No, non ho trovato nessuno!
9. Quale treno prenderete?	Sì! Ed è molto carina!
10. Verranno tutti alla festa?	No, Carlo ha pochissimi libri.

8 Inserire, nel seguente dialogo, i pronomi e gli aggettivi indefiniti appropriati, scegliendoli tra quelli indicati fra parentesi.

Roberta racconta a Carla come ha passato la mattina a scuola:

R.: Ciao, Carla! Come va?

C.: Va bene, grazie! E tu, Roberta, hai avuto una bella mattinata a scuola?

R.: È stato terribile! Abbiamo avuto un .... *(altro – tanto)* compito in classe di matematica e .... *(tutti – nessuno)* ha saputo risolvere il problema!

C.: E tu hai scritto .... *(qualcosa – qualcuno)* sul foglio?

R.: No! Il compito era troppo difficile per .... *(molti – tutti)*!

C.: .... *(qualunque – molto)* compito di matematica è difficile, ma .... *(chiunque – nessuno)* può studiare e risolvere i problemi!

R.: Scusa, ma non hai capito .... *(poco – niente)*! La colpa è del professore di matematica: .... *(tutti – nessuno)* capisce le sue spiegazioni!

C.: Non devi dire .... *(poche – troppe)* bugie!

R.: Io non dico .... *(nessuna – ogni)* bugia! ... È tardi, andiamo a mangiare?

C.: Sì, però cambiamo argomento!

9 Risolvere il cruciverba (nella prima colonna verticale compare un pronome indefinito).

Orizzontale

1. sinonimo di "qualunque"
2. contrario di "primo"
3. il singolare di "altri"
4. femminile di "lui"
5. significa "qualunque persona"
6. contrario di "entrare"
7. contrario di "tutti"
8. significa "tutte le persone"

Q								
U								
A								
L								
C								
U								
N								
O								

UNITÀ 56

I pronomi personali complemento (1)
I pronomi diretti forti o tonici, deboli o atoni

I pronomi personali complemento sono pronomi personali non utilizzati in funzione di soggetto* e cioè:

- in funzione di complemento oggetto (pronomi diretti):
  Luisa vuole conoscere te. *Luisa ti vuole conoscere.*
- in funzione di complemento di termine (pronomi indiretti dativi):
  Luisa vuole dare un regalo a te. *Luisa ti vuole dare un regalo.*
- in funzione di qualsiasi complemento indiretto (pronome + preposizione):
  Luisa vuole venire da te. *Luisa vuole uscire con te.* *Luisa vuole parlare di te.*

Pronomi diretti forti o tonici			
me	*Claudio ha salutato me.*	**noi**	*Dario ringrazierà noi.*
te	*Mio fratello conosce te.*	**voi**	*Il professore ascoltava voi.*
lui/lei/esso/essa	*Barbara aspetta lui/lei.*	**loro/essi/esse**	*Sara incontrerà loro.*
Pronomi diretti deboli o atoni			
mi	*Claudio mi ha salutato cordialmente.*	**ci**	*Presto Dario ci ringrazierà.*
ti	*Mio fratello ti conosce da molti anni.*	**vi**	*Durante l'esame il professore vi ascoltava.*
lo/la	*Barbara lo/la aspetta da un'ora.*	**li/le**	*Tra pochi minuti Sara li/le incontrerà.*

I pronomi personali complemento si definiscono:

- **forti** o **tonici**, quando hanno un proprio accento** e particolare rilievo nella frase;
- **deboli** o **atoni**, quando non hanno un proprio accento e si appoggiano, per la pronuncia, al verbo che li segue o precede.

Quando il pronome è in funzione di complemento oggetto o complemento di termine, si può usare l'una o l'altra forma. Si usa la forma **forte** o **tonica**, quando si vuole dare rilievo al pronome: *Claudio ha salutato me. = Claudio ha salutato proprio me e non un'altra persona.*

Se il pronome è preceduto da una preposizione, la forma **forte** è obbligatoria: *Ho dei fiori per te.*

I pronomi personali complemento diretti presentano, alla terza persona sing. dei pronomi forti e alla terza persona sing. e plur. dei pronomi deboli, forme distinte per il femminile (***lei/la/le***) e per il maschile (***lui/lo/li***). **Me – mi, te – ti, noi – ci, voi – vi** e **loro** valgono, invece, per entrambi.

La forma di cortesia è **Lei** (forma forte) e **La** (forma debole) per il sing., sia maschile che femminile, e **Voi** (forma forte) e **Vi** (forma debole) per il plur.: *Signora, La posso accompagnare?*

I pronomi **esso, essa, essi** ed **esse** sono utilizzati per animali e cose.

Ne

Ne è una forma debole di pronome di terza persona sing. e plur. e significa *di lui, di lei, di loro, da lui, da lei, da loro*: *Franco ha un'amica a Roma e ne (di lei) parla spesso.*

* Si veda l'UNITÀ 2. **Per il concetto di **accento** si veda l'Appendice 1.

1 Sottolineare nelle seguenti frasi i pronomi personali complemento.

1. Perché non lo saluti mai?
2. Ieri ho visto un bellissimo film in televisione. E tu lo hai visto?
3. Fabio ci accompagnerà a teatro domani sera.
4. Il direttore ha invitato a cena soltanto me!
5. Hai visto? Quel famoso attore ha salutato proprio te!
6. Vi abbiamo incontrato ieri in centro, ma non ci avete salutato.
7. La conosco! È la fidanzata di Massimo!
8. C'è ancora una fetta di torta. La finisci tu?
9. Vuole comprare questi pantaloni, Signora? – Sì, li compro!
10. Chi vuole mangiare queste ciliegie? – Le mangio io!

2 Inserire il pronome personale complemento appropriato (pronomi forti).

Es.: *Io conosco soltanto .... (3a pers. pl.)*
Io conosco soltanto ***loro.***

1. È la verità. Io amerò soltanto .... ! *(2a pers. sing.)* **2.** Questo problema riguarda .... e non i miei genitori! *(1a pers. sing.)* **3.** Avete visto Dario? – Sì, abbiamo visto .... , ma non sua moglie! *(3a pers. sing.)* **4.** Che invidia! Laura ha invitato alla festa .... e non noi! *(2a pers. pl.)* **5.** Domani il professore di inglese interrogherà .... ! *(1a pers. pl.)* **6.** Devi ascoltare .... e non le tue amiche! *(1a pers. sing.)* **7.** Perché non volete aspettare .... ? *(3a pers. pl.)* **8.** Posso aiutare .... , ma non suo marito! (3a pers. sing.) **9.** Maria desidera sposare .... e non Roberto! *(2a pers. sing.)* **10.** Il direttore desidera premiare proprio .... ! *(2a pers. pl.)*

3 Inserire il pronome personale complemento appropriato (pronomi deboli).

Es.: *Noi non .... capiamo. (2a pers. sing.)*
Noi non ***ti*** *capiamo.*

1. Perché .... guardate così? *(1a pers. sing.)* **2.** Il dottore .... riceverà tra due ore. *(1a pers. pl.)* **3.** Cucini i pomodori? – Sì, ... cucino per questa sera! *(3a pers. pl.)* **4.** .... accompagno subito alla stazione? *(2a pers. pl.)* **5.** Conoscete Anna e Lucia? – No, non .... conosciamo! *(3a pers. pl.)* **6.** Hai ascoltato la 'Quinta Sinfonia' di Beethoven? – No, ... ascolterò più tardi! *(3a pers. sing.)* **7.** Quel ragazzo .... dimenticherà presto! *(2a pers. sing.)* **8.** Avete bevuto il succo di pompelmo? – No, ... berremo domani! *(3a pers. sing.)* **9.** Non possiamo dormire: il rumore delle auto .... disturba! *(1a pers. pl.)* **10.** È tardi! .... porto a casa? *(2a pers. sing.)*

4 Inserire il pronome personale complemento appropriato (pronomi forti).

1. Perché il professore vuole punire proprio .... ? *(1a pers. sing.)* **2.** Ho deciso: inviterò .... e non voi! *(3a pers. pl.)* **3.** Paolo ama .... e non te! *(3a pers. sing., femm.)* **4.** Quella famosa giornalista intervisterà soltanto .... ! *(1a pers. pl.)* **5.** Alberto porterà .... al ristorante e poi accompagnerà noi a casa! *(2a pers. pl.)* **6.** Desideriamo ringraziare .... e gli altri medici! *(Forma di cortesia, sing.)* **7.** Io stimo .... ma non i tuoi amici! *(2a pers. sing.)* **8.** Il dottor Rossi ha curato .... e i nostri vicini di casa! *(1a pers. pl.)* **9.** Io informerò Sara e tu informerai .... *(3a pers. sing., maschile)* **10.** La polizia vuole arrestare .... e i vostri complici! *(2a pers. pl.)*

5 Inserire il pronome personale complemento appropriato (pronomi deboli).

1. Posso entrare o .... disturbo? *(Forma di cortesia, sing.)* **2.** Laura sta molto male, ma i medici .... salveranno. *(3a pers. sing.)* **3.** Questa giacca .... proteggerà dal freddo. *(2a pers. pl.)* **4.** Hai preparato i documenti? – No, ... preparo subito! *(3a pers. pl.)* **5.** Vedi spesso Marco? – No, non .... vedo da tre mesi! *(3a pers. sing.)* **6.** Il prossimo anno il mio fidanzato .... porterà a Parigi! *(1a pers. sing.)* **7.** Buongiorno! .... posso invitare a pranzo? *(Forma di cortesia, pl.)* **8.** Mio zio .... aiuterà certamente! *(1a pers. pl.)* **9.** Perché il professore .... giudica così severamente? *(2a pers. sing.)* **10.** Hai cucinato le patate? – Sì, ... ho già cucinate! *(3a pers. pl.)*

6 Inserire, nella risposta, il pronome personale complemento appropriato (pronomi deboli).

Es.: *Porterai Carla al cinema?*
No, ***la*** *porterò a teatro.*

1. Avete salutato i vostri amici?	Sì, ... abbiamo salutati poco fa.
2. Ci accompagnerete a scuola?	Sì, ... accompagneremo a scuola in macchina.
3. Luca ama Stefania?	Sì, Luca .... ama moltissimo!
4. Incontrerete Giovanni a Roma?	No, ... incontreremo a Napoli.
5. Mi puoi aiutare subito?	No, ... aiuterò più tardi.
6. Chi ti ha invitata a cena?	Sandro .... ha invitata a cena in un bel ristorante!
7. Perché lodate Paola e Giulia?	Perché .... stimiamo molto!
8. Vi devo portare alla stazione?	No, grazie! .... puoi portare alla fermata dell'autobus?
9. Avete comprato il computer nuovo ?	Sì, ... abbiamo comprato ieri.
10. Vedi quelle stelle in cielo?	Sì, ... vedo benissimo!

7 **Trasformare i pronomi personali complemento da forti a deboli.**

Es.: *Maria saluta me.*
Maria ***mi*** *saluta.* (Attenzione alla posizione del pronome nella frase!)

1. Il professore incoraggia noi. ....
2. Carlo vuole baciare te. ....
3. Prima o poi Anna lascerà lui. ....
4. Mia madre accompagna me dal dentista. ....
5. Perché non invitiamo loro *(pronome maschile)* alla festa? ....
6. Porterai lei al museo? ....
7. Quel signore guarda voi con interesse! ....
8. Dobbiamo informare loro? *(pronome femm.)* ....
9. La parrucchiera pettinerà Lei tra poco. ....
10. Il direttore riceverà Voi il prossimo sabato. ....

8 **Trasformare i pronomi personali complemento da forti a deboli.**

1. Nostro padre perdonerà noi. ....
2. Perché non lasci lei? ....
3. Vostra madre vuole sgridare voi! ....
4. I nonni accoglieranno te con gioia! ....
5. Io non sopporto te! ....
6. (Noi) ringraziamo voi moltissimo! ....
7. Il parrucchiere pettina me sempre bene! ....
8. Come giudichi loro? (pron. maschile) ....
9. Perché non porti loro (pron. femm.) alla spiaggia? ....
10. Hai accompagnato lui al colloquio di lavoro? ....

9 **Inserire i pronomi personali appropriati, scegliendoli tra quelli indicati fra parentesi.**

1. Quel ragazzo bellissimo ha guardato proprio .... ! *(io – me)* **2.** Vedrai Gianni questa sera? – No, ... vedrò domani! *(lui – lo)* **3.** Io non conosco ...., ma conosco suo marito. *(lei – la)* **4.** .... devi studiare di più! *(te – tu)* **5.** Non .... dovete disturbare! *(ci – noi)* **6.** E .... chi siete? *(voi – vi)* **7.** Hai preso le valigie? – Sì, ... ho prese. *(loro – le)* **8.** .... lavorano qui da molti anni. *(loro – li)* **9.** .... porti al cinema? *(mi – me)* **10.** Barbara .... vuole accompagnare a casa. *(te – ti)*

I pronomi personali complemento (2)
I pron. ind. dativi forti o tonici, deboli o atoni

I pronomi indiretti dativi sono utilizzati in funzione di complemento di termine* e rispondono alla domanda "A chi?": *A chi pensi? – Penso a lui.* *Mi passi il sale? (Passi il sale a me?)*

Pronomi indiretti dativi forti o tonici	
a me	*Alberto scrive soltanto a me.*
a te	*Devo dire una cosa a te.*
a lui/a lei/a esso/a essa	*Vogliamo dare un regalo a lui / a lei.*
a noi	*La bicicletta serve a noi.*
a voi	*Pensiamo sempre a voi.*
a loro/a essi/a esse	*Non dovete prestare la macchina a loro.*

Pronomi indiretti dativi deboli o atoni	
mi	*Alberto mi scrive da molti anni.*
ti	*Ti devo dire una cosa.*
gli/le	*Gli/Le vogliamo dare un regalo.*
ci	*La bicicletta ci serve.*
vi	*Vi pensiamo sempre.*
loro	*Non dovete prestare loro la macchina.*

I pronomi indiretti dativi forti o tonici si formano aggiungendo la preposizione **a** ai pronomi diretti forti o tonici e si utilizzano per dare maggior rilievo al pronome nella frase. I pronomi indiretti dativi deboli o atoni sono uguali ai pronomi diretti deboli o atoni, tranne che alla terza persona singolare e plurale (***gli*** – ***le*** – ***loro***). La terza persona singolare dei pronomi indiretti forti e deboli presenta forme distinte per il femminile (***a lei*** – ***le***) e per il maschile (***a lui*** – ***gli***). La terza persona plurale del pronome debole **loro**, valida per il maschile e il femminile, è sempre più spesso sostituita dal pronome maschile di terza persona singolare **gli**. (Attenzione alla diversa posizione di **loro** e **gli** nella frase!):

Puoi portare ***loro*** *(= a loro, maschile e femminile) questa torta?* ***Gli*** *puoi portare questa torta?*

La forma di cortesia è **A Lei** (forma forte) e **Le** (forma debole) per il singolare, sia maschile che femminile, e **A Voi** (forma forte) e **Vi** (forma debole) per il plurale:

Scusi, Le posso chiedere un favore? *Vi auguro Buon Natale.*

Una regola valida sia per i pronomi diretti che per quelli indiretti, forti o tonici, è la seguente:

quando in una frase il soggetto e il pronome personale, alla terza persona singolare e plurale, sia maschile che femminile, si riferiscono alla stessa persona, il pronome **sé** è utilizzato al posto di *lui, lei, loro* o *a lui, a lei, a loro, per lui, per lei , per loro,* ecc.:

Paolo pensa soltanto a sé. *Quei famosi cantanti inglesi sono pieni di sé!*

* Si veda l'UNITÀ 56.

1 Sottolineare nelle seguenti frasi i pronomi personali complemento.

1. Un grande poeta francese ha dedicato una poesia a me!
2. Non vi possiamo prestare la moto.
3. Lucia è insopportabile: pensa soltanto a sé!
4. Ci avete portato le medicine?
5. Voglio comprare a te e a tua sorella dei vestiti nuovi.
6. Cosa hai regalato a Fabrizio? – Gli ho regalato un maglione!
7. Buonasera, Signora! Le posso essere utile?
8. Quando telefonerai a Sandra e Paolo? – Telefonerò loro domani!
9. Anna è in casa? – Sì, le devi parlare?
10. Ti ho preparato una bellissima torta di mele!

2 Inserire il pronome personale complemento appropriato (pronomi forti).

Es.: *Devi credere soltanto .... (1a pers. sing.)*
*Devi credere soltanto **a me**.*

1. Anna ha raccontato una bugia proprio .... *(1a pers. pl.)* **2.** Avete mostrato le foto .... ? *(3a pers. sing., maschile)* **3.** Non chiederò mai un favore .... ! *(3a pers. pl.)* **4.** A chi vuoi regalare questo anello? – .... ! *(2a pers. sing.)* **5.** Sara e Marco vogliono domandare un favore .... ! *(2a pers. pl.)* **6.** Non puoi dire questo proprio .... ! *(1a pers. sing.)* **7.** Non possiamo dare un consiglio .... ! *(3a pers. pl.)* **8.** Perché Riccardo presta la macchina a Filippo e non .... ? *(2a pers. sing.)* **9.** Io affitterò la casa in montagna soltanto .... ! *(2a pers. pl.)* **10.** Perché vuoi regalare una collana .... ? *(3a pers. sing., maschile)*

3 Inserire il pronome personale complemento appropriato (pronomi deboli).

Es.: *Fabio non .... dice mai la verità! (2a pers. pl.)*
*Fabio non **vi** dice mai la verità!*

1. Roberta va sempre in discoteca: .... piace molto ballare! *(3a pers. sing., femminile)* **2.** .... hai detto proprio tutto? *(3a pers. sing., maschile)* **3.** .... piace tantissimo la torta di mele! *(1a pers. sing.)* **4.** .... posso offrire una tazza di tè? *(2a pers. sing.)* **5.** .... dovete restituire subito i soldi! *(1a pers. pl.)* **6.** Potete portare .... questo pacco? *(3a pers. pl.)* **7.** .... auguriamo Buon Natale! *(2a pers. pl.)* **8.** Scusate, ... sapete indicare la strada per la stazione? *(1a pers. sing.)* **9.** Carla e Simone compiono sei anni? – Sì, i genitori faranno .... un bel regalo! *(3a pers. pl.)* **10.** Cosa .... ha insegnato oggi la maestra? *(2a pers. pl.)*

4 Inserire il pronome personale complemento appropriato (pronomi forti).

1. Nostro figlio è un egoista: pensa soltanto .... ! *(3a pers. sing.)* **2.** La verdura non piace ai bambini e neanche .... ! *(1a pers. sing.)* **3.** Scriverò una cartolina a Paola e anche .... ! *(2a pers. pl.)* **4.** Abbiamo consegnato il pacco proprio .... ! *(3a pers. pl.)* **5.** Dovete dare i soldi .... e non a Maria! *(1a pers. pl.)* **6.** A chi vuoi mostrare il quadro? – .... ! *(3a persona singolare, maschile)* **7.** Quella famosa pittrice olandese è seduta vicino .... ! *(3a persona singolare, femminile)* **8.** Questi vestiti colorati non sono adatti .... ! *(2a persona pl.)* **9.** .... piace la marmellata di albicocche! *(1a pers. sing.)* **10.** .... non piace la musica jazz! *(1a pers. pl.)*

5 Inserire il pronome personale complemento appropriato (pronomi deboli).

1. .... dispiace, ma non possiamo venire alla festa! *(1a pers. pl.)* **2.** Signora, ... piacciono i dolci italiani? *(Forma di cortesia, sing.)* **3.** .... interessano i libri di storia? *(2a pers. pl.)* **4.** Luisa .... ha portato dalla Grecia un vaso di ceramica! *(1a pers. sing.)* **5.** Il professore ha insegnato .... molte cose! *(3a pers. pl.)* **6.** Perché non .... hai chiesto maggiori informazioni? *(3a pers. sing., maschile)* **7.** Scusate, ... posso chiedere un favore? *(Forma di cortesia, pl.)* **8.** .... ho spedito un biglietto d'auguri! *(2a pers. sing.)* **9.** È piaciuto il libro a Barbara? – Sì. .... è piaciuto molto! *(3a pers. sing.)* **10.** .... puoi prestare la bicicletta? *(1a pers. sing.)*

6 Inserire, nella risposta, il pronome personale complemento appropriato (pronomi deboli).

Es.: *Hai dato una caramella al bambino? – Sì,* ***gli*** *ho dato una caramella alla menta.*

1. Mi hai portato i dischi di musica classica? – Sì, ... ho portato sei dischi. **2.** Avete chiesto scusa alla maestra? – Sì, ... abbiamo chiesto scusa questa mattina. **3.** Vi è piaciuto il concerto? – No, non .... è piaciuto molto! **4.** Hai raccontato la verità a Giorgio e a Stefano? – Sì, ho raccontato .... tutta la verità! **5.** Cosa porterete a Giacomo? – .... porteremo un profumo francese. **6.** Cosa ti serve adesso? – .... servono un chiodo e un martello! **7.** Ci telefonerai dall'America? – Certo! .... telefonerò molto spesso! **8.** Quando scriverete ai vostri genitori? – .... scriveremo presto! **9.** Vi servono queste matite colorate? – No, ora non .... servono. **10.** Ti interessa la letteratura russa? – No, non .... interessa proprio!

7 **Trasformare i pronomi personali complemento da forti a deboli.**

Es.: *Ho portato un regalo a voi.*
***Vi** ho portato un regalo.*

1. La maestra ha dato un premio a noi. ....
2. Noi dobbiamo parlare a te. ....
3. Perché hai raccontato una bugia a lei? ....
4. Silvana ha mandato a lui un meraviglioso regalo! ....
5. A voi serve l'indirizzo della nuova palestra? ....
6. L'insegnante deve spiegare a noi la grammatica italiana. ....
7. Perché non telefoni subito a lui? ....
8. Cosa porterete a me dall'Australia? ....
9. A voi piace viaggiare? ....
10. Ho mostrato a loro la nuova casa. ....

8 **Inserire il pronome personale complemento appropriato (pronomi forti con le preposizioni).**

1. Questo mazzo di fiori è per .... ! *(2a pers. sing.)* **2.** Perché non vieni con .... a teatro? *(1a pers. sing.)* **3.** Luca porta sempre il cane con .... ! *(3a pers. sing.)* **4.** Il direttore è molto arrabbiato con .... ! *(2a pers. sing.)* **5.** Avete parlato con .... ? *(3a pers. pl.)* **6.** Abbiamo cucinato una buonissima torta per .... ! *(2a pers. pl.)* **7.** Gli studenti hanno dei problemi: non sono soddisfatti di .... *(3a pers. pl.)* **8.** Quando verrete a cena da .... ? *(1a pers. pl.)* **9.** Signor Direttore, c'è una telefonata per .... *(Forma di cortesia, sing.)* **10.** Domani sera andrò al cinema con .... *(3a pers. sing., maschile)*

9 **Inserire i pronomi personali appropriati (diretti e indiretti, forti e deboli).**

1. Sono tanto felice per .... ! *(2a pers. pl.)* **2.** .... accompagnerete a Roma? *(1a pers. pl.)* **3.** La nonna ha regalato un libro .... e un pallone a te. *(1a pers. sing.)* **4.** Perché siete usciti con .... ? *(3a pers. pl.)* **5.** Il mio fidanzato è in America e .... manca tanto! *(1a pers. sing.)* **6.** Luisa è arrabbiata e non .... vuole vedere! *(2a pers. sing.)* **7.** I tuoi figli sono viziati: pensano soltanto a .... ! *(3a pers. pl.)* **8.** Ecco Carlo e Andrea! – .... conoscete? *(3a pers. pl.)* **9.** .... dispiace aprire la finestra? *(Forma di cortesia, sing.)* **10.** Roberta è così gentile! Voglio comprare un regalo per .... ! *(3a pers. sing., femminile)*

I pronomi personali riflessivi

I pronomi personali riflessivi sono così definiti, perché l'azione compiuta dal soggetto si riflette sul soggetto stesso: *Io mi vesto.*

Il significato della frase è *Io vesto me.* Il soggetto ***io*** (pronome personale soggetto di prima persona singolare) coincide con l'oggetto ***mi*** (pronome personale riflessivo di prima persona singolare). L'azione compiuta dal soggetto è, quindi, rivolta verso il soggetto stesso: l'azione si riflette sul soggetto.

Pronomi personali riflessivi		
	Singolare	**Plurale**
1 persona	**mi**	**ci**
2 persona	**ti**	**vi**
3 persona	**si, sé**	**si, sé**

Io mi vesto. *Noi ci vestiamo.* *Tu ti vesti.* *Voi vi vestite.*

Gianni / Maria si veste. *Gianni e Maria si vestono.*

I pronomi personali riflessivi hanno un'unica forma per il maschile e il femminile e sono uguali ai pronomi diretti e indiretti dativi deboli (***mi*** – ***ti*** – ***ci*** – ***vi***).

La terza persona singolare e plurale, maschile e femminile, è espressa da un apposito pronome: **si**.

Quando si vuole dare particolare risalto al pronome **si**, singolare e plurale, è possibile sostituirlo con **sé**: *Luca difende coraggiosamente sé e i propri amici. (= Luca si difende.)* **Sé** può essere a sua volta rafforzato con l'aggiunta dei pronomi indefiniti **stesso** o **medesimo**, perdendo, in questo caso, l'accento: *Giulia ama soltanto se stessa. (= Giulia si ama.)*

La forma di cortesia è **Si** per il singolare e **Vi** per il plurale, sia maschile che femminile:

Signora, come Si vuole pettinare? *Vi sentite bene?*

Attenzione!

Il passato prossimo dei verbi preceduti da un pronome riflessivo si forma sempre con l'ausiliare **essere**: *Fabio ha lavato una camicia.* *Fabio si è lavato.*

Anna ha svegliato la sorella. *Anna si è svegliata.*

Noi abbiamo pettinato i bambini. *Noi ci siamo pettinati.*

I pronomi **ci**, **vi** e **si**, in unione con certi verbi, possono avere anche valore reciproco:

Ho visto Roberto e ci siamo salutati.

Il significato della frase è: *Ho visto Roberto: lui ha salutato me e io ho salutato lui.*

Ci non ha, in questo caso, valore riflessivo, bensì reciproco, in quanto l'azione è compiuta da una persona verso l'altra e viceversa. Lo stesso vale per *Laura e Alberto si amano molto*, dove il significato della frase è: *Laura ama Alberto e Alberto ama Laura.*

I pronomi **mi**, **ti**, **ci**, **vi** e **si**, quando precedono verbi come *arrabbiarsi* (*io mi arrabbio*), *pentirsi* (*io mi pento*) o *vergognarsi* (*io mi vergogno*), per citarne solo alcuni, non hanno la funzione di pronomi riflessivi, ma fanno parte integrante del verbo.

1 Sottolineare nelle seguenti frasi i pronomi personali riflessivi.

1. Sono in ritardo e mi devo ancora vestire!
2. Anna si è lavata con una saponetta profumata.
3. Attenzione! I ragazzi si vogliono tuffare dagli scogli!
4. Tra un mese andremo in Inghilterra e ci fermeremo a Londra.
5. Gli Indiani d'America difendevano se stessi e il proprio territorio.
6. Sei tutto bagnato! Non ti vuoi asciugare?
7. Quando vi alzate di solito?
8. Giulio si mette sempre la cravatta.
9. Luisa e Paola sono molto vanitose: si guardano sempre allo specchio!
10. Sei pronto? – No, non mi sono ancora preparato!

2 Inserire il pronome personale riflessivo appropriato.

Es.: *.......... sei vestito?*
***Ti** sei vestito?*

1. Siamo stanchi: non .... vogliamo alzare! **2.** .... siete abituati al nuovo orario di lavoro? **3.** Carla vuole andare a letto e .... è già svestita. **4.** .... devo fermare una settimana a Milano! **5.** Fabrizio non .... è ancora abituato a vivere in città! **6.** Lo zio di Sandro .... è gettato nel fiume! **7.** .... devi impegnare di più a scuola!
8. Daniela e Giorgio sono troppo pigri: .... alzano sempre tardi! **9.** Quando .... iscriverai all'università? **10.** .... divertirete moltissimo al Luna Park!

3 Inserire il pronome personale riflessivo appropriato.

1. Io .... lavo sempre con l'acqua calda. **2.** Tua sorella ha la febbre e .... è messa a letto. **3.** .... metto il vestito rosso oppure quello giallo? **4.** Nostro figlio è caduto e .... è sporcato tutto! **5.** Ieri .... siamo tuffati dal trampolino. **6.** Ieri una nave è affondata, ma tutti i passeggeri .... sono salvati! **7.** .... fermerete molto in ufficio? **8.** .... sei divertito al cinema? **9.** Qui fa molto caldo! Perché non .... togliete il cappotto? **10.** Oggi .... siamo alzati alle otto.

4 Inserire il pronome personale riflessivo appropriato.

1. Il cane ha giocato in giardino e .... è sporcato. **2.** Viviamo a Londra da tre anni, ma non .... siamo ancora abituati alla cucina inglese! **3.** Io non .... guardo spesso allo specchio. **4.** I soldati .... sono difesi coraggiosamente. **5.** Perché .... siete messi l'abito da sera? **6.** La nave è affondata e i passeggeri .... sono gettati in mare!
7. Perché non .... vuoi lavare nella vasca da bagno? **8.** Monica .... trucca raramente e non va mai dal parrucchiere! **9.** Per Carnevale .... vestirò da pagliaccio!
10. .... sei pettinata con la spazzola o con il pettine?

5 **Inserire nella risposta il pronome personale riflessivo appropriato.**

Es.: *Vi siete pettinate?*
*Sì, **ci** siamo pettinate con la spazzola.*

1. Ti sei lanciato con il paracadute? – Sì, ... sono lanciato ieri. **2.** Anna si è iscritta al Liceo Scientifico? – No, ... è iscritta al Liceo Classico. **3.** I bambini si sono diverti a teatro? – No, non .... sono assolutamente divertiti! **4.** Mi sono truccata bene? – Sì, ... sei truccata benissimo! **5.** Dobbiamo indossare abiti sportivi? – Sì, ... dovete mettere un paio di jeans! **6.** Perché andate a letto così presto? – Perché domani .... dovremo alzare alle cinque! **7.** Siete già pronte? – Sì, ... siamo preparate in fretta! **8.** Ti sei allenato per la gara? – Sì, ... sono allenato per un mese! **9.** Ci dobbiamo impegnare di più? – Certo, ... dovete impegnare molto di più! **10.** Ho caldo! Mi posso togliere l'impermeabile? – Certo, ... puoi togliere anche la giacca!

6 **Inserire, nella domanda, il pronome personale riflessivo appropriato.**

Es.: ***Ti** sei tuffato in mare? - Sì, mi sono tuffato dallo scoglio.*

1. .... sei asciugato dopo il bagno? – Sì, mi sono asciugato al sole. **2.** Quando .... siete iscritti al corso di fotografia? – Ci siamo iscritti la settimana scorsa. **3.** Quando .... sei alzato questa mattina? – Mi sono alzato molto presto! **4.** Quanto tempo .... fermerà Luca a Parigi? – Si fermerà cinque mesi! **5.** .... dobbiamo preparare per l'esame? – Certo, vi dovete preparare seriamente! **6.** I bambini .... sono sporcati? – Sì, si sono sporcati di terra! **7.** .... siete curati? – Sì, abbiamo preso tutte le medicine! **8.** I naufraghi .... sono salvati? – Sì, si sono salvati tutti! **9.** .... vuoi fermare a casa mia? – No, grazie. Preferisco andare in albergo. **10.** .... devo lavare? – Certo! Ti devi lavare subito!

7 **Trasformare i seguenti verbi dal presente e dal futuro semplice al passato prossimo.**

Es.: *Io mi laverò domani. (femm.)*
*Io **mi sono lavata** ieri.*

1. Domani ti *(femm.)* metterai un abito elegante o sportivo?	Ieri ....
2. Lucia si pettina molto bene!	....
3. Noi *(masch.)* ci alleneremo in palestra.	....
4. Le ballerine dello spettacolo si truccano con cura.	Ieri ....
5. I nostri amici si fermeranno due giorni a Parigi.	....
6 Riccardo si iscriverà alla facoltà di medicina.	....
7. Mi diverto *(masch.)* molto con te!	....
8. Perché non vi *(masch.)* alzate dal letto?	....
9. Io *(masch.)* mi vesto in fretta.	....
10. I ballerini si preparano con cura.	....

8 Trasformare le parole sottolineate da singolari a plurali.

Es.: *Quando ti sei alzato?*
Quando ***vi siete alzati****?*

1. Laura si è asciugata i capelli. — Laura e Stefania ....
2. Sergio si è messo un maglione nuovo. — Sergio e Fabio ....
3. Ieri mi sono tuffata dallo scoglio. — ....
4. Ti sei abituata a vivere da sola? — ....
5. Mio cugino si è fermato per due settimane a New York. — ....
6. Tua sorella si è divertita molto. — ....
7. Perché ti sei tolto il cappello? — ....
8. Mi sono sporcato il cappotto. — ....
9. Mio fratello era malato, ma ora si sente meglio. — ....
10. Non ti senti stanco? — ....

9 Inserire, nel seguente dialogo, i pronomi personali riflessivi appropriati.

Fabio va a casa di Marco che ha la febbre:

F.: Ciao, Marco! Come .... senti?

M.: Ciao, Fabio! Oggi .... sento un po' meglio, grazie!

F.: Ieri faceva molto freddo! Perché tu e i tuoi amici .... siete tuffati in mare?

M.: Noi .... volevamo divertire! I miei amici, però, sono subito tornati indietro e .... sono asciugati; io, invece, ...sono nuovamente lanciato da uno scoglio!

F.: Che sciocco! E così, ieri sera, ... sei messo a letto?

M.: Certo! E .... sono preparato il latte caldo con il miele!

F.: Quando .... sei alzato questa mattina?

M.: .... sono alzato tardi e non .... sono ancora guardato allo specchio!... Però, voglio guarire presto!

F.: Certo! E la prossima settimana .... lanceremo con il paracadute!

UNITÀ 59 I pronomi relativi

I pronomi relativi, come tutti i pronomi, sostituiscono un nome e, inoltre, servono a mettere in relazione due frasi, congiungendole in un'unica:

Ho telefonato a Gianni ***che*** *lavora in banca.*

Il pronome relativo **che** sostituisce, in questa frase, il nome *Gianni* che non è in tal modo ripetuto e mette in relazione due frasi, altrimenti separate:

Ho telefonato a Gianni. Gianni lavora in banca.

I pronomi relativi più usati sono i seguenti:

Che

Il pronome relativo **che** è il più utilizzato. È invariabile, si pone dopo il nome che sostituisce e può essere usato come soggetto o come complemento oggetto. Il pronome **che** non può mai essere preceduto da preposizioni e quindi, nei complementi indiretti, è sostituito da **cui** o dalle opportune forme del pronome **quale**:

La ragazza, che ho salutato, è mia cugina.

La ragazza, a cui (alla quale) ho dato i fiori, è mia cugina.

Abbiamo scritto a Filippo	*che*	*abita a Venezia.*
I miei zii,	*che*	*insegnano a Roma, torneranno a Natale.*

Cui

Il pronome relativo **cui** è invariabile, si pone dopo il nome che sostituisce e può essere usato come complemento indiretto, preceduto da una preposizione semplice o articolata, e come complemento di termine, preceduto dalla preposizione semplice **a** o da nessuna preposizione:

Hai visto il bambino	*cui (a cui)*	*ho dato una caramella?*
L'avvocato,	*di cui*	*conosco la figlia, lavora in tribunale.*

Il quale (la quale, i quali, le quali)

I pronomi relativi **il quale, la quale, i quali, le quali**, meno utilizzati di **che** e **cui**, sono variabili nel genere e nel numero, si pongono dopo il nome che sostituiscono e con cui concordano e possono essere usati come complementi oggetto e come complementi indiretti, preceduti da una preposizione semplice o articolata.

Attenzione! È necessario utilizzare **il quale, la quale, i quali, le quali** quando non è sufficientemente chiaro a quale nome il pronome **che** si riferisce:

Ho incontrato il nipote di Laura che vive a Napoli: in questa frase non è chiaro se siano Laura o il nipote a vivere a Napoli. È meglio dire: *Ho incontrato il nipote di Laura, il quale vive a Napoli,* se si tratta del nipote; *Ho incontrato il nipote di Laura, la quale vive a Napoli,* se si tratta di Laura.

Abbiamo scritto a Filippo	*il quale*	*abita a Venezia.*
La ragazza,	*la quale*	*ho salutato, è mia cugina.*
I miei zii,	*i quali*	*insegnano a Roma, torneranno a Natale.*
Le signore,	*le quali*	*abbiamo visto ieri, vivono in Germania.*
Hai visto il bambino	*al quale*	*ho dato una caramella?*

1 **Sottolineare nelle seguenti frasi i pronomi relativi.**

1. Avete visto la segretaria che lavora con il direttore? **2.** Ho mangiato la torta che mia madre ha cucinato. **3.** Chi ha preso i dischi che erano sul tavolo? **4.** L'esame, per cui ho studiato, è molto difficile. **5.** La casa, dalla quale sono uscito, è di mia nonna. **6.** Gli abiti, con i quali ti vesti, sono veramente eleganti. **7.** L'appartamento, nel quale abitiamo, ha più di 100 anni. **8.** Il divano, su cui siete seduti, è molto vecchio.

2 **Unire le frasi con il pronome relativo *che*.**

Es.: *Ho visto Mario. Mario ha una casa in montagna.*
*Ho visto Mario **che** ha una casa in montagna.*

1. È arrivata mia zia. Mia zia abita a Genova.

....

2. Avete visto il libro? Il libro era sulla scrivania.

....

3. Abbiamo comprato un quadro. Il quadro costa cinquemila euro!

....

4. Hai mangiato il dolce? Ho cucinato il dolce ieri sera.

....

5. Perché non scrivi a Giovanna? Giovanna è a casa con la febbre.

....

6. Il postino ha portato la lettera. Aspettavi la lettera da molto tempo!

....

7. Dobbiamo vendere la casa. La casa era dei miei genitori.

....

8. Sapete a memoria le poesie? Ieri avete studiato le poesie.

....

3 **Unire le frasi con il pronome relativo *cui* e *cui* + *preposizione*.**

Es.: *Ecco la ragazza. Ho dato una lettera alla ragazza. (prep. articolata + nome)*
*Ecco la ragazza **a cui** ho dato una lettera. (prep. semplice + cui)*

1. Ho telefonato al ragazzo. Ho prestato la moto al ragazzo.

....

2. Conosci la signora? Ho regalato dei fiori alla signora.

....

3. Hai visto il film? Abbiamo tanto parlato del film.

....

4. Questo è l'aeroporto. Sono partita dall'aeroporto.

....

5. Questo è l'albergo. Ho dormito nell'albergo.

....

6. Ecco il signore. Ho cenato ieri sera con il signore.

....

7. Questa è la collina. Costruiremo la casa sulla collina.

....

8. Ho incontrato l'avvocato. Hai lavorato per l'avvocato.

....

4 Unire le frasi con il pronome relativo *che*, *cui* e *cui + preposizione*.

1. Quando mi presenterai gli amici? Sei uscito ieri con gli amici.

....

2. Hai comprato lo shampoo? Mi lavo i capelli con lo shampoo.

....

3. Conoscete l'operaio? L'operaio ha vinto diecimila euro.

....

4. Queste sono le foto. Abbiamo scattato le foto in vacanza.

....

5. Anna ha comprato la casa. I miei genitori abitavano nella casa.

....

6. Quello è l'architetto. Ti ho parlato dell'architetto.

....

7. Ecco la signora. Venderemo i mobili alla signora.

....

8. Quello è il treno. Siamo scesi dal treno.

....

5 Sostituire i pronomi *il quale*, *al quale*, ecc. con i pronomi *che*, *a cui*, ecc..

Es.: *È quello il ristorante, nel quale siete stati ieri? (prep. articolata + quale)*
È quello il ristorante, ***in cui*** *siete stati ieri? (prep. semplice + cui)*

1. Vedi il ragazzo il quale passeggia nel parco?

....

2. Posso leggere la poesia, la quale ti ha dedicato il tuo fidanzato?

....

3. Vogliamo mangiare gli spaghetti, i quali abbiamo cucinato ieri.

....

4. Mia moglie ha scritto un libro, del quale è molto orgogliosa.

....

5. L'Italia è il paese nel quale ho vissuto per molti anni.

....

6. Dov'è il libro il quale leggevo poco fa?

....

7. Quella è la parete sulla quale appenderò il quadro.

....

8. Quello è il maestro dal quale ho imparato a leggere e scrivere.

....

6 Sostituire i pronomi *il quale*, *al quale*, ecc. con i pronomi *che*, *a cui*, ecc..

1. Questa non è la porta dalla quale siamo entrati.

....

2. Hai aperto il pacco il quale ti ha portato Susanna?

....

3. Dove sono i ragazzi con i quali parlavate poco fa?

....

4. Il bambino, al quale ho prestato la bicicletta, abita nel mio palazzo.

....

5. Le maestre, delle quali conosciamo i nomi, lavorano in questa scuola.

....

6. La montagna, sulla quale siamo saliti, è alta più di 2 000 metri.

....

7. Il paese, nel quale vivono i miei amici, si trova in campagna.

....

8. Perché non hai salutato il signore, il quale abita al piano superiore?

....

7 Inserire i pronomi relativi appropriati, scegliendoli tra quelli indicati fra parentesi.

1. La macchina, ... uso di solito, è rotta. *(che – con cui)* **2.** Il libro, ... mi hai parlato, è interessante. *(con il quale – del quale)* **3.** Il paese, ...vivo, è l'Italia. *(dal quale – in cui)* **4.** Dario, ... ho regalato un disco, frequenta l'università. *(al quale – per il quale)* **5.** Il medico, ... conosciamo la moglie, è molto famoso! *(al quale – del quale)* **6.** Il ragazzo, ... hai dato i soldi, è un ladro! *(a cui – ai quali)* **7.** I piatti, ... hai comprato, sono tutti rotti! *(che – cui)* **8.** Lo zio, ... ho vissuto, è molto ricco! *(con cui – a cui)*

8 Inserire i pronomi relativi appropriati, scegliendoli tra quelli indicati fra parentesi.

1. Il collega, ... lavoro, ha tre figli. *(a cui – con cui)* **2.** Sara, ... ho scritto ieri, è partita per le vacanze. *(alla quale – con cui)* **3.** Il dolce, ... avete mangiato, viene dalla Francia. *(che – cui)* **4.** Il signore, ... ho ricevuto il regalo, ha quasi 80 anni. *(dal quale – al quale)* **5.** La sedia, ... sei seduto, era di mio nonno. *(da cui – su cui)* **6.** Noi vogliamo i soldi .... abbiamo guadagnato! *(ai quali – che)* **7.** I libri, ... conoscete gli autori, sono molto antichi. *(dei quali – a cui)* **8.** Hai scaldato il latte .... era nel frigorifero? *(che – con il quale)*

UNITÀ 60

Le congiunzioni coordinanti

La congiunzione è la parte invariabile del discorso che serve a congiungere, cioè a collegare, due parole o due gruppi di parole, in una stessa proposizione, oppure due proposizioni.

Le congiunzioni si definiscono **coordinanti**, quando collegano due elementi che hanno la stessa funzione e sono posti sullo stesso piano: *Laura e Alberto sono fidanzati.*

La **congiunzione coordinante "e"** collega le parole *Laura* e *Alberto.*

Abbiamo cenato e siamo usciti.

La **congiunzione coordinante "e"** collega le proposizioni *Abbiamo cenato e siamo usciti.*

Sono elencate, qui di seguito, le congiunzioni coordinanti più utilizzate:

E, Né

Silvia ha 20 anni e frequenta l'università.

Luisa non mi scrive né (= e non) mi telefona da tre mesi!

Attenzione! La congiunzione **e** si modifica in **ed** davanti a una parola che inizia con la vocale **e**. Davanti a parole che iniziano con una vocale diversa, la forma **ed** non è più usata:

Maria ha dieci anni ed è molto vivace.

O, Oppure

Vai al cinema o (= oppure) in discoteca?

Ti scriverò o (= oppure) ti telefonerò.

Quindi, Perciò

La festa è finita, quindi (= perciò) torniamo a casa!

L'esame di matematica è andato male, perciò (= quindi) dovrai studiare di più!

Cioè, Infatti

Il treno parte tra quindici minuti, cioè alle 21.45.

Luciano lavora troppo. Infatti è sempre stanco!

Ma, Tuttavia, Però

Andrea è intelligente ma antipatico!

Ho incontrato Fabio, ma non mi ha salutato!

Oggi piove, tuttavia non fa freddo!

Abbiamo mangiato molto, tuttavia abbiamo ancora fame.

Lavorare è faticoso, però è necessario!

Marco è medico, però guadagna poco!

La congiunzione **ma** è sempre preceduta dalla virgola, quando unisce due proposizioni:

Ho lavorato molto, ma non sono stanco.

La virgola non è necessaria quando **ma** unisce due parole della stessa proposizione:

La mia auto è piccola ma veloce.

Sia... sia, O... o, Né... né, Non solo... ma anche

Abbiamo mangiato sia la pasta sia il riso!

Giorgio lavora sia di giorno sia di notte!

Comprerò o la gonna rossa o la gonna nera.

Né Anna né io verremo al cinema.

Ho visto non solo Parigi, ma anche Londra!

Sara non vuole mangiare né la carne né il pesce!

1 Sottolineare nelle seguenti frasi le congiunzioni coordinanti.

1. Davide ha un cane e cinque gatti. **2.** Ho finito il lavoro, quindi posso andare a casa. **3.** I miei zii non verranno né oggi né domani. **4.** Stefano studia moltissimo. Infatti è il più bravo della classe! **5.** Volete una tazza di tè oppure preferite un succo di frutta? **6.** Carla non ha mangiato la torta né ha bevuto il caffè! **7.** Siamo venuti alla festa, ma non possiamo rimanere molto! **8.** Quel quadro ha un grande valore, però non mi piace. **9.** Ho speso tutto il mio stipendio, cioè quasi mille euro! **10.** Il bambino ha sonno, però non vuole andare a letto!

2 Inserire le congiunzioni coordinanti appropriate, scegliendole tra quelle indicate fra parentesi.

1. Anna .... Paola sono sorelle. *(e – oppure)* **2.** Vuoi indossare l'abito marrone .... quello grigio? *(né – o)* **3.** .... Picasso .... Gauguin erano pittori. *(Sia sia – Né né)* **4.** Abbiamo pochi soldi, ... non possiamo spendere molto! *(quindi – ma)* **5.** Mario è un ragazzo bello .... noioso! *(cioè – ma)* **6.** Le vacanze scolastiche sono cominciate, ... la scuola è chiusa! *(però – perciò)* **7.** Io sono italiana. .... sono nata e vivo in Italia. *(infatti – ma)* **8.** .... Manzoni .... Leopardi erano pittori. *(Sia sia – Né né)* **9.** Possiamo fare una cosa sola: .... andiamo al ristorante .... in discoteca! *(né né – o o)* **10.** Ho vinto duecentocinquantamila euro, ... quasi mezzo miliardo di vecchie lire! *(cioè – tuttavia)*

3 Combinare le parti delle seguenti frasi.

1. Non solo tuo cugino non lavora,	quindi possiamo andare a sciare!
2. Devi decidere: o vai a scuola	oppure dei pasticcini?
3. Sandra e Paola sono fidanzate	Infatti ha quasi 92 anni!
4. Ieri è caduta la neve,	o vai a lavorare!
5. I negozi sono chiusi,	perciò non può ricevere telefonate.
6. Il direttore è occupato,	sia leggere i romanzi gialli.
7. Desiderate una fetta di torta	ma dorme anche tutta la mattina!
8. La nonna è molto anziana.	cioè alle dodici esatte!
9. Mi piace sia giocare a scacchi	con Enrico e Nicola.
10. Ti telefonerò tra mezz'ora,	tuttavia le farmacie sono sempre aperte!

4 Inserire le congiunzioni coordinanti appropriate, scegliendole tra quelle qui di seguito elencate.

tuttavia / e / infatti / o-o / oppure / non solo ma anche / cioè / né-né / sia-sia / perciò

1. Mio fratello .... tuo cugino frequentano la stessa palestra. **2.** Preferite uscire .... restare a casa? **3.** Non hai voluto ascoltare le mie parole e .... hai sbagliato! **4.** Verrò tra un mese esatto, ... il 20 luglio. **5.** .... Giovanni .... Antonio giocano a calcio e sono molto bravi. **6.** Fabiana lavora poco, ... guadagna molto! **7.** Dovete scegliere: .... mangiate la carne .... il pesce! **8.** Non vogliamo .... bere .... mangiare! **9.** Lucia lavora come indossatrice. .... è molto alta. **10.** Abbiamo vinto .... il primo premio, ... il secondo.

APPENDICE 1

La fonetica

L'alfabeto italiano

L'alfabeto italiano è composto da 21 lettere, che si possono scrivere con caratteri maiuscoli o minuscoli:

A	B	C	D	E	F	G	H	I	L	M
a	b	c	d	e	f	g	h	i	l	m
a	bi	ci	di	e	effe	gi	acca	i	elle	emme
N	O	P	Q	R	S	T	U	V	Z	
n	o	p	q	r	s	t	u	v	z	
enne	o	pi	qu	erre	esse	ti	u	vu	zeta	

A queste si aggiungono altre cinque lettere, utilizzate soprattutto per trascrivere parole straniere:

J	K	W	X	Y
j	k	w	x	y
i lunga	cappa	doppia v	ics	ipsilon o i greca

L'alfabeto fonetico

Le vocali			
Simbolo fonetico	**Lettera dell'alfabeto**	**Esempio**	**Trascrizione fonetica**
[a]	a	mare	['mare]
[e]	e chiusa	penna	['penna]
[ɛ]	e aperta	festa	['fɛsta]
[i]	i	riso	['riso]
[o]	o chiusa	amore	[a'more]
[ɔ]	o aperta	porta	['pɔrta]
[u]	u	uno	['uno]

Le consonanti			
Simbolo fonetico	**Lettera dell'alfabeto**	**Esempio**	**Trascrizione fonetica**
[b]	b	**b**uco	['buco]
[tʃ]	c (+ e, i)	**c**ena	['tʃena]
[k]	c (+ a, o, u)	**c**ane	['kane]
	ch (+ e, i)	**ch**iave	['kjave]
	qu (+ ua, ue, ui, uo)	**qu**aderno	[kwa'dɛrno]
[d]	d	**d**ado	['dado]
[f]	f	**f**aro	['faro]
[g]	g (+ a, o, u)	**g**atto	['gatto]
	gh (+ e, i)	**gh**iro	['giro]
[dʒ]	g (+ e, i)	**g**elo	['dʒelo]
[l]	l	**l**ana	['lana]
[ʎ]	gl (+ i)	fi**gli**	['fiʎi]
	gli (+ a, e, o, u)	fi**gli**o	['fiʎʎio]
[m]	m	ra**m**o	['ramo]
[n]	n	lu**n**a	['luna]
[ɲ]	gn	**gn**omo	[*'ɲɔmo]
[p]	p	**p**era	['pera]
[r]	r	**r**adio	['radjo]
[s]	s sorda	**s**ole	['sole]
[z]	s sonora	vi**s**o	['vizo]
[ʃ]	sc (+ e, i)	**sc**i	[*ʃi*]
	sci (+ a, o, u)	**sci**arpa	[*'ʃarpa]
[t]	t	**t**ana	['tana]
[v]	v	**v**ino	['vino]
[ts]	z sorda	**z**io	[*'tsio]
[dz]	z sonora	**z**ero	[*'dzɛro]

Molte parole italiane contengono consonanti doppie, che vanno perciò pronunciate con maggior forza: *sorella* [so'rɛlla], *azzurro* [ad'dzurro], *gatto* ['gatto], ecc.

A volte il raddoppiamento delle consonanti serve a distinguere due parole simili:

pala ['**p**ala]; *palla* ['**p**alla].

Le semiconsonanti

Le vocali **i** e **u**, quando sono seguite da un'altra vocale, hanno un suono intermedio tra quello vocalico e quello consonantico e si definiscono perciò semiconsonanti.

Simbolo fonetico	Lettera dell'alfabeto	Esempio	Trascrizione fonetica
[j]	i semiconsonantica	ieri	['jɛri]
[w]	u semiconsonantica	uomo	['wɔmo]

La lettera *h*

La lettera *h* è muta, in quanto non produce alcun suono. Essa è utilizzata per:

- indicare quando le consonanti **c** e **g** hanno un suono duro, anche se seguite da **e** oppure **i**: *chilo* ['kilo], *margherita* [marge'rita].
- distinguere le voci del verbo avere da parole che si pronunciano nello stesso modo: *ho - o, hai - ai, ha - a, hanno - anno.*

L'accento

L'accento tonico, o semplicemente accento, indica con quale tono pronunciare una parola, o più precisamente quale vocale, facente parte della sillaba di una parola, debba essere pronunciata con maggior forza.

La sillaba e la vocale su cui cade l'accento si definiscono toniche, cioè colpite dall'accento tonico; le altre si definiscono atone, cioè prive di accento.

L'accento tonico è espresso attraverso l'accento grafico che può essere **grave** [`] o **acuto** [´].

L'accento grave è utilizzato sulle vocali **a, i, u**: *volontà* [volon'ta*], *finìto* [fi'nito], *giù* ['dʒu*] e sulle vocali **e, o aperte**: *caffè* [kaf'fɛ*], *andrò* [an'drɔ*].

L'accento acuto è utilizzato sulle vocali **e, o chiuse**: *perché* [per'ke*], *odóre* [o'dore].

L'accento è obbligatorio, e quindi deve essere espresso graficamente, in parole come: *caffè, bontà* [bon'ta*]), *perché, farò* [fa'rɔ*]), *lì* [li*], *può* [pwɔ*], *è* [ɛ*], *sì* [si*], ecc.

Nella maggior parte dei casi l'accento non è espresso graficamente; occorre quindi consultare il dizionario per conoscere la pronuncia esatta di una parola e sapere se le vocali **e – o**, eventualmente presenti, siano aperte o chiuse.

L'elisione

L'elisione consiste nell'eliminare la vocale atona finale di una parola, quando questa si trova davanti a un'altra parola che inizia anch'essa per vocale. Al posto della vocale eliminata compare il segno dell'apostrofo [']: *un'ape (una ape), quell'uomo (quello uomo).*

L'elisione è obbligatoria:

- con gli articoli **lo, la** e **le preposizioni composte con tali articoli**: *l'oro (lo oro), l'aria (la aria), l'uva (la uva), nell'isola (nella isola), dell'occhio (dello occhio);*
- con l'aggettivo dimostrativo **quello, quella**: *quell'anno (quello anno), quell'erba (quella erba);*
- con gli aggettivi **bello, bella** e **santo, santa:** *bell'uomo (bello uomo), Sant'Agostino (Santo Agostino);*
- con l'avverbio **ci** davanti a verbi che iniziano per **e**: *c'è (ci è), c'erano (ci erano);*
- in alcune formule fisse: *mezz'ora (mezza ora), nessun'altra (nessuna altra), pover'uomo (povero uomo), d'ora in poi (da ora in poi).*

Alcuni cenni sulla metrica*

La metrica è l'insieme delle regole riguardanti la composizione e la struttura dei versi poetici.

* Essendo l'argomento particolarmente complesso, ci limitiamo qui a fornire solo alcune informazioni basilari.

I versi sono classificati in base al numero delle sillabe che li compongono. Un verso può essere composto da due, tre, quattro, fino a undici sillabe. (**Attenzione!** Il numero delle sillabe non corrisponde al numero delle parole; esistono, infatti, parole formate da una sola sillaba, ma, più spesso, le parole sono formate da un numero superiore di sillabe.)

Il verso poetico possiede anche un ritmo musicale, prodotto dai cosiddetti "accenti ritmici"; gli accenti ritmici del verso poetico corrispondono, per lo più, agli accenti tonici delle parole, ma la diversa e libera disposizione delle parole nel verso, decisa dal poeta che compone la poesia, crea un ritmo diverso da quello della prosa.

In italiano l'accento tonico può cadere:

- sull'ultima sillaba: *bontà, là, farò, lavorerà,* ecc. (In questo caso l'accento deve essere scritto);
- sulla penultima sillaba: *càne, andàre,* ecc. (L'accento si legge, ma non si scrive);
- sulla terzultima sillaba: *tàvolo, tènero, pòpolo,* ecc. (L'accento si legge, ma non si scrive).

In casi particolari l'accento può cadere anche sulla quartultima e quintultima sillaba.

Questa grande varietà di accenti contribuisce a dare alla lingua italiana un ritmo vario e musicale.

L'accento serve, inoltre, a distinguere parole che si scrivono allo stesso modo, ma hanno un significato diverso: *però* (congiunzione), *péro* (albero di pere), *àncora* (della nave), *ancóra* (avverbio), *lèggere* (verbo), *leggère* (aggettivo).

La posizione dell'aggettivo qualificativo

L'aggettivo qualificativo può stare sia prima sia dopo il nome a cui si riferisce: *un bambino grazioso; un grazioso bambino.* La diversa posizione può indicare differenze di significato.

Generalmente, l'aggettivo posto prima del nome ha un'importanza minore, mentre quello posto dopo il nome ha un'importanza maggiore:

> *Enrico ha un simpatico fratello.* = La frase evidenzia che Enrico ha un fratello.
> *Enrico ha un fratello simpatico.* = La frase evidenzia che il fratello di Enrico è simpatico.

L'aggettivo posto prima del nome ha solitamente un valore descrittivo, mentre l'aggettivo posto dopo il nome ha una valore distintivo:

> *Ecco Maria con il suo ricco zio!* = L'aggettivo serve a descrivere lo zio di Maria.
> *Ecco Maria con il suo zio ricco!* = L'aggettivo serve a distinguere questo zio da altri zii di Maria che non sono ricchi.

Alcuni aggettivi si usano sempre dopo il nome:

- aggettivi indicanti nazionalità: *un ragazzo italiano; una segretaria svedese;*
- aggettivi indicanti categorie particolari: *un uomo cattolico; un giornale sportivo;*
- aggettivi indicanti forma, materia e colore: *una scatola quadrata; un terreno sabbioso.*

Se gli aggettivi qualificativi che si riferiscono a un nome sono più di uno:

- si mettono prima del nome, quando si vuole dare a essi valore generico: *un lungo, elegante abito;*
- si mettono dopo il nome, quando si vuole dare a essi valore specifico: *un abito lungo ed elegante;*
- si mettono uno prima del nome e l'altro dopo, quando si vuole dare a uno di essi valore generico e all'altro valore specifico: *un lungo abito elegante* (qui *lungo* ha valore generico, mentre *elegante* ha valore specifico).

APPENDICE 2

Schema riassuntivo dei verbi ausiliari *essere* e *avere*

Il verbo *essere*

Indicativo				
	Presente	**Passato prossimo**	**Imperfetto**	**Futuro semplice**
Io	sono	sono stato/stata	ero	sarò
tu	sei	sei stato/stata	eri	sarai
lui/lei	è	è stato/stata	era	sarà
noi	siamo	siamo stati/state	eravamo	saremo
voi	siete	siete stati/state	eravate	sarete
loro	sono	sono stati/state	erano	saranno

Il verbo *avere*

Indicativo				
	Presente	**Passato prossimo**	**Imperfetto**	**Futuro semplice**
Io	ho	ho avuto	avevo	avrò
tu	hai	hai avuto	avevi	avrai
lui/lei	ha	ha avuto	aveva	avrà
noi	abbiamo	abbiamo avuto	avevamo	avremo
voi	avete	avete avuto	avevate	avrete
loro	hanno	hanno avuto	avevano	avranno

Schema riassuntivo dei verbi servili

Il verbo *potere*

Indicativo				
	Presente	**Passato prossimo**	**Imperfetto**	**Futuro semplice**
Io	posso	ho potuto – sono potuto/a	potevo	potrò
tu	puoi	hai potuto – sei potuto/a	potevi	potrai
lui/lei	può	ha potuto – è potuto/a	poteva	potrà
noi	possiamo	abbiamo potuto – siamo potuti/e	potevamo	potremo
voi	potete	avete potuto – siete potuti/e	potevate	potrete
loro	possono	hanno potuto – sono potuti/e	potevano	potranno

Il verbo *volere*

Indicativo				
	Presente	**Passato prossimo**	**Imperfetto**	**Futuro semplice**
Io	voglio	ho voluto – sono voluto/a	volevo	vorrò
tu	vuoi	hai voluto – sei voluto/a	volevi	vorrai
lui/lei	vuole	ha voluto – è voluto/a	voleva	vorrà
noi	vogliamo	abbiamo voluto – siamo voluti/e	volevamo	vorremo
voi	volete	avete voluto – siete voluti/e	volevate	vorrete
loro	vogliono	hanno voluto – sono voluti/e	volevano	vorranno

Il verbo *dovere*

Indicativo				
	Presente	**Passato prossimo**	**Imperfetto**	**Futuro semplice**
Io	devo	ho dovuto – sono dovuto/a	dovevo	dovrò
tu	devi	hai dovuto – sei dovuto/a	dovevi	dovrai
lui/lei	deve	ha dovuto – è dovuto/a	doveva	dovrà
noi	dobbiamo	abbiamo dovuto – siamo dovuti/e	dovevamo	dovremo
voi	dovete	avete dovuto – siete dovuti/e	dovevate	dovrete
loro	devono	hanno dovuto – sono dovuti/e	dovevano	dovranno

Il verbo *sapere*

Indicativo				
	Presente	**Passato prossimo**	**Imperfetto**	**Futuro semplice**
Io	so	ho saputo	sapevo	saprò
tu	sai	hai saputo	sapevi	saprai
lui/lei	sa	ha saputo	sapeva	saprà
noi	sappiamo	abbiamo saputo	sapevamo	sapremo
voi	sapete	avete saputo	sapevate	saprete
loro	sanno	hanno saputo	sapevano	sapranno

Schema riassuntivo dei verbi delle tre coniugazioni

Verbi in *-are*

Indicativo				
	Presente	Passato prossimo	Imperfetto	Futuro semplice
Io	amo	ho amato	amavo	amerò
tu	ami	hai amato	amavi	amerai
lui/lei	ama	ha amato	amava	amerà
noi	amiamo	abbiamo amato	amavamo	ameremo
voi	amate	avete amato	amavate	amerete
loro	amano	hanno amato	amavano	ameranno

Verbi in *-ere*

Indicativo				
	Presente	Passato prossimo	Imperfetto	Futuro semplice
Io	temo	ho temuto	temevo	temerò
tu	temi	hai temuto	temevi	temerai
lui/lei	teme	ha temuto	temeva	temerà
noi	temiamo	abbiamo temuto	temevamo	temeremo
voi	temete	avete temuto	temevate	temerete
loro	temono	hanno temuto	temevano	temeranno

Verbi in *-ire*

Indicativo				
	Presente	Passato prossimo	Imperfetto	Futuro semplice
Io	sento	ho sentito	sentivo	sentirò
tu	senti	hai sentito	sentivi	sentirai
lui/lei	sente	ha sentito	sentiva	sentirà
noi	sentiamo	abbiamo sentito	sentivamo	sentiremo
voi	sentite	avete sentito	sentivate	sentirete
loro	sentono	hanno sentito	sentivano	sentiranno

APPENDICE 5

Schema riassuntivo dei verbi irregolari delle tre coniugazioni

Indicativo Presente				
	Andare	Dare	Fare	Stare
Io	vado	do	faccio	sto
tu	vai	dai	fai	stai
lui/lei	va	dà	fa	sta
noi	andiamo	diamo	facciamo	stiamo
voi	andate	date	fate	state
loro	vanno	danno	fanno	stanno

Indicativo Presente						
	Bere	Rimanere	Scegliere	Sciogliere	Tenere	Togliere
Io	bevo	rimango	scelgo	sciolgo	tengo	tolgo
tu	bevi	rimani	scegli	sciogli	tieni	togli
lui/lei	beve	rimane	sceglie	scioglie	tiene	toglie
noi	beviamo	rimaniamo	scegliamo	sciogliamo	teniamo	togliamo
voi	bevete	rimanete	scegliete	sciogliete	tenete	togliete
loro	bevono	rimangono	scelgono	sciolgono	tengono	tolgono

Indicativo Presente				
	Dire	Salire	Uscire	Venire
Io	dico	salgo	esco	vengo
tu	dici	sali	esci	vieni
lui/lei	dice	sale	esce	viene
noi	diciamo	saliamo	usciamo	veniamo
voi	dite	salite	uscite	venite
loro	dicono	salgono	escono	vengono

Participio Passato			
Verbo	**Participio passato**	**Verbo**	**Participio passato**
Fare	fatto	**Prendere**	preso
Accendere	acceso	**Ridere**	riso
Bere	bevuto	**Rimanere**	rimasto
Chiedere	chiesto	**Rispondere**	risposto
Chiudere	chiuso	**Rompere**	rotto
Conoscere	conosciuto	**Scegliere**	scelto
Correre	corso	**Scendere**	sceso
Crescere	cresciuto	**Scrivere**	scritto
Difendere	difeso	**Spegnere**	spento
Dipingere	dipinto	**Togliere**	tolto
Dividere	diviso	**Tradurre**	tradotto
Friggere	fritto	**Vedere**	visto
Leggere	letto	**Vincere**	vinto
Mettere	messo	**Vivere**	vissuto
Nascere	nato	**Aprire**	aperto
Nascondere	nascosto	**Dire**	detto
Piangere	pianto	**Venire**	venuto

Indicativo Imperfetto			
	Fare	**Bere**	**Dire**
Io	facevo	bevevo	dicevo
tu	facevi	bevevi	dicevi
lui/lei	faceva	beveva	diceva
noi	facevamo	bevevamo	dicevamo
voi	facevate	bevevate	dicevate
loro	facevano	bevevano	dicevano

Indicativo futuro semplice				
	Andare	**Dare**	**Fare**	**Stare**
Io	andrò	darò	farò	starò
tu	andrai	darai	farai	starai
lui/lei	andrà	darà	farà	starà
noi	andremo	daremo	faremo	staremo
voi	andrete	darete	farete	starete
loro	andranno	daranno	faranno	staranno
	Bere	**Cadere**	**Rimanere**	**Tenere**
Io	berrò	cadrò	rimarrò	terrò
tu	berrai	cadrai	rimarrai	terrai
lui/lei	berrà	cadrà	rimarrà	terrà
noi	berremo	cadremo	rimarremo	terremo
voi	berrete	cadrete	rimarrete	terrete
loro	berranno	cadranno	rimarranno	terranno

	Vedere	**Vivere**	**Venire**
Io	vedrò	vivrò	verrò
tu	vedrai	vivrai	verrai
lui/lei	vedrà	vivrà	verrà
noi	vedremo	vivremo	verremo
voi	vedrete	vivrete	verrete
loro	vedranno	vivranno	verranno

Esercizi di riepilogo

Unità 1-10

1 Coniugare il verbo tra parentesi (presente dei verbi *essere* e *avere*).

Es.: *Io (essere) .... italiana.*
*Io **sono** italiana.*

1. Luca (*essere*) .... uno studente universitario. **2.** Noi (*avere*) .... una casa a Londra. **3.** (*Avere – tu*) .... una penna e una matita? **4.** Non (*avere – voi*) .... fame? **5.** I genitori di Luisa non (*avere*) .... la macchina. **6.** Noi (*essere*) .... i cugini di Fabio. **7.** (*Essere – voi*) .... le nuove infermiere? **8.** (*Essere – tu*) .... francese oppure inglese? **9.** Il bambino (*avere*) .... sete! **10.** Le sorelle di Lucia (*essere*) .... delle ballerine.

2 Coniugare il verbo tra parentesi (presente dei verbi *essere* e *avere*).

1. Io (*avere*) .... una bicicletta nuova. **2.** Noi non (*essere*) .... dei bugiardi! **3.** I bambini (*avere*) .... sonno. **4.** Io non (*essere*) .... il fratello di Gianni. **5.** (*Avere – tu*) .... molto freddo? **6.** Il cantante Elton John (*avere*) .... una casa in California. **7.** La torta (*essere*) .... pronta! **8.** (*Essere – voi*) .... fortunati oppure sfortunati? **9.** I professori di italiano (*essere*) .... molto severi. **10.** Noi (*avere*) .... il raffreddore.

3 Inserire il pronome personale appropriato.

Es.: *.............. siamo i genitori di Giulio.*
***Noi** siamo i genitori di Giulio.*

1. .... non avete paura? **2.** .... ho tre gatti e un cane, e tu? **3.** Ecco Giorgio e Riccardo! .... sono sempre in ritardo! **4.** Scusate, Signori, anche .... siete invitati alla festa? **5.** Complimenti, Signora! .... è davvero elegante. **6.** Roberto è vecchio? – No! .... ha solo 45 anni! **7.** .... hai un lavoro? **8.** Sara ha un figlio? – No! .... ha due figli! **9.** Ecco Stefania e Rosa! .... sono sempre puntuali! **10.** .... abbiamo molto caldo.

4 Aggiungere a ciascun termine l'articolo determinativo appropriato.

....	tavolo	....	gnomi	....	tovaglia	....	albero
....	armadio	....	zoccolo	....	yogurt	....	quaderni
....	spiaggia	....	ora	....	persone	....	iugoslavi
....	gelati	....	scivolo	....	isola	....	orso
....	alberi	....	api	....	zio	....	erba
....	psicologi	....	mani	....	sapone	....	occhi
....	uva	....	braccia	....	pasta	....	orecchio

5 Aggiungere a ciascun termine l'articolo indeterminativo appropriato.

....	bambino	....	ombrello	....	figlia	....	amica
....	indiano	....	spaghetti	....	indiana	....	zaino
....	gnocchi	....	parola	....	ragazze	....	borse
....	uomini	....	cugini	....	libri	....	specchi
....	zero	....	arpa	....	bambola	....	vaso
....	insalata	....	mele	....	scogli	....	banana
....	onde	....	gatti	....	asciugamano	....	pneumatico

6 Coniugare il verbo tra parentesi (presente dei verbi in *-are*, *-ere* e *-ire regolari*).

Es.: *Io (studiare) .... la geografia.*
*Io **studio** la geografia.*

1. Gli studenti (*leggere*) .... un libro di storia. **2.** Luisa (*guadagnare*) .... e (*spendere*) .... molto. **3.** Tu (*parlare*) .... troppo piano e io non (*sentire*) .... bene. **4.** Noi (*nuotare*) .... in mare. **5.** Ora i bambini (*aprire*) .... i regali. **6.** Perché non (*accendere – voi*) .... la televisione? **7.** Io non (*trovare*) .... le chiavi di casa! **8.** Noi (*partire*) .... tra poco con il treno. **9.** Paolo non (*conoscere*) .... Luciano Pavarotti! **10.** Perché non (*dormire – tu*) ....? Non hai sonno?

7 Coniugare il verbo tra parentesi (verbi in *-are*, *-ere* e *-ire irregolari*).

Es.: *I nonni (stare) .... bene.*
*I nonni **stanno** bene.*

1. Noi (*andare*) .... al cinema. **2.** La mamma (*dare*) .... un biscotto al bambino. **3.** Anche Gianni e Carlo (*venire*) .... a teatro? **4.** (*Bere – voi*) .... un'aranciata oppure un tè? **5.** Io (*salire*) .... con l'ascensore. **6.** (*Fare – noi*) .... un bagno in mare? **7.** (*Rimanere – tu*) .... a casa o (*venire – tu*) .... in palestra? **8.** Pietro (*uscire*) .... dall'ufficio alle sette. **9.** Perché (*tenere – tu*) .... il giornale in mano? **10.** I figli di Luigi (*dire*) .... sempre la verità.

8 Coniugare il verbo tra parentesi (*presente.* Particolarità delle coniugazioni in *-are* e *-ire*).

Es.: *Gli studenti non (capire) .... la matematica.*
*Gli studenti non **capiscono** la matematica.*

1. Noi non (*dimenticare*) .... mai gli appuntamenti. **2.** I muratori (*costruire*) .... un muro. **3.** Perché non (*finire – tu*) .... il gelato? **4.** Noi (*mangiare*) .... soltanto la pasta. **5.** Gli alberi (*fiorire*) .... a marzo. **6.** Perché (*sciare – tu*) .... solo in Svizzera? **7.** Io (*sbagliare*) .... spesso. **8.** Giorgio (*scolpire*) .... il legno. **9.** (*Pregare – tu*) .... spesso? **10.** (*Cominciare – noi*) .... il lavoro?

9 Trasformare le parole sottolineate da singolari a plurali.

Es.: *Il gatto mangia il pesce.*
***I gatti mangiano** i pesci.*

1. Io finisco la lettera. .... lettere.
2. Lui compra un gelato. .... gelati.
3. Perché non leggi un libro? .... libri?
4. Io pianto un albero. .... alberi.
5. Mangi lo yogurt? .... yogurt?
6. Non trovo lo zaino. .... zaini.
7. Lui è uno psicologo. .... psicologi.
8. Hai uno specchio? .... specchi?

10 Trasformare le parole sottolineate da plurali a singolari.

Es.: *Noi beviamo una cioccolata.*
***Io bevo** una cioccolata.*

1. Le ragazze scrivono delle poesie. .... ragazza .... poesia.
2. Noi non capiamo gli esercizi di geometria. .... di geometria.
3. Voi siete degli astronomi? .... astronomo?
4. Voi non dimenticate mai gli zaini? .... zaino?
5. Noi mangiamo dei pomodori. .... pomodoro.
6. Loro (*femm.*) stirano i vestiti. .... vestito.
7. Voi avete delle matite? .... matita?
8. Noi puliamo gli specchi. .... specchio.

Unità 11-22

1 Inserire la forma corretta dell'aggettivo, seguendo il modello.

Es.: *Aldo è simpatico.* — *Laura è **simpatica**.*
*Aldo e Giacomo sono **simpatici**.* oppure *Laura e Teresa sono **simpatiche**.*

1. Stefano è gentile. .... Maria è ....
   Stefano e Sandro sono ....
2. Anna è egoista. .... Fabio è ....
   Fabio e Filippo sono ....
3. Giorgio è bello. .... Paola è ....
   Paola e Barbara sono ....
4. Il bambino è triste. .... La bambina è ....
   Le bambine sono ....

5. Il maestro è intelligente. .... La maestra è ....
Le maestre sono ....
6. La dottoressa è altruista. .... Il dottore è ....
I dottori sono ....
7. La torta è dolce. .... Il biscotto è ....
Le torte sono ....
8. Lo studente è bravo. .... La studentessa è ....
Gli studenti sono ....
9. Il film è noioso. .... La lezione di storia è ....
Le lezioni di storia sono ....
10. La penna è nuova. .... Il quaderno è ....
I quaderni sono ....

2 **Trasformare le seguenti frasi, seguendo le indicazioni tra parentesi (nomi in *-a* e in *-o*).**

Es.: *Il maestro è severo. (femm.)*
***La maestra** è **severa**.*

1. I cavalli sono veloci. (*sing.*) ....
2. Luisa ha una gatta nera. (*masc.*) Enrico ....
3. Io scrivo una bella poesia. (*pl.*) ....
4. Voi avete delle penne colorate. (*sing.*) ....
5. Sandro è un ragazzo studioso. (*femm.*) Sandra ....
6. Io conosco un poeta francese. (*pl.*) ....
7. La figlia di Maria è altruista. (*masc.*) ....
8. Noi leggiamo dei libri interessanti. (*sing.*) ....
9. Il nonno è anziano ma vivace. (*femm.*) ....
10. Giacomo è un bambino intelligente e curioso. (*femm.*) Sara ....

3 **Trasformare le seguenti frasi, seguendo le indicazioni tra parentesi (nomi in *-e*).**

Es.: *Io ho un cane nero. (pl.)*
Noi abbiamo dei cani neri.

1. La nave è grande e veloce. (*pl.*) ....
2. I denti sono puliti. (*sing.*) ....
3. La Sardegna è una regione interessante. (*pl.*) La Sardegna e la Toscana .... due ....
4. Il Po è un fiume italiano. (*pl.*) Il Po e il Tevere ....
5. Noi conosciamo due attrici svedesi. (*sing.*) ....
6. I professori rimproverano gli studenti maleducati. (*sing.*) ....

7. I cani sono animali buoni e fedeli. (*sing.*) ....
8. Il dottore dell'ospedale è gentile e altruista. (*pl.*) ....
9. Il ragazzo ha un dente malato. (*pl.*) .... due
....
10. Luca è un nome comune. (*pl.*) Luca e Paolo .... due
....

4 **Individuare, fra i seguenti sostantivi, i diminutivi, gli accrescitivi, i peggiorativi e i falsi alterati.**

Nome	Definizione	Nome	Definizione
ragazzaccio	*peggiorativo*	piattino	....
cannone	....	foglietto	....
temperino	....	parolaccia	....
coltellino	....	lettone	....
portone	....	montone	....
cuccioletto	....	mulino	....
figliolo	....	medicastro	....
fiumiciattolo	....	regaluccio	....
mattone	....	lampone	....

5 **Trasformare le parole sottolineate da maschili a femminili.**

Es.: *Il dottore è gentile.*
***La dottoressa** è **gentile**.*

1. Il nonno ha un nipote simpatico e intelligente. ....
2. Il conte russo saluta il re francese. ....
3. Luisa ha un gatto, un gallo e una tartaruga maschio. ....
....
4. Il vincitore della gara è un atleta tedesco. ....
5. Il pittore disegna un leone africano. ....
6. Il fratello di Stefano conosce il papà di Renato. ....
7. Il pianista e il cantante salutano i ballerini americani. ....
....
8. Il marito di Daniela è un infermiere molto bravo. .... di Dario
....
9. Il professore ringrazia il padre di Marco. ....
10. L'attore Brad Pitt è bello e famoso. .... Sharon Stone ....

6 Trasformare le parole sottolineate da singolari a plurali.

Es.: *La camicia è sporca.*
Le camicie sono sporche.

1. L'amica di Anna prepara la valigia. ....
2. Il medico greco legge un libro tedesco. ....
3. Il dottore indossa un camice pulito. ....
4. La camicia di Gianni è larga e lunga. ....
5. Lo zio di Roberta compra un paio di scarpe. .... due ....
6. Il cuoco italiano del ristorante cucina un uovo e un pomodoro. ....
7. L'abito della sposa è lungo e bianco. ....delle spose ....
8. La buccia della mela è ricca di vitamine. .... delle mele ....

7 Completare, come da esempio, il seguente schema.

Nome	Plurale	Nome	Plurale
la biro gialla	*le biro gialle*	la poltrona rosa	....
la penna blu	....	uno sport faticoso	....
un film americano	....	un numero pari	....
un uomo perbene	....	una moto veloce	....
un'età felice	....	un faro antinebbia	....
il gorilla giovane	....	un vaso viola	....

8 Scrivere in lettere i seguenti numerali e le ore, seguendo gli esempi.

10	*dieci*
502	....
1 986 440	....
2ª	*seconda*
7°	....
2/3	*due terzi*
4/5	....
1/4	....
3/4	....
Ore 1.40	*È l'una e quaranta. / Sono le due meno venti.*
Ore 15.30	....
Ore 7.15	....
Ore 20.45	....

9 Completare le frasi con le parole qui di seguito elencate.

mezzogiorno / sabato / autunno / dozzina / febbraio / paio / cinque e mezzo / primo

1. Di .... sera andiamo sempre in discoteca. **2.** In .... cadono le foglie. **3.** È presto! Sono solo le .... del mattino! **4.** Carlo ha un .... di pantaloni blu. **5.** Il 14 .... è la festa di S. Valentino. **6.** L'atleta italiano è il vincitore: è .... in classifica! **7.** Il treno parte alle dodici in punto, cioè a .... **8.** Maria compera una .... di uova.

10 Trasformare le seguenti frasi, seguendo le indicazioni tra parentesi.

Es.: *La neve è bianca. (pl.)*
Le nevi sono bianche.

1. Io desidero un paio di pantaloni. (*pl.*)	.... due ....
2. I cuochi del ristorante italiano sono bravi e fantasiosi. (*sing.*)	....
3. La regina olandese ringrazia la poetessa norvegese. (*masc.*)	....
4. Il cantante inglese conosce un giovane pianista. (*femm.*)	....
5. Io studio molto e sono il primo della classe! (*pl.*)	.... della classe!
6. I professori svizzeri visitano i templi greci. (*sing.*)	....
7. La madre di Lucia ha una gattina bianca e nera. (*masc.*)	....
8. Il marito di Anna è un infermiere austriaco. (*femm.*)	.... di Giovanni ....

Unità 23-32

1 Inserire nelle seguenti frasi le preposizioni *di*, *a*, *da* oppure *in*.

Es.: *Noi andiamo .... Milano.*
*Noi andiamo **a** Milano.*

1. Il nonno regala dei cioccolatini .... Maria. **2.** Gli studenti ritornano (provenienza) .... Napoli. **3.** Io abito .... Inghilterra .... un anno. **4.** Il vestito .... Luciana è molto raffinato. **5.** Perché non indossi il maglione .... lana? **6.** La sorella .... Sergio legge soltanto riviste .... moda. **7.** Giacomo compie gli anni .... marzo. **8.** Alberto aspetta la fidanzata .... mezz'ora. **9.** Perché restate .... casa? **10.** Il figlio ascolta il padre .... silenzio.

2 **Inserire nelle seguenti frasi le preposizioni *con*, *su*, *per*, *tra* oppure *fra*.**

Es.: *Ho un regalo .... Giovanni.*
Ho un regalo **per** *Giovanni.*

1. Andiamo al cinema .... Gianni e Carla? **2.** Gli studenti scrivono un tema .... Leopardi. **3.** Il treno passa .... Firenze. **4.** Mettiamo la poltrona .... il letto e l'armadio? **5.** Ad agosto sudo sempre .... il caldo. **6.** Oggi mangiamo gnocchi .... il burro. **7.** L'aereo atterra .... una pista molto lunga. **8.** Dario parla sempre .... la fidanzata .... telefono. **9.** La segretaria usa solo il computer e non la macchina .... scrivere. **10.** La conferenza finisce .... pochi minuti.

3 **Inserire nelle seguenti frasi le preposizioni *di*, *a*, *da* oppure *in*.**

Es.: *Fabiana è originaria .... Venezia.*
Fabiana è originaria **di** *Venezia.*

1. I ragazzi giocano .... tennis. **2.** Perché non mangiamo al ristorante '.......... Angelo'? **3.** Il Papa viaggia sempre .... aereo. **4.** La città .... Londra è meravigliosa! **5.** Giulia indossa un paio di occhiali .... vista. **6.** .... mattina lavoro sempre .... casa. **7.** I genitori di Filippo pagano solo .... contanti. **8.** Prendiamo la macchina o andiamo .... piedi? **9.** Avete il costume .... bagno e l'asciugamano? **10.** Luciano va al concerto .... malavoglia.

4 **Inserire nelle seguenti frasi le preposizioni *con* e *per*.**

Es.: *.......... domani sono già impegnato.*
Per *domani sono già impegnato.*

1. Il professore è molto severo .... le studentesse. **2.** Lo zio di Gabriele vende la casa .... 500 mila euro! **3.** Alessandro è fidanzato .... Michela. **4.** Enrica ha una casa .... dieci finestre. **5.** Il dottore chiama i pazienti .... nome e cognome. **6.** Il novanta .... cento delle famiglie italiane ha la televisione. **7.** Le scarpe .... il tacco alto sono molto eleganti. **8.** Il direttore va in America .... una settimana. **9.** Gli ingegneri italiani collaborano .... i tecnici svizzeri. **10.** Visitiamo il castello stanza .... stanza?

5 **Inserire la forma corretta della preposizione articolata, seguendo il modello.**

Es.: *Ecco gli occhiali (di + la) .... nonna.*
Ecco gli occhiali **della** *nonna.*

1. I ragazzi ritornano (*da* + *la*) .... gita. **2.** Mettiamo i libri (*in* + *lo*) .... zaino? **3.** Anna scia (*su* + *la*) .... neve. **4.** Gianni aspetta la moglie (*a* + *il*) .... ristorante. **5.** Gli abiti invernali sono (*in* + *lo*) .... armadio. **6.** Il libro (*su* + *lo*) .... scrittore inglese Joyce è (*in* + *la*) ....libreria. **7.** Ricordate la festa di compleanno (*di* + *lo*) .... anno scorso? **8.** Silvana dorme (*da* + *gli*) .... zii. **9.** I voti (*di* + *le*) .... studentesse sono molto bassi. **10.** Ora piantiamo i fiori (*in* + *i*) .... vasi.

6 **Unire la preposizione semplice all'articolo, quando è necessario, seguendo il modello.**

Es.: *Il gatto (di + la) .... zia è nero.*
Il gatto ***della*** *zia è nero.*

Invece: *Il cane gioca (con + il) gatto.*
Il cane gioca ***con il*** *gatto.*

1. Portiamo i piatti (*su* + *il*) .... tavolo? **2.** Gli amici di Stefano vanno (*a* + *la*) .... spiaggia. **3.** Roberto e Sandro escono (*con* + *le*) .... fidanzate. **4.** Susanna compra dei giocattoli (*per* + *i*) .... nipoti. **5.** Perché non mettete la cioccolata (*su* + *la*) .... torta? **6.** Oggi Maria esce (*da* + *lo*) .... ospedale. **7.** Rimettiamo le coperte (*in* + *gli*) .... armadi? **8.** Oggi è il compleanno (*di* + *le*) .... cugine di Massimo.

7 **Rispondere alle seguenti domande, usando il pronome o l'aggettivo possessivo corretto.**

Es.: *Fuffi è la tua gatta?* → *Sì, è* ***la mia****.*
Usi il quaderno di Claudio? → *No, uso* ***il suo*** *libro.*

1. Prendi la moto di Giulio? → No, prendo .... bicicletta. **2.** Pulisci le scarpe del nonno? → Sì, pulisco .... **3.** È la tua casa? → Sì, è .... **4.** Sono i vostri figli? → Sì, sono .... **5.** Ascolti i CD di Fabio e Andrea? → No, ascolto .... cassette. **6.** Guardi i miei quadri? → No, guardo .... disegni. **7.** Scusi, è il Suo portafoglio? → Sì, è .... **8.** Mangiate le torte delle zie? → No, mangiamo .... biscotti.

8 **Inserire, quando è necessario, l'articolo determinativo.**

Es.: .... *Tuo zio vive in Africa* → ***Tuo*** *zio vive in Africa.*
.... *tuoi zii vivono in Africa.* → ***I tuoi*** *zii vivono in Africa.*

1. Dario dimentica sempre .... proprio quaderno. **2.** .... mia sorellina ha cinque anni. **3.** .... tua cognata lavora in fabbrica. **4.** Conosci .... mio cugino di Napoli? **5.** .... vostri figli sono molto maleducati! **6.** Non usciamo mai con .... loro amici. **7.** Ecco Barbara! .... suo nonno oggi compie cento anni! **8.** .... nostro padre va spesso a teatro.

9 **Coniugare il verbo tra parentesi (presente dei verbi servili).**

Es.: *Io non (sapere) .... nuotare.*
Io non ***so*** *nuotare.*

1. Noi siamo ammalati e non (*potere*) .... uscire. **2.** I nostri amici (*preferire*) .... andare in discoteca. **3.** Tu (*dovere*) .... studiare la lezione di geografia. **4.** Carlo (*volere*) .... telefonare alla sua cugina americana. **5.** (*Sapere – voi*) .... ballare il valzer? **6.** Io (*desiderare*) .... mangiare gli spaghetti con il sugo. **7.** Noi non (*dovere*) .... raccontare le bugie. **8.** (*Potere – voi*) .... prestare la vostra macchina a Luca? **9.** I miei figli (*volere*) .... diventare degli attori. **10.** Paola (*sapere*) .... parlare quattro lingue.

10 Coniugare il verbo tra parentesi (presente dei verbi servili, utilizzati come verbi autonomi).

Es.: *Noi (preferire) .... le torte con la crema.*
Noi ***preferiamo*** *le torte con la crema.*

1. Noi (*dovere*) .... cinquemila euro a Marco. **2.** (*Volere – tu*) .... una mela oppure una banana? **3.** L'amore e l'amicizia (*potere*) .... quasi tutto. **4.** (*Preferire – voi*) .... gli spaghetti o gli gnocchi? **5.** Loro non (*sapere*) .... tutta la verità. **6.** Giorgio ha 16 anni e (*desiderare*) .... il motorino. **7.** Voi (*dovere*) .... rispetto a vostro padre. **8.** Io non (*desiderare*) .... un caffè; io (*preferire*) .... un bicchiere di latte. **9.** I nipoti di Antonio (*volere*) .... un computer nuovo. **10.** (*Sapere – tu*) .... la soluzione dell'esercizio di matematica?

Unità 33-43

1 Formulare delle domande adeguate alla risposta, utilizzando gli avverbi interrogativi *dove?*, *come?*, *quando?*, e *perché?*.

1. *Dove abita Lucia?* → *Lucia abita in via Roma.* **2.** ....? → I miei cugini vivono in Canada. **3.** ....? → Andrea lavora in banca. **4.** *Come sta tua nonna?* → *Mia nonna sta bene, grazie.* **5.** ....? → I genitori di Fabio stanno bene. **6.** *Quando arrivano gli zii?* → *Gli zii arrivano alle sette.* **7.** ....? → I negozi aprono alle otto. **8.** ....? → Mia sorella compie gli anni a dicembre. **9.** *Perché non mangi?* → *Perché non ho fame.* **10.** ....? → Perché non abbiamo sete.

2 Formare delle frasi, inserendo i pronomi interrogativi ed esclamativi appropriati.

1. *Chi sei?* → *Io sono Giovanni.* **2.** ....? → Noi siamo le sorelle di Davide. **3.** *Che cosa mangi?* → *Io mangio un piatto di pasta.* **4.** ....? → Giulio legge un romanzo russo. **5.** *Quale vuoi?* → *Voglio il maglione rosso.* **6.** ....? → Prendiamo le scarpe con il tacco alto. **7.** *Quanto rimani?* → *Rimango solo pochi minuti.* **8.** ....? → Costa dieci euro. **9.** *Luisa beve due litri di acqua al giorno!* → *Quanto beve!* **10.** Alberto lavora dodici ore al giorno! → ....!

3 Formare delle frasi, inserendo gli aggettivi interrogativi ed esclamativi appropriati.

1. *Quale quadro volete?* → *Vogliamo il quadro di Picasso.* **2.** ....? → Prendo i pantaloni a righe. **3.** ....? → Anna legge una rivista di moda. **4.** ....? → Noi frequentiamo i ristoranti cinesi. **5.** *Quante penne avete?* → *Abbiamo tre penne.* **6.** ....? → Lavoriamo otto ore al giorno. **7.** ....? → Desidero due fette di torta. **8.** ....? → Susanna compra quattro quaderni. **9.** *Il film è emozionante!* → *Che film emozionante!* **10.** L'abito è elegante! → ....!

4 **Coniugare il verbo tra parentesi (*passato prossimo* dei verbi *essere* e *avere*).**

Es.: *Noi (essere) .... al cinema.*
Noi ***siamo stati*** *al cinema.*

1. Luca (*avere*) .... una bella sorpresa! **2.** I miei genitori (*essere*) .... un mese in Sardegna. **3.** Io (*essere*) .... compagno di scuola di Sergio. **4.** Voi (*avere*) .... molta fortuna! **5.** Riccardo (*essere*) .... in Grecia l'estate scorsa. **6.** Tu (*essere*) .... molto gentile con mia madre. **7.** Ieri (*noi – avere*) .... un compito in classe. **8.** Voi (*essere*) .... dei grandi attori!

5 **Coniugare il verbo tra parentesi (*passato prossimo* dei *verbi servili*).**

Es.: *Ieri (io – dovere) .... leggere un libro.*
Ieri ***ho dovuto*** *leggere un libro.*

1. (*Noi – sapere*) .... una notizia incredibile! **2.** Dario non (*potere*) .... telefonare a Patrizia. **3.** Perché non tu (*volere*) .... mangiare gli spaghetti? **4.** Il direttore (*preferire*) .... partire con l'aereo. **5.** Luca e Alberto (*dovere*) .... uscire in anticipo. **6.** Perché non voi (*potere*) .... arrivare prima? **7.** Io non (*volere*) .... andare in vacanza con Marco. **8.** Le segretarie (*dovere*) .... lavorare anche sabato.

6 **Coniugare il verbo tra parentesi (passato prossimo dei verbi in *-are*, *-ere*, *-ire*).**

Es.: *Lucia (lavare) .... le camicie.*
Lucia ***ha lavato*** *le camicie.*

1. Io (*ascoltare*) .... il 'Don Giovanni' di Mozart. **2.** Noi (*pulire*) .... il tavolo della cucina. **3.** Luisa (*vendere*) .... la collana di diamanti! **4.** Quando (*entrare – voi*) .... in ufficio? **5.** Il Presidente dello Stato (*partire*) .... ieri mattina. **6.** Cosa (*mangiare – tu*) .... a pranzo? **7.** Io (*rimanere*) .... a casa con mio fratello. **8.** Ieri noi (*vedere*) .... il figlio del sindaco.

7 **Formare il comparativo di maggioranza, uguaglianza e minoranza, seguendo le indicazioni tra parentesi.**

Es.: *Maria – bella – Paola (min.).*
Maria è meno bella di Paola.

1. Sandro – intelligente – Andrea (*magg.*). ....
2. Giocare – divertente – lavorare (*magg.*). ....
3. La madre – saggia – figlia (*magg.*). ....
4. Ginnastica – faticosa – salutare (*uguagl.*). ....
5. Lavastoviglie – utile – lavatrice (*min.*). ....
6. Tuo lavoro – buono – mio (*mag. irr.*). ....
7. Nostro stipendio – alto – vostro (*mag. irr.*). ....

8. Loro salotto – piccolo – nostro (*mag. reg.*). ....

9. Giacomo – alto – Enrico (*min.*). ....

10. Bambini – vivaci – affettuosi (*uguagl.*). ....

8 **Inserire prima il superlativo assoluto e poi quello relativo, seguendo il modello.**

Es.: *Il cane è (fedele)* ***fedelissimo****: è l'animale* ***più fedele*** *di tutti.*

1. Roberta è (*simpatica*) .... : è la ragazza .... della mia classe.
2. La pasta con il sugo è (*buona: reg.*) ....: è la pasta .... di tutte.
3. La nave 'Leonardo' è (*grande: reg.*) ....: è la nave .... di tutte.
4. Il tenore Pavarotti è (*celebre*) ....: è il cantante .... del mondo.
5. La temperatura al Polo Nord è (*bassa: reg.*) ....: è la temperatura .... del mondo. **6.** Giovanni è un (*buono: irr.*) .... amico: è l'amico .... fra tutti. **7.** Sofia Loren e Roberto Benigni sono (*famosi*) ....: sono gli attori italiani .... fra tutti. **8.** I quadri di Picasso sono (*preziosi*) ....: sono i quadri .... del nostro museo. **9.** I mesi di luglio e agosto sono (*caldi*) ....: sono i mesi .... di tutto l'anno. **10.** Le figlie di Pietro sono (*vivaci*) ....: sono le bambine .... di tutta la scuola.

9 **Coniugare il verbo tra parentesi (imperfetto dei verbi *essere*, *avere* e dei *verbi servili*).**

Es.: *Io (essere) .... una brava maestra.*
Io ***ero*** *una brava maestra.*

1. Da piccoli noi (*avere*) .... molti giocattoli. **2.** I ragazzi, a scuola, non (*potere*) .... mai parlare. **3.** Mia madre (*essere*) .... un'insegnante di liceo.
4. Da bambini voi non (*dovere*) .... mangiare le caramelle. **5.** Da ragazzo tu (*avere*) .... sempre fame. **6.** L'anno scorso io (*volere*) .... andare in discoteca tutte le sere. **7.** Ieri i miei genitori (*essere*) .... a casa degli zii. **8.** Da bambine noi (*desiderare*) .... le bambole più costose. **9.** La settimana scorsa la maestra (*avere*) .... la febbre. **10.** Perché voi non (*essere*) .... alla stazione?

10 **Coniugare il verbo tra parentesi (imperfetto dei verbi in *-are*, *-ere*, *-ire*).**

Es.: *Noi (nuotare) .... sempre.*
Noi ***nuotavamo*** *sempre.*

1. Ieri il computer non (*funzionare*) .... **2.** Da bambina io (*credere*) .... a Babbo Natale. **3.** In montagna noi (*sentire*) .... molto freddo. **4.** I nostri figli (*dire*) .... sempre la verità. **5.** L'anno scorso tu (*giocare*) .... spesso con il cane.
6. In vacanza voi (*bere*) .... soltanto succhi di frutta. **7.** In campagna io (*salire*) .... sempre sugli alberi. **8.** A scuola noi (*fare*) .... gli scherzi alla maestra.
9. Mio nonno (*leggere*) .... il giornale tutti i giorni. **10.** Perché voi (*rubare*) .... le mele nel mio giardino?

Unità 44-53

1 Inserire gli avverbi di tempo appropriati, scegliendoli tra quelli qui di seguito elencati.

mai / presto / dopodomani / prima / spesso / ancora / ora / subito / oggi / ieri

1. Domani saremo in America e .... in Canada. **2.** .... non ho tempo; finirò il lavoro nel pomeriggio. **3.** I miei genitori non hanno .... visto Parigi. **4.** ...., alle cinque, eravamo all'aeroporto. **5.** Luca mangia .... il riso con i piselli. **6.** .... devi lavorare, ma domani farai vacanza. **7.** Dovete uscire ....: c'è un incendio nel palazzo! **8.** Maria va a letto molto ....; Giovanni, invece, va a letto tardi. **9.** .... dovete finire i compiti e poi potrete giocare. **10.** Andrea è in ritardo; perché non è .... tornato?

2 Inserire gli avverbi di luogo appropriati, scegliendoli tra quelli qui di seguito elencati.

dietro / ci / sotto / lontano / davanti / dentro / sopra / accanto / fuori / là

1. Il Presidente della Repubblica abita qui .... **2.** Il museo è aperto: possiamo entrare ....? **3.** ...., nella casa rossa, vivono i miei nonni; io, invece, vivo qua. **4.** Al mattino devo uscire presto: lavoro molto .... **5.** La tua auto ha dei colori strani: davanti è viola e .... è gialla! **6.** L'ufficio era chiuso: .... tornerete domani. **7.** .... fa molto freddo: preferiamo rientrare in casa. **8.** La modella indossava, sopra, un vestito di Armani e, ..., un costume da bagno. **9.** Dobbiamo parcheggiare qui dietro? – No, dovete parcheggiare là .... **10.** Ecco la casa: sotto ci sono il salotto e la cucina e .... le camere da letto.

3 Inserire gli avverbi di quantità appropriati, scegliendoli tra quelli indicati fra parentesi.

1. Oggi ho lavorato dodici ore! – .... hai lavorato! (*Quanto – Quasi*) **2.** Maria è a dieta e mangia veramente ....! (*abbastanza – poco*) **3.** Marco è alto due metri! – È .... alto! (*abbastanza – molto*) **4.** Tu pesi tanto .... Giuseppe. (*quanto – quasi*) **5.** Nelle città moderne c'è .... inquinamento! (*poco – troppo*) **6.** Come stai? – Sto .... bene, grazie! (*abbastanza – troppo*) **7.** Carlo dorme .... quanto la sorella. (*poco – tanto*) **8.** Renata è .... felice: finalmente ha un ottimo lavoro! (*quanto – molto*)

4 Sottolineare nelle seguenti frasi gli avverbi di valutazione.

1. Hai visto il film 'Morte a Venezia'? – No, non ancora! **2.** Luisa non risponde al telefono! – Probabilmente non è in casa! **3.** Io non ho la macchina! – Neppure noi! **4.** Ecco la moglie di Gianni! – È davvero una bella donna! **5.** L'anno prossimo, forse, partirò per il Giappone! **6.** Vuoi davvero sposare Alberto? – Sì, certo! **7.** Il cielo è azzurro: non c'è nemmeno una nuvola! **8.** Sone le nove: il direttore è sicuramente in ufficio!

5 **Formare, quando è possibile, l'avverbio, il comparativo e il superlativo dell'aggettivo.**

Aggettivo	Avverbio	Comparativo	Superlativo
sincero	*sinceramente*	*più sinceramente*	*sincerissimamente*
duro	....	....	....
tenero	....	....	....
poco	....	....	....
grande	....	....	....
giusto	....	....	....
gentile	....	....	....
leggero	....	....	....
molto	....	....	....

6 **Inserire le locuzioni avverbiali appropriate, scegliendole tra quelle indicate fra parentesi.**

1. .... è arrivata la lettera? – Da New York! (*Da dove – Di solito*) **2.** Il nostro matrimonio va ....! (*di bene in meglio – alla svelta*) **3.** .... abbiamo trovato le chiavi di casa! Erano sul tavolo in cucina! (*Di rado – Per fortuna*) **4.** .... hai imparato a cucinare e ora sei bravissima! (*A poco a poco – Quasi quasi*) **5.** Tu studi poco, ma io studio ....! (*un poco – di meno*) **6.** Paolo aveva fretta: è uscito di casa ....! (*in un batter d'occhio – a stento*) **7.** I nonni sono alla stazione: arriveranno qui ....! (*per sempre – tra poco*) **8.** .... gli studenti avevano rispetto per i professori! (*Una volta -Quasi quasi*)

7 **Coniugare il verbo tra parentesi (futuro semplice dei verbi *essere* e *avere*).**

Es.: *Presto Lucia (essere) .... una brava segretaria.*
Presto Lucia ***sarà*** *una brava segretaria.*

1. Noi (*essere*) .... in Germania tra dieci giorni. **2.** A diciotto anni (*io – avere*) .... la macchina. **3.** (*Voi – avere*) .... certamente caldo in Africa. **4.** Riccardo e Teresa (*essere*) .... senza dubbio degli ottimi genitori! **5.** (*Essere*) .... anche tu alla festa domani? **6.** È tardi! Il bambino (*avere*) .... sicuramente sonno! **7.** Io non (*essere*) .... mai una brava cuoca! **8.** Quanti anni (*avere*) .... la nonna di Maria?

8 **Coniugare il verbo tra parentesi (futuro semplice dei verbi servili).**

Es.: *Domani (io – dovere) lavorare molto.*
Domani ***dovrò*** *lavorare molto.*

1. Dal mese prossimo (*tu – dovere*) .... studiare otto ore al giorno. **2.** Finalmente (*noi – sapere*) .... la verità! **3.** Quali regali (*volere*) ...., a Natale, i nostri figli? **4.** I bambini (*preferire*) .... certamente la torta con la crema!
5. Nel futuro voi (*potere*) .... viaggiare su Marte! **6.** (*Dovere – voi*) .... aspettare ancora un po'! **7.** Luca non (*volere*) .... mai lasciare il suo lavoro!
8. Tra pochi minuti (*io – sapere*) .... il nome del vincitore della gara.

9 Coniugare il verbo tra parentesi (futuro semplice dei verbi in *-are, -ere, -ire*).

Es.: *Domani (io – lavare) .... le camicie.*
Domani ***laverò*** *le camicie.*

1. Tra poco (*noi – ascoltare*) .... un disco di musica classica. **2.** Cosa (*scrivere – voi*) .... nella lettera per Lucia? **3.** A scuola, i ragazzi (*leggere*) .... un racconto di Thomas Mann. **4.** Tra dieci giorni il pittore (*finire*) .... il quadro. **5.** Cosa (*mangiare – tu*) .... in Australia? **6.** La conferenza (*cominciare*) .... tra poco. **7.** Domani (*io – mettere*) .... in ordine la stanza. **8.** Probabilmente (*noi – prendere*) .... un appartamento in centro. **9.** Quando (*partire – voi*) ....? **10.** Antonio (*dimenticare*) .... presto l'incidente con la macchina.

10 Coniugare il verbo tra parentesi (futuro semplice dei verbi irregolari in *-are, -ere, -ire*).

Es.: *Domani sera (noi – vedere) .... un film.*
Domani sera ***vedremo*** *un film.*

1. Il prossimo anno nostro figlio (*andare*) .... a scuola. **2.** Tua nonna (*vivere*) .... almeno cento anni! **3.** Anche domani (*rimanere – noi*) .... in casa. **4.** Cosa (*bere – voi*) .... alla festa? **5.** Devi prendere una pastiglia e domani (*stare – tu*) .... meglio! **6.** Io (*dare*) .... metà del mio stipendio ai poveri. **7.** Cosa (*fare*) .... gli studenti nelle vacanze? **8.** Io non (*venire*) .... mai a casa vostra! **9.** Luca (*tenere*) .... tutti i propri risparmi in banca. **10.** Presto le mele mature (*cadere*) .... dagli alberi.

Unità 54-60

1 Inserire la forma corretta dei pronomi dimostrativi *questo* e *quello* e del pronome identificativo *stesso*.

1. *La gonna a quadri è bella, ma **questa** è più elegante.* **2.** Quella casa ha più stanze di .... **3.** Il maglione verde è di Giorgio; ...., invece, è di Paolo. **4.** I dischi di musica classica sono interessanti, ma io preferisco .... **5.** *Signora, desidera comprare le mele gialle oppure **quelle** rosse?* **6.** Preferisci la cioccolata svizzera o .... italiana? **7.** I film americani sono emozionanti, ma .... francesi sono romantici. **8.** Quale moto regalerai a Giulio, ... giapponese o .... americana? **9.** *Vuoi un caffè o un tè? – È lo **stesso**!* **10.** Gli insegnanti di Anna e Marco sono gli ....

2 Inserire la forma corretta degli aggettivi dimostrativi *questo* e *quello* e dell'aggettivo identificativo *stesso*.

1. *Questo palazzo ha più di duecento anni!* 2. Devi lavare subito .... cappotto! 3. .... banane sono troppo mature! 4. Volete provare .... pantaloni? 5. *Abbiamo regalato quel profumo a nostra madre.* 6. Perché non comprate .... sci? 7. .... uomo ha rubato la borsa a una signora! 8. Perché non giochi con .... bambini? 9. *Dario e Giacomo abitano nello stesso palazzo.* 10. In palestra troviamo sempre le .... persone!

3 Inserire i pronomi indefiniti appropriati, scegliendoli tra quelli indicati fra parentesi.

1. Io non conosco .... dei tuoi amici. (*nessuno – chiunque*) 2. .... desidera lavorare poco e guadagnare molto! (*Qualcuno – Chiunque*) 3. Nella mia classe ci sono venti ragazzi in .... dell'anno scorso! (*più – molto*) 4. Non abbiamo sentito. Hai detto ....? (*qualcosa – qualcuno*) 5. Il marito di Sandra è ricchissimo e non fa mai ....! (*altro – niente*) 6. Posso entrare? C'è .... in ufficio? (*chiunque – qualcuno*) 7. Il professore ha letto molti libri di Joyce, ma non ....! (*pochi – tutti*) 8. Ci sono molte mele in casa; le banane, invece, sono ....! (*poche – molte*) 9. Solo .... degli studenti ha il computer a casa! (*ognuno – qualcuno*)

4 Inserire gli aggettivi indefiniti appropriati, scegliendoli tra quelli indicati fra parentesi.

1. Mangi .... caramelle: dovrai andare presto dal dentista! (*troppe – poche*) 2. .... uomo desidera avere una casa e un lavoro! (*Qualunque – Altro*) 3. Alla festa non ho incontrato .... ragazza della mia classe! (*qualche – nessuna*) 4. Resteremo in Finlandia solo .... giorno! (*qualche – poco*) 5. Mia madre sa cucinare .... tipo di pasta! (*nessun – qualsiasi*) 6. È arrivato un .... regalo per Fabiana! (*altro – qualsiasi*) 7. .... anno compriamo un'auto nuova! (*Ogni – Altro*) 8. Ho .... tempo: devo correre alla stazione! (*molto – poco*) 9. .... le mie amiche sono fidanzate! (*Molte – Tutte*) 10. Paola ama gli animali e ha .... cani. (*molti – tutti*)

5 Inserire il pronome personale complemento appropriato (pronomi diretti e indiretti forti).

Es.: *Vuoi parlare con ....?* (1a pers. sing.)
Vuoi parlare con ***me****?*

1. Preparate il pranzo per ....? (*3a pers. sing., maschile*) 2. Dovete ascoltare i vostri genitori e non ....! (*3a pers. pl.*) 3. Il nonno desidera regalare cinquecento euro proprio a ....! (*2a pers. sing.*) 4. È arrivato un pacco per ....! (*2a persona pl.*) 5. Ora gli sci servono a ....! (*1a pers. pl.*) 6. Quel ragazzo bellissimo ha dato un bacio proprio a ....! (*1a pers. sing.*). 7. Noi conosciamo .... ma non suo marito (*3a pers. sing., femm.*) 8. Questa notte posso dormire da ....? (*2a pers. pl.*) 9. A .... non piace la cioccolata! (*3a pers. pl.*) 10. Daniela parla spesso di ....! (*2a pers. sing.*)

6 **Inserire il pronome personale complemento appropriato (pronomi diretti e indiretti deboli).**

Es.: .... *dobbiamo dire una cosa.* (2a pers. pl.)
Vi *dobbiamo dire una cosa.*

1. .... potete prestare la macchina? (*1a pers. pl.*) **2.** Il bambino non dorme: .... racconto una favola? (*3a pers. sing.*) **3.** Luciana è antipatica e noi non .... vogliamo telefonare! (*3a pers. sing.*) **4.** I miei amici .... possono aiutare! (*2a pers. sing.*) **5.** .... puoi aspettare alla fermata dell'autobus? (*1a pers. sing.*) **6.** I bambini sono stanchi: perché non .... porti a casa? (*3a pers. pl.*). **7.** .... posso offrire un caffè? (*2a pers. pl.*) **8.** Accompagnate voi Lucia? – No, ... accompagna Giuseppe! (*3a pers. sing.*) **9.** Dobbiamo avvertire Luca! – Certo, ... avverto io! (*3a pers. sing.*) **10.** Domani .... porto i libri per l'esame! (*2a pers. sing.*)

7 **Inserire il pronome personale riflessivo appropriato.**

Es.: .... *devo ancora lavare!*
Mi *devo ancora lavare!*

1. .... sei messa la sciarpa? **2.** Ieri .... siamo iscritti al liceo scientifico. **3.** I ragazzi .... sono alzati con un'ora di ritardo! **4.** .... preparerete seriamente all'esame? **5.** L'anno scorso Massimo .... vestiva sempre di nero! **6.** .... fermerò due ore in palestra. **7.** .... divertiremo molto alla festa di compleanno! **8.** Da giovane Carla .... tuffava sempre dagli scogli. **9.** Perché non .... pettini diversamente? **10.** Avete un brutto raffreddore: .... dovete curare!

8 **Unire le frasi con il pronome relativo *che*, *cui* e *cui* + *preposizione*.**

Es.: *Questo è il profumo. – Io uso questo profumo.* → *Questo è il profumo* ***che*** *io uso.*
Quella è la casa. – Noi abitavamo in quella casa. → *Quella è la casa* ***in cui*** *noi abitavamo.*

1. Quella è la ragazza. – Ieri ho conosciuto quella ragazza.
   ....
2. Andrai alla festa? – Mi hai parlato della festa.
   ....
3. Questa è la signora. – Ho regalato un mazzo di rose a questa signora.
   ....
4. Ecco l'albero. – Abbiamo piantato l'albero.
   ....
5. Questi sono i ragazzi.- Siamo andati in vacanza con questi ragazzi.
   ....
6. Ecco il dottore. – Ieri avete parlato con il dottore.
   ....
7. Avete letto il libro? – Gianni ha scritto un libro.
   ....

8. Quello è l'albergo. – Ho dormito in quell'albergo.

....

9. Hai visto il treno? – Davide e Roberta sono saliti sul treno.

....

10. Questo è il disco. – Ieri ascoltavi questo disco.

....

9 Sostituire a *il quale*, *al quale*, ecc. i pronomi *che*, *a cui*, ecc..

Es.: Paola ha un figlio, il quale lavora in banca.
*Paola ha un figlio **che** lavora in banca.*

1. Quello è il monte, sul quale sono salito. ....
2. Conoscete il ragazzo, al quale ho prestato la mia moto? ....
3. Sara ha una cugina, la quale vive in Messico. ....
4. Il televisore, il quale abbiamo comprato ieri, è già rotto! ....
5. La signora, della quale ti parlavo ieri, insegna storia e geografia. ....
6. Anna ha perso i quaderni, nei quali scriveva i compiti! ....
7. Le ragazze, con le quali avete ballato ieri sera, sono tutte fidanzate! ....
8. La signora, per la quale ho comprato i fiori, è mia madre. ....
9. Carlo ha comprato molti libri, i quali non leggerà mai! ....
10. Le zie, dalle quali sei stato ieri, hanno tutte novanta anni! ....

10 Inserire le congiunzioni coordinanti appropriate, scegliendole tra quelle fra parentesi.

1. .... Filippo .... Giorgio frequentano l'università: non amano studiare. (*Né né – Non solo ma anche*) **2.** Preferisci gli spaghetti con il sugo .... una pizza? (*perciò – o*) **3.** Non mi sento molto bene, ... resto a casa. (*perciò – tuttavia*) **4.** La mia auto costa quasi 15 000 euro, ...14 900 euro. (*cioè – però*) **5.** Oggi pioverà; .... abbiamo portato gli ombrelli. (*infatti – tuttavia*) **6.** Gli spinaci non piacciono ai bambini, ... fanno bene! (*però – perciò*) **7.** Questa notte hai dormito, ... adesso hai sonno! (*infatti – tuttavia*) **8.** Maria ha due figli molto educati .... simpatici. (*oppure – e*) **9.** .... Eros Ramazzotti .... Gianni Morandi sono cantanti. (*Sia sia – O o*) **10.** Siamo arrivati di corsa, ... abbiamo perso il treno! (*oppure – ma*).

Indice Analitico

E

F

G

Q

R

S

T